肩腰背胸識人術

李英才

U0938470

圓方出版社

李英才，廣東電白縣人，沉醉術數，雅好琴箏，自稱「相琴兩癡」。一九八四年開始在社區設班公開教授掌相學及風水學，學生人數為全港之冠。所辦課程，相理、心理、哲理、情理共冶一爐，課堂上生動活潑，為全港唯一一位最專業而細緻、實例最多的術數老師，並為傳媒爭相報道。

入室弟子協助遊學團，扶持門生。

群英匯集，發揮所長。

與靜觀步堂入室弟子合攝。

2024年李英才風水掌相講座遊學團。

2011年，與澳門旅遊從業員協會合辦「面授玄機」，黃福慶會長向筆者頒贈紀念牌。

2011年，與恩師黎峰華博士及門生郊外聯歡。

立碑定向亦是筆者的工作範圍。

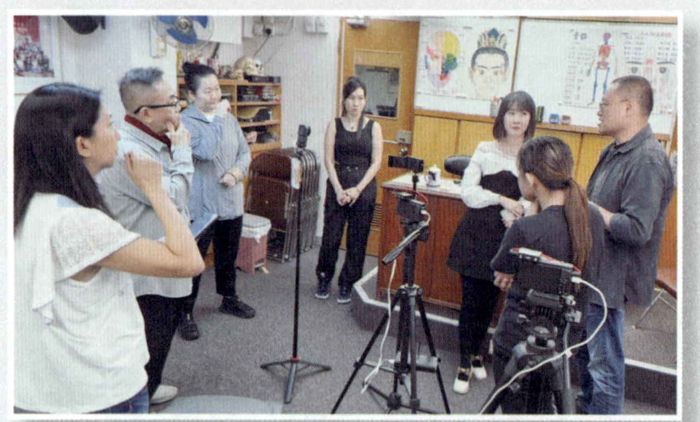

Youtube短片拍攝中。

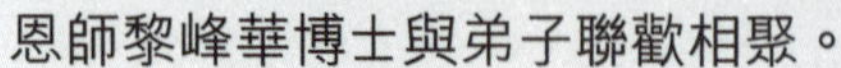

恩師黎峰華博士與弟子聯歡相聚。

與黃福慶主席深交三十年，舊照情深，忘年交臂。

與多年好友黃福慶主席及弟子茶聚。

與周凡夫大師相交三十載，
情感深厚，術數精湛。

與好友章濤合照。

與好友章濤午宴合照。

筆者與恩師黎峰華博士，
情如父子，相濡以沫。

恩師黎峰華博士出席弟子婚宴。

與恩師黎峰華博士合照。

與廖華彪三十載師徒情。
廖氏宅心仁厚，亦是李某救命恩人。

與門生合照留念，師徒交心。

與恩師黎峰華博士及門生暢聚。

與門生遊船河，樂也悠悠。

筆者伉儷户外琴絃之樂。

序一——当梦想照进现实

这是一本相学界的字典，这是一本让人真正认识自己和了解别人的宝典。

那是普通得不能再普通的一天，师傅李英才看我到了课室，正在抚琴的双手突然停止，问我：你的文字功夫如何？答：一直都有写东西的习惯，勉强过得去。他又说：那就你来写新书的序吧！惊讶—震惊—恍然大悟—平静，这是我当时的心态转变。很多年前我就开始拜读李英才师傅的著作，从书籍的字里行间总能感受到满满的睿智与大爱。有别于市面上一堆告知发达的面相是如何的，什么样貌特徵的女生会嫁贵夫，师傅的书从头到尾都在提醒我们：先有性格，再有命运。这个人为什么会有这个际遇？这个际遇能持续多久？这际遇对他以后是好是坏？这类问题答案才是真正习相之人该去了解的。

从掌相学的《看手掌添财富》到风水学的《现代家居风水与运程》，再到面相学的《口相唇型集》，李英才师傅已经著写了二十馀本掌面相及风水学书籍，满满的乾货，读起来欲罢不能。而且很难想像，作者李英才师傅学历不高，但著作竟涉及那么多相学专业名词及注解。这又让我想起师傅的口头禅：不以衣冠评贵贱。

时代在变迁，社会在变化，影响了部分家庭生活环境；晚婚现象愈来愈明显，有些夫妻无奈离婚，有些夫妻成为怨偶，成长在这类家庭中的孩子，大部分也是感情生活一团糟。师傅经常提及：不是每个人都懂得为人父母，都是第一次，都从自己的父母身上学习，如果自己的父母也不会，自然自己也不会，父母怎么相处，子女以后的家庭，基本上也是如此。师傅其中一本著作是《看手掌亲子女》，书中图文并茂、直观清晰、字字珠玑，除了描述每条掌纹的特徵，也蕴含心理分析与家庭教育；边读边不停的赞叹作者的相学水平之高超，也在幻想自己有朝一日可以习得一招半式；不为其他，只想通过学习，可以像李英才师傅一样对人性进行剖析，对方有需求的话，给予合适的指引及建议，让对方向阳而生。为此，吾将上下而求索。

师傅每年开春的重头戏是新春气息，那也是我第一次和师傅近距离的接触及学习。短短几分钟时间，师傅就把我接下来春夏秋冬及十二个月的状况做出了预测，并且提醒我一些重大决策适合在哪些月份进行，而哪些月份则需要韬光养晦等等，后来一一验证，师傅的预测完全正确。

正式拜在李英才师傅门下后，在师傅的谆谆教导下，自己也从一块硬邦邦的顽石，慢慢变成一方泥，假以时日会变成紫砂壶，然后把相学的香醇传播给更多人品尝，让梦想照进现实。师傅的教学目的一直很纯粹——拨乱反正，把真正的相学知识传播出去！相学不仅仅是什么时候发财什么时候有难，也是性格分析，是生理学、心理学、病理学等的融合，更是教育，是指引，是成长。

师傅是个很大度的人。师傅有些著作已经被多人抄袭，他自己心如明镜，只是并没有像普通人一样想打官司或者去警告。对此我初期不太理解，后来师傅私下对我说：只要传播出去的是真正的知识，只要传播得广泛，有无自己的署名并不重要。

师傅是个很计较的人。每一条掌纹粗细深浅走向也好、任意一个部位正斜饱满也罢，师傅都仔细研究过，都有专门的代表意义陈述出来，而且都是经过实例认证。面对实例嘉宾时，如果分析出来的代表意义不符合，他会反覆确认究竟是自己看错了，还是嘉宾没有理解意思，他会让现场有相同纹路或部位的同学反馈，看看是否准确，以保证教学出来的内容真实正确可靠。

师傅是个很有大爱的人。师傅作为「静观步堂」第六代掌门，时隔多年，再次招收第七代入室弟子。随着我们七位入室弟子的正式加入，师傅更是毫无保留地利用各种机会栽培与指导我们。不止一次跟我们提及要用心学习、沉心领悟，不管以后是否把相学作为主业，但有机会，一定要去传播去将相学发扬光大；有能力的就出书育人，纠正一些伪大师所带来的负面影响。我们几位弟子也深知自己肩上的责任与重担，春风润雨，励志让更多人受惠于相学。

很多人以为相学就是看面相或者手相；其实，相法无边，相骨相形相气色更是奥妙无穷。师傅的一句口头禅：无所不相。坐是相，站是相，行是相，言谈举止都是相。因为内相结构比面相复杂，解读难度也高很多，故而内相蕴藏着更博大精深的智慧，也导致很多人望而生畏，继而选择忽略。通读本书会让你发现，肩腰背胸竟然也影响着一个人的妻财子禄，让你不得不佩服相法之玄奥。

知识明通用，细细参详本书，会给予你前两者，至于能否理解通透并运用，就看个人的努力及际遇了。读完此书，期待你能平静地回看过往，那些幼稚或阴暗的昨天，那些理智或辉煌的曾经，一切都有迹可循。

识相便知人，识相便欺人，好东西在这里，自己来取吧！

静观步堂第七代入室弟子

廖浩宏

甲辰年秋

序二——當內相遇上心理學

當我上面相課的時候，恩師告訴我們：「天下眾生，無所不相，凡入眼內，皆可為相。」這裏所講的「相」和我拜讀過西方心理學大師佛洛伊德著作《夢的解析》所講的「任何五官健全的人，必然知道他不能保存秘密。如果他的嘴唇緊閉，他的尖指會説話，甚至他身上的毛孔都會背叛他」中的「秘密」及「背叛」有着異曲同工之妙，知微而見著，這正正是跟恩師學習內相有趣的地方！

正當我在思考當恩師所講的「相」和我學習了二十多年的西方心理學遇上的時候，恩師輕描淡寫道：「師傅想你同我的新書寫序。」

恩師的一句話，令我又驚又喜。

高興的是，我第一次為別人寫序，又能夠為我又敬又愛的恩師寫，我當然覺得意義非凡，高興都來不及呢！誠惶誠恐的是，我雖然是恩師「靜觀步堂」第七代的其中一名入室弟子，但我資歷尚淺，唯恐不能將恩師深厚的內外相學問，深入淺出，用文字來梳理表達。

我是一名運用心理學原理來促進精神病患者精神健康的從業員，追逐自己心中的理想而投身心理學的康莊大道之上，學會了一些西方心理學的知識。在我實踐西方心理學的理論在工作的路途上，印象最深刻的是一位瑞士心理學大師榮格的一句名句：「往外看的人在做夢，向內審視的人才清醒！」這句話正正醍醐灌頂地告訴我們學「內相」的重要性。

五官是父母遺傳給我們先天的原廠設備，流年部位是我們將來面對的禍福吉凶，眼神呈現的是正是我們的個人修為及面對禍福的心態，因此一個面相慈眉善目的大好人，可能是他的修為掩蓋了他內心對貪婪及慾望的無盡追逐，也可能是他為了自身長遠的利益，在他的行為舉止之中加上一層厚厚的糖衣。

可幸的是，內相往往是人們忽略的地方，卻是人們難以掩飾身體的一部分，因此懂得內相的人正是榮格所形容懂得自我「向內視的人」，從而做到客觀精準地「審視」他人，是睿智而「清醒」的人。相反，只會「往外看的人」往往容易誤入別人構建的「美夢」之中，被別有用心的人偽裝出來的言談舉止及衣着打扮所欺騙，誤入迷惘之中，久久不能自拔。正如書中「內相故事五——桃花劫數難逃」之中的黃經理及「內相故事六——愛與痛的糾纏」之中的劉先生一樣，被外在糖衣外表及甜言蜜語所迷惑，作出影響終生的決定！一子錯，滿盤皆落索！

如果大家有幸參與恩師所舉辦的課程或講座，相信也會和我抱着同一的感受：恩師在授課之中不提倡任何宗教或政治的理念，不導人迷信，只導人向善。

世人深信：「萬般皆是命，半點不由人！」

恩師慨嘆世人鑽研術數，只求結果，不求中間選擇過程及原因，忽略禍福吉凶只在乎人的選擇。更不幸的是，人們只重視術數所帶出的眼前短暫利益而忽略術數可以帶給人們了解自己的過往經歷，帶給當前自己的因果善惡，從得悉眼前的禍福深因及影響去把握糾正錯誤的絕佳機會，重寫成功幸福的人生劇本，從而得到美滿的人生！這一段話正正活現了恩師常常提醒徒兒的一句説話：「事在人為，莫道萬般皆是命。境由心做，退一步自然寬，誰說命運半點不由人！」

在課堂上，恩師除了發揮術數的預測能力之外，更有與眾不同的教育過程，以自身的經歷發揮撥亂反正的影響力，用自己的生命影響其他人的生命。這就是恩師常常提醒徒兒，當一個老師、社工或心理學家並不止是一份工作那麼簡單，而是一份責任，站在生命的最前線去春風化雨所遇的人，甚至是以自己的人生閱歷及專業知識去普渡眾生！

恩師在徒兒的眼中是一位對自我要求甚高、願意不停挑戰自己、力求精進地尋找自己在術數學問上最高點的大師。恩師由衷地認同古今術數雖擁有趨吉避凶的預知能力，但同時亦擔心當今術數如果變得沒有任何溫度，缺乏聯繫連結人與人之間的一段「情」，缺乏任何教育的意味的時候，只會淪為一種冷冰冰的商業謀利工具！

恩師默默耕耘，與身邊的人分享術數的專業知識及學問及其長遠的發展，同時亦擔心術數重利益、輕教育的文化傳承的根本問題！這正正是恩師著書立說將畢生絕學無私奉獻給所有中華兒女的原因。由此可見，恩師的格局、理想、胸襟及專業，以大中華充滿中國文化特色的心理學家去形容恩師，實在是實至名歸！

靜觀步堂第七代入室弟子

陸家耀

英國心理學會副院士

英國健康護理專業管理局註冊心理學家

甲辰年甲戌月癸丑日

序三——学相就是学做人

相学是一门追溯于源头，启发于人生的学问。

目前市场上所学的相学，总是遗漏了一些东西，如果他们稍微被外人的彩虹屁追逐，总是让人不小心误闯在人之上的光芒，从而忘记自己的使命，为世人指导迷津的指引中，变成控制他人和牟取暴利的工具，具备这条路的条件，师傅是严格的。

我遇到的李英才师傅，让我觉得找到了真实的相学版本。当第一次遇到师傅，师傅从我的相貌眼神看出我小时候的状况，让我惊讶并感觉这个世界上有人懂我、知我、理解我，知道我内心深处感受，瞬间有种死而无憾的感觉，心里默默地决定要学这门学问。

因为我很想了解自己，我不懂自己，在这路上我追寻了好久，发现每样学问都有他的缺陷，期间产生太多疑惑，又无法解惑，为此也很是懊恼。

我在师傅的相学课堂里慢慢理解与找到为什么，为此解开很多心中的疑惑，因此也兴奋了好久。

好佩服师傅的记忆力，为何可以如此浩瀚！

师傅讲过，相学是要「浸」出来的，我当时不理解。

原来「浸」的意思，不是记在脑袋里，而是骨头里，再深入讲是记在灵魂里，当我们看一个人的时候，脑袋自动第一时间弹出答案，整合出一系列答案，这个就是浸出来的效果，需要时间的淬炼。

师傅课堂具备了教育、教训和指引，教训是为了棒喝学生，要对自己的人生观作为一个深思，从而成长；教育是解释给实例嘉宾听，这件事情的正确的方法原因。如果只有指引，对方不理解，可能都是白说了。

这种三合一的方式，才是真正的相学精髓。如果只是指引，可能好久才能知道个中意义，但如果加上教训和教育，便能及时得到心灵的进化，摆脱原有的缺点。

我对年轻的同学能进入课程有种羡慕（也看到我的心魔，不止于羡慕，还有妒忌）的感觉，他们真幸运，这么年轻就可以遇到我从十七岁开始就想找到的人生真相，如果当时就遇到师傅我该是什么样的人生预景？

事实上，今生我能遇到也是非常幸运，时隔二十八年，中间经历太多的历练和磨练才遇到师傅，这可能是上天对我的一个奖赏吧！

遇到师傅前我已经具备一些知识和礼节。我学过占星、人类图、芳香疗法、灵摆、曼陀罗等各种心理课程，可以更加深度理解师傅的相学真理。走过来的路虽然崎岖，但没有白走。

最近师傅写一本关于内相的书，让我更加惊叹。里面还有里面然后还有里面，意思是相学已经是很厉害了，加上眼神感觉就是了解了全部，只是没想到还有内相，对于我来说算是放弃这门学问的，因为觉得这个学问估计要到深山老林的一个超级老者里才能学到的真相。

序三

书里提起一些比较惋惜的故事，在师傅的学问里，一个人的骨骼个性注定了会遇到一些限制他的问题，之所以能够产生让人觉得惋惜的故事，源于他自己的个性使然，让你失去，用痛的方式让你醒悟，是去认清自己还是不断的失去机会，就是一个又一个的经验中吸取，提醒你让你突破，只是人很容易活在自己的舒适区里，有时候选择放下也是一个解脱，没有对错。

只是往往心结来于此，来于自己，来于个性，又放不下，每个人都要靠自己的慧根去解开你生活中一个又一个心结，如果无法得到净化，积少成多，一个刺激就可以致命，所以相学的奥妙，学来了解自己，至少知道自己是怎么死的，是放下还是突破，我们有得选。

如果还想继续，学来帮助他人，指点迷津，则功德无量。

师傅有句话说：相学就是一个教育，教你如何做人。

静观步堂第七代入室弟子

姚文

甲辰年秋

序四——以相入心，以心輔相

大約兩年前的今日，我開始接觸相學，在某大書店內閱讀相關書籍時，無意間聽到二人談論李英才師傅的相學課程，其中一人説成為「記名弟子」後，一年內可「放題式」上課，説得甚為吸引。這是我第一次聽到師傅的名字，當下我便在相學書架中尋找師傅的書籍，細細一讀下，令我十分震驚，因為書本內容十分詳細，而且字字珠璣，圖文並茂，但亦感受到相學之博大，非單憑書本所能意會，於是我在懷着好奇心驅使下，報讀了師傅在工聯會的面相課程，亦踏上了學相之路。

猶記得上課的第一天，師傅不苟言笑，聲線沉穩而響亮，令人望而生畏。而師傅以相學古書的內文為根本，逐句講解，更邀請席上同學毛遂自薦作例子。這種旁徵博引和互動性的教學模式令課堂變得具趣味且實在。及後，我亦決定成為師傅的「記名弟子」，當日這番決定令我的價值觀發生了重大的轉變。

從前我所涉獵各項術數，如八字、紫微斗數、奇門遁甲、占卦等，一律離不開吉凶和結果。儘管這些術數玄妙無窮，但我總覺當中欠缺了一種情感，一份人與人的聯繫。而師傅所主張的理念「以相入心，以心輔相」正正解開我心中之惑。師傅教導的相法是了解問題原因、時間、深因、影響、連鎖反應和後觀，從而教育修正，方是我追求術數的真正意義。

常言道，性格決定命運，但性格由何來呢？師傅深化而説道，心態左右行為，行為養成習慣，習慣培養性格，性格影響命運。所以真真正正影響自己的命運就是自己的「心」。

師傅令我領悟影響心態的因素眾多，遺傳基因、童年教育、父母關懷、學校深化、初涉社會、友伴薰陶、挫折觀念、婚姻支持、經濟衝擊、職業危機、名利誘惑、情感結構、疾病災危、信念動向、保障意識和老年心態等。這些因素一環扣一環，密不可分，然而非「一子錯，滿盤皆落索」，而是需抱着「革心易行」的觀念，在每一環上慢慢修正。

人乃活體，相人除了着重內相、外形和五官外，還要細察表情、動作、眼神、聲音、氣色等，綜合判斷，備皆周密，所相於人，萬無一失。而內相就是人的福底，是禍福的根源，就好比一棵參天大樹的根一樣，決定其基礎、根基、茁壯成長的動力和富貴貧賤的級數。人貴自知，充分了解自身先天條件和各方面的優劣勢，盡量發揮所長，避其所弱，方可事半功倍。古籍相書雖然有提及內相，但言簡意賅，門外漢即使再三拜讀亦可能不得要領。師傅這本著作《肩腰背胸識人術》則如導讀般，將古人的話語以妻、財、子、祿四大方向詳細詮釋，以及以故事形式來表達，令讀者們更加容易投入、感受和理解，一窺內相的精深奧妙之處。

同時，我亦希望藉此機會向師傅表達感激之情。師傅從前每逢佳節便會帶着一眾學生設置睇相攤位，一則讓學生學以致用，二則為師徒留下美好回憶，三則向一眾有緣人指點迷津。每當師傅提起往昔之事，我總聽得心神嚮往。終於在去年新春，我有幸邀請到師傅其中一名高足玲玲師姐，一同於愉景新城開設睇相攤檔。玲玲師姐除了相學知識豐富，還有她對相學的堅持和專注，孜孜不倦，十數年如一日，確令人佩服不已。擺檔期間，師傅攜同師母盛裝前來，實令我既驚且喜。素來知道師傅於新春時間分外忙碌，客人絡繹不絕，連用膳亦得於人來客去的片刻時間草草了事。師傅撥冗前來，除了身體力行支持徒兒這小攤檔，亦從旁加以提點，如何運用相外功夫「以相入心，以心輔相」。期間，師傅更主動和我們合照，拍下一張又一張可愛趣怪的相片。師傅在課堂外放下身段，平易近人，令我心悅誠服。每當我憶起當天，都會心微笑，相信此事將令我畢生難忘。現在我已是師傅的入室弟子了。平日課堂間，師傅不厭其煩地提點我相人的種種要點和不足之處，我內心不勝感激。

師傅邀請我為此書寫序，令我驚喜萬分。自知才疏學淺，何得何能執筆呢？然而師傅用意之深，弟子自是心神領會。既然不通文墨，更應點點滴滴去改善，日子有功，功到自然成。

師傅教導這兩句的相言詩句，已成為我的座右銘：

以相入心，以心輔相！

在此誠意推介這本內相總匯的經典著作。此書是師傅累積超過五十年的經驗和心血寫成，而整個系列的二十二本相書，無出其右，震古鑠今，亦為後世的相學資料，打好重要基礎的典範。

靜觀步堂第七代入室弟子

潘廣強

甲辰年甲戌月

自序——穿越時空的相學

世人對於相學，不同人有不同看法。有人認為，相學是無稽之說，睇相先生只不過是見人見得多，用心留意不同人物的相貌特徵，把他們的性格、職業、六親緣分、人生際遇、健康狀況等等一一記下來，得了一個大概，再憑着三寸不爛之舌，把一切說得頭頭是道，就可以打正旗號做大師，為客人「指點迷津」。但說到底，這只是他們的經驗之談罷了。

亦有人甚至覺得，相學毫無科學根據，根本只是一套用作欺騙婦孺、愚弄客人、鼓吹迷信的説辭而已。例如，肥胖被説成是有福氣，是發達之相；瘦削被説成是辛苦命，難得富貴。可是，君不見不少容光煥發的瘦富人、精神萎靡的胖窮漢？

又有一些擁有很高的學歷的人，他們並不一定因遇煩惱而求相，而是純粹出於好奇，覺得好玩而已；又或者他們的確有疑難，不介意花些金錢去聽取一個有學問、有閱歷且有專業知識的第三者意見。這類人都有自己的看法和主張，並不會全盤接受相學家之言，而是抱着姑且聽之的心態，作為解決問題的參考。

另一方面，有人將相學作為致富工具，一些自稱國師、居士的術士，利用學員五官和面部形態掌握對方心理，抬高自己身價，從而獲利；他們更會開辦學生會，讓學生參加義工活動，為組織添加慈悲為懷的色彩。甚至有人未足四十歲已自稱擁有三十多年玄學經驗，他們認為，只要令人相信自己具有高人一等的相學「大師」身份，一切都可以隨心所欲。

以上大概代表了大部分人對相學的看法：有人絕不認同，有人半信半疑，有人信到十足。由此可知，相學仍然是一門被不少人誤解及用作騙財的學問。

然而，真正的智慧可以穿越時空，這是不容置疑。事實上，識人術從古至今歷久不衰，可見它是真實存在，並擁有崇高價值。

相學智慧亙古不滅

歷史上有不少傳頌千古的識人術故事。李悝是戰國時期的政治家。《史記．魏世家》中記載了一段故事：魏文侯想從魏成子和翟璜中選出一人為相，但因二人才幹相若，不知應該如何取捨，便詢問重臣李悝的意見。李悝向魏文侯提出了「識人五法」：「一曰，居視其所親；二曰，富視其所與；三曰，達視其所舉；四曰，窘視其所不為；五曰，貧視其所不取。」魏文侯根據李悝提供的標準，最後錄用魏成子為相。李悝將「識人五法」運用於處理政事中，廣攬天下人才，為魏國主持變法，實行盡地力、平糴法，大大地促進了魏國農業生產的發展，使魏國因此而富強。司馬遷說：「魏用李克（悝）盡地力，為強君。」班固稱許李悝「富國強兵」。

三國時期的風雲人物諸葛亮選擇效力劉備而非劉表，乃因他觀察出劉表好謀少決、優柔寡斷、空有聲名而不會用人，為人重私情而捨大義，終不能守住荊州；至於當時依附在荊州、駐防新野的落魄皇叔劉備，年近半百，為人自謙，事業無成卻是聞名天下的英雄。諸葛亮認為劉備能以德足服人，才能足以擔當大任，故答允輔佐對方成就大業。諸葛孔明以神機妙算聞名於世，擅長運籌帷幄，無論是在尋找主公、行軍打仗，還是處理國事時，都能起用大量人才，全因他擁有一套識人術。他在《知人性》一文中提到「觀人七法」：「夫知人之性，莫難察焉。美惡既殊，情貌不一，有溫良而為詐者，有外恭而內欺者，有外勇而內怯者，有盡力而不忠者。然知人之道有七焉：一曰，問之以是非而觀其志；二曰，窮之以辭辯而觀其變；三曰，咨之以計謀而觀其識；四曰，告之以難而觀其勇；五曰，醉之以酒而觀其性；六曰，臨之以利而觀其廉；七曰，期之以事而觀其信。」

曾國藩是晚清四大重臣之一，他興辦洋務運動，組建湘軍，幕僚裏人才濟濟，獨撐晚清危局。傳說曾國藩能廣結各路豪傑，成就一代偉業，全因他具有高明的識人術。關於他精於相人的故事甚多，俞樾在《春在堂筆記》評論曾國藩：「湘鄉出入將相，手定東南，勳勞之盛，一時無兩，而尤善相士，其所識拔者，名臣名將，指不勝屈。」曾國藩認為，辦事不外用人，用人必先知人。他與李鴻章有師徒關係，一次李率領三人求見曾聽候差遣，曾在庭外散步時瞥見三人後向李表示不用傳見，李問原因，曾答：「一人俯首不敢仰視，此謹厚之人也，可任保管之責；一人值余面則正視不苟，背余面則左右探視，乃陽奉陰違之人，不可任事；另一怒目注視，始終挺立不懈，此人功名事業，將來不在你我之下，可寄以重任。」後來三人果真如曾國藩所言，而可寄以重任者，便是淮軍第一名將劉銘傳。此事一出，海內之士，盡皆信服曾氏之善於觀人。後世評價曾國藩之所以能成功，大部分原因就是因為他擅長觀察細節，尤其是在飯桌上觀察別人，因為往往最生活化的時刻，最能看出一個人的品性。

縱觀歷史，善於識人者比比皆是，除以上幾位，還有周文王渭水河畔識得姜太公，呂叔平選得劉邦為婿等等。從各個歷史人物事跡，我們可以總結出一個重要的事實，就是相學是一門知人的學問，而且起源於實際用途。由於生活上、工作上有知人的需要，所以才產生了識人之術——

相學。出生於二十世紀、已故佛光山開山宗長星雲大師說過：「在我們身邊有很多的人，其中不乏好人、壞人、善人、惡人、君子、小人，可以說甚麼人都有。但是我們一時看不出哪一個人究竟是屬於哪一種人，必須要有一些因緣、境界，才能觀察得出其人的操守、精神、度量、心境。」

由此可見，兩千多年以來，相學都是從日常生活出發的，存在價值極高。已故國學大師南懷瑾先生也曾高度評價相學：「不是生就的相貌，而是長期的心與行為的修煉在臉上的投影，這些相貌也在預示着其未來的命運。相術也就是一種經驗積累，相由心生，由臉觀心，由心知未來。」

外相與內相

然而，談到相學，大部分人尤其一些自稱國師、居士的玄學家，都只會聯想到五官面相，其實相學包括掌面相與體相，當中體相又包含了靜相和動相。掌紋、五官在外，體相在內，彼此相輔相成相配，才有完美的判斷。先賢寫下了傳頌千古的相人事跡，也歸納了多種識人之術。《呂氏春秋》中的「八觀」，就是依據人在不同環境的表現來識才：「通則觀其所禮，貴則觀其所進，富則觀其所養，聽則觀其所行，止則觀其所好，習則觀其所言，窮則觀其所不受，賤則觀其所不為。」《論語》中三句識人口訣：「視其所以，觀其所由，察其所安。巧言令色，鮮矣仁。君子求諸己，小人求諸人。」《莊子》也記載了「八驗」的觀人方法：「遠使之以觀其忠，近使之以觀其敬，煩使之以觀其能，猝問之以觀其智，急與期以觀其信，醉以酒以觀其性，雜以處以觀其色，示以利以觀其廉。」司馬光《資治通鑑》：「君子挾才以為善，小人挾才以為惡。挾才以為善者，善無不至矣；挾才以為惡者，惡亦無不至矣。愚者雖欲為不善，智不能周，力不能勝，譬之乳狗搏人，人得而制之。小人智足以遂其奸，勇足以決其暴，是虎而翼者也，其為害豈不多哉！夫德者人之所嚴，而才者人之所愛。愛者易親，嚴者易疏，是以察者多蔽於才而遺於德。」

不論是李悝的「識人五法」、諸葛亮的「觀人七法」、曾國藩的識人之術、「八觀」、孔子相人訣、「八驗」，都跳出了五官面相的框框，而是從行為舉止以論人善惡智愚，在這之前則要辯人之身體形態，如肩腰背胸臍腹臀四肢等等，這就是古人的智慧。可惜，現今術家論相，只注重五官表現，鮮少提到內相的重要，辜負了前人遺留下來的寶庫。筆者行走術數江湖四十多年，年事漸高，本想在往後歲月專心授學，但有鑑於習相者日眾，希望他們能學得完整而正確的相法，便決定執筆編寫一系列「相學識人術」，將半生相法心得傳承後世，一方面填補相學領域缺少的關鍵板塊——內相，另一方面向先賢致敬。

相學的真義

相由心生，「形神不相離，未有有諸內而不形諸外者」，心有善惡，亦有厚薄，面相、體相的吉凶好壞與此息息相關，如影隨形。相學就是相心。

相的義理，在理而不在術。相學從來都不是單純預測禍福吉凶或教人如何致富，也不是生財工具，更不是單方面論說人生既定歷程的術數，而是一門生命教育，不僅教育相學知識，更重要的是教育如何為人，上下求索生活上所遇問題的根源。「心者貌之根，審心而善惡自見；行者心之表，觀行而禍福可知。」一個人的性格乃由心出發，一個人的行為反映命運順逆；性格或行為偏歪或有缺失者若能夠遇上人生導師，接受導師教育為人之道，必能轉凶為吉，為自己重寫命運。

有別於一般著書者，將古籍胡亂編輯分拆成書，然後自許為國師、居士，自抬身價，混騙謀生，愚弄世人，實非真聖；筆者半生從事生命教育，不管是為客人論相、課堂上授學或著書傳世，目的都是希望客人、學生和讀者能知人惜命，啟迪智慧、認識生命、了解自我、捨惡揚善，從而為自己作出最佳選擇，規劃美好的人生，實踐終極的趨吉避凶。

若本書能為後學者提供管道吸取精華，福澤後世，余願足矣！

李英才

甲辰年小雪

目錄

目錄

身相三停圖

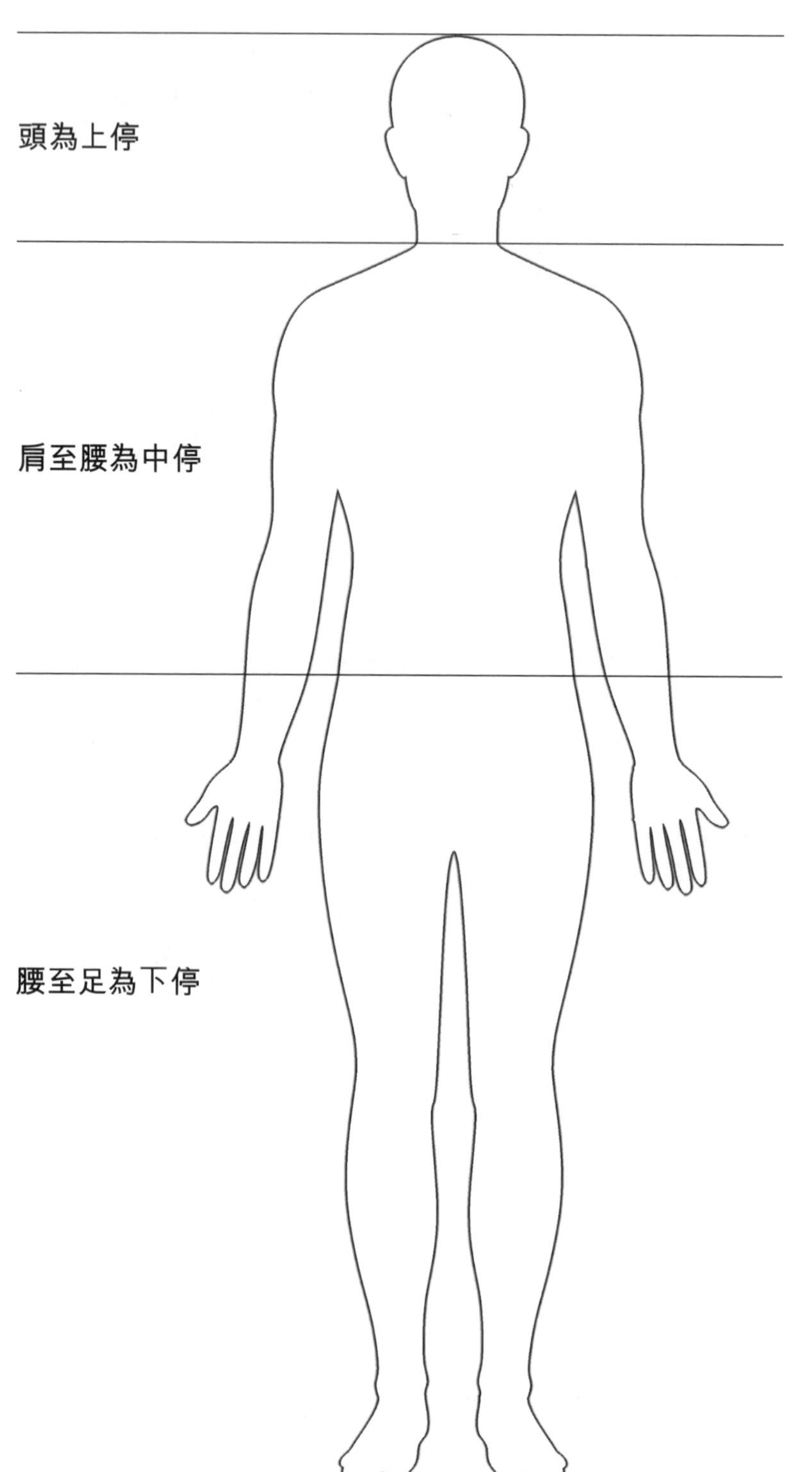

第一章

眉相看命運

內相故事一——知福惜福造福

「學會麻衣相，敢把人來量」，「一眼知富貴，兩眼斷生死」。面相是一門人體信息工程學，但相法無邊，又豈止於五官？相骨、相形與相氣色更是奧妙無窮，往往人未到面前已能鐵口直斷，格局高低、吉凶貧賤，無所遁形。這對於有心鑽研相學的人無疑是難以抵擋的魔力。

在一個平常的工作天、一個最普通的日子，一位不尋常的客人出現在英才的眼前，堪稱奇相。林先生肩膊平整寬闊、豐隆圓厚，這不足為奇；背相、臀相與肩相搭配甚佳，也不稱奇。然而，他既無道骨，亦欠佛容，身上竟透着華光靈氣，魅力逼人；歲月在皮膚留下的絲絲皺紋，更不合理地烙印於他白皙晶瑩的臉上，煥發光芒；舉止親切近人，自然流露出生活幸福及愜意的情懷。形、氣、骨皆屬上乘之相，使英才眼前一亮。

細看林先生五官容貌，雙耳貼腦見明珠、額如覆肝帶伏犀、臥蠶眉、鹿眼明潤，神強而不露、秀峰鼻配圓顴、劍鐔口、法令如洪鐘、鬚眉鬢髮，銀條雪白。面對如此佳相，李某又豈會單從俗世角度論其禍福？禁不住讚嘆：「閣下雖衣著平庸，但骨骼非凡、丰神迥別，實乃十萬而無一選，這正正是相書所記載的『骨格精奇，福壽永康』之相。若你能還富於民，造福眾生，相信福分必可倍增。」

席間論相，英才與林先生暢所欲言，無所不談，彼此之間如故友重逢，惺惺相惜，一個小時的談話變作三小時的互相敬佩和欣賞，一份友誼自此建立。

【金形色白聲清響，木形粗髮指如鎗。】

歲月無聲消逝，英才與林先生漸漸變得熟絡。某天，林先生邀請我出席一個文物展覽的開幕禮任觀禮嘉賓。原來他是古董收藏家，為展覽提供了部分展品。

在參觀過程中，英才被一件乾隆「古月軒」的瓷器深深吸引——釉色晶瑩、七彩斑斕，跟其他瓷器的釉色完全不同。雖然李某對古物的認識有限，但也知道這是一件難得一見的稀有珍品。

「這是我的收藏。」站在我身旁的林先生帶着微笑，謙虛地說。

「哦！」我幾乎忍不住叫出來：「恕我俗氣，能告訴我它價值多少嗎？」

他有點腼腆，面露尷尬表情，似不願回答。英才久經世面，閱人無數，自然識趣，沒有繼續追問。

開幕禮結束，林先生邀請我一起晚飯聚舊。甫坐下來，他馬上解釋：「真不好意思！剛才因有其他人在旁，我沒有回答你的問題，擔心有點太張揚。」然後帶點驕傲的神色說：「那件瓷器，現在大約價值二億五千萬港元。」

我微笑點頭，表示明白。基於好奇，英才便問他為何會對古董產生興趣，更願意花巨額金錢在這愛好上。

「說來話長，這得從我年輕時說起。」林先生開始娓娓道來：「我生長在一個富裕家庭，父親是城中最大絲綢批發商人，他有兩位太太，我的母親是大老婆，我是獨子，所以家中所有人都對我十分愛護，甚至有點溺愛。父親是傳統中國人思想，一直希望我繼承他的生意。為了讓我及

【色黑頂平為水相，頭尖屬火土帶黃。】

早學習和熟悉他的業務運作，自我唸高中開始，每逢暑假，他便要我到店裏當暑期工，人工只夠我平常生活的使費和零用，但在當年來說已經是很高的薪酬。那時候，一個普通文員的月薪不及我的一半。比較之下，我的物質生活算是頗為奢侈。」

筆者心中了然，單看他的面相已知他出身非凡。

林先生接着說：「中國人做生意，以往都會趁年尾向客人追收貨款或向供應商繳付貨款，貨銀兩訖，大家就可以好好過年。此外，我的父親為人疏爽，頗有義氣，常常讓相熟的客人拖延清付帳款，或借錢給朋友應急，所以每到年底，都要四出收數或追債，先派夥計去追；收不到，就請叔伯親戚出馬；再收不到，最後才由父親親身出面。」

英才點頭贊同。的而且確，數十年前的社會不及今天富庶，但處處都感受到人情味。

「某年的農曆年年底，父親派我去向一位在嚤囉街做古董生意的世伯討債，但這位世伯推了一天又一天。父親跟我說，即使明知他在推搪，也要依他說的日子前去，不然他賴你沒來，錢給了別人，不是他的錯。如是者，我跑了好幾趟，仍然收不到錢，我終於沉不住氣跟那位世伯說：『你暫時不方便也沒問題，告訴我哪天有錢就行了，別讓我每次都白跑。』其實，當時的我根本無心代父追債，只是父命難違而已，加上追債不成，心裏有氣，所以對世伯說話的語氣便難免有點重，現在回想也覺得自己不對。」他一邊回想，表情也有點不好意思。

「世伯一怒之下，便拉着我去到父親的店舖：『你的兒子看不起我，竟說我沒錢！』父親聽後十分生氣，把我痛罵了一頓。我覺得自己沒錯，無辜被罵自然心裏委屈，沒哼半句便逕自走回家中，把自己關在房間。沒多久便聽到父親回家跟母親解釋，責備我只是在世伯面前『做戲』，給他留點面子，讓他有下台階而已。」

「那次之後，我開始有自己的盤算，向英國的大學申請學位，然後向父親提出到海外升學。父親反應很大：『不行！你堅持要去的話，我不會給你寄錢。』我知道他反對的原因，一來是希望我接手他的生意；其次是怕我娶個外籍女子做太太；但我計劃既定，不甘放棄，便自行用儲蓄訂了機票，又因航班的經濟及商務客位已滿，更賭氣地買了頭等機位，獨自帶着僅餘的零用錢，滿腔熱血地離家而去。這正好應了李師傅說我這一年離鄉別井、千里文昌之運。」

「是的。」英才同意。

林先生繼續說：「在英國，我報讀了法律學課程。家裏的信和錢不斷寄來——這當然是來自母親；接着是父親的二太太也寄來問候信和零用錢；最後連父親也擔心我錢不夠用，悄悄給我匯了一大筆款項。我的銀行存款越來越多，銀行經理就找我談話了，問我有否興趣投資增值。銀行投資產品類型五花八門，我卻完全不感興趣。」英才心想，他真的是萬千寵愛在一身。

「銀行經理當然很失望，而就在那一剎間，我想起了在嚤囉街賣古董的世伯，突然對歷史文物萌生興趣。事有湊巧，我認識了一位熱愛中國古文物的英國朋友，他年紀只比我大少許，卻對文物研究和鑒定有精湛造詣。我既與他趣味相投，便順理成章開始跟他學習鑒別古董了。那時的英國古董商人都很老實，從不賣假貨；我也漸漸養成收藏古董的習慣，而且只買不賣，藏品越來越豐富。十多年前，我跟這位英國朋友舉辦了一次古文物聯展。」

【或者生得有好心田無好相，所以相從心生轉改禍呈祥。】

緣起緣滅皆有數。林先生在年輕時向長輩追債，竟種下了日後成為古董收藏家的種子，算是結了一次世間緣。

他慢慢談到自己的近況，臉上不自覺地露出滿足的笑容：「畢業後，我回港掛牌做律師。在七十年代，律師都是外籍人士，華人律師屈指可數，而律師正是賺大錢的專業。我的太太是當年在英國唸書時認識的，她為了親自照顧一對雙胞胎兒子，寧願放棄高薪厚職，現在孩子已經長大。至於我多年來收藏的古董文物，已足夠可以開一間小型博物館了。」

「回望前半生，我遇到了很多良師益友。在律師這個專業平台上，不少經歷更使我深深領悟人性。李師傅說得對，在很早以前，金錢於我已經沒有吸引力了，反而對於古董文物，隨着年紀愈長愈有熱情。我很幸運，太太是有教養有學識的人，十分明白事理，不僅包容我的癡迷愛好，更給我很大的自由空間。當日給師傅評論相格時，你曾提點我『還富於民，造福眾生』；這幾年我剛退休，便盡量抽空幫助弱勢社群，算是回報老天爺對我的賜福。」

聽罷林先生的故事，英才對他說：「你確是萬中無一的『肩膊齊厚，背甲腹壬』的上乘體相啊！」

雖然眼神帶着好奇，面上卻是恍然大悟，他回應道：「原來如此！坦白說，對於自己的人生，我真的非常感恩。我常常在想，上天對我如此厚愛，難免待薄了其他人。因此我對自己說，一定要好好待人，不論對方是誰。」

「懂得感恩，實在難得。」英才讚許。

「過去我對相學一知半解，總以為面相就是相學的全部。後來經師傅點化，才知道內相竟藏着博大精深的智慧，現在想起從前的膚淺，仍感汗顏。」林先生最後說出自己對相學的看法。

林先生有此想法，英才當然不以為怪。莫說他是術數門外漢，即使是職業術數家，有很多也不了解何謂骨相，何謂肉相，整天只論五官形態吉凶。英才在數年前曾接觸一些年輕術數家，他們滿口妄語，誑言中國相法不外如是，相法再神通也不及先天生辰八字般重要，認為命中一切皆四柱八字所注定，更自封道機天師、真聖道士，力圖借天成佛，自誇自擂能掌握天意。老實說，如林先生這一類上等格局，若無明事理的術數家給他提點，則當事人五官再好，骨骼再奇，亦屬枉然。

肩譜

3. 聳肩

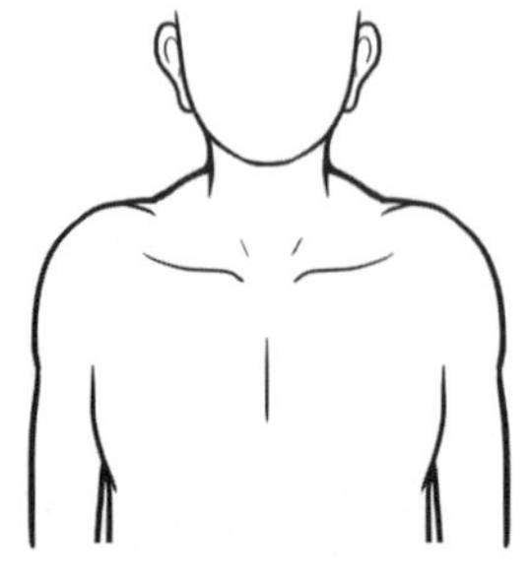

（P.47）

4. 左肩高右肩低

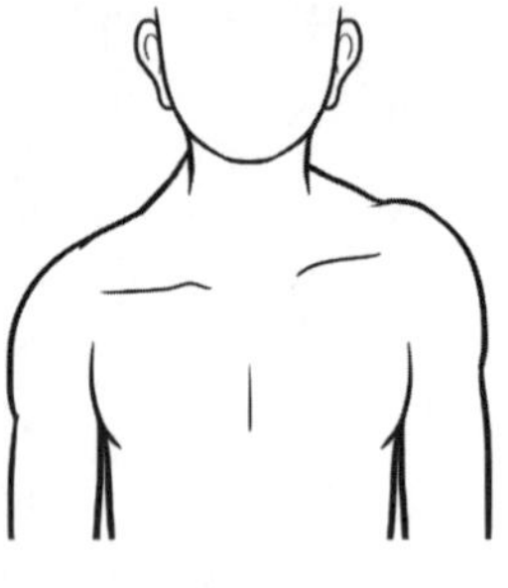

（P.51）

1. 平肩

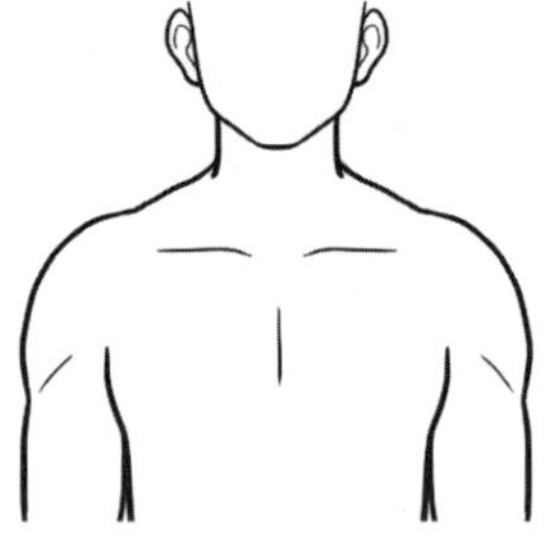

（P.40）

5. 右肩高左肩低

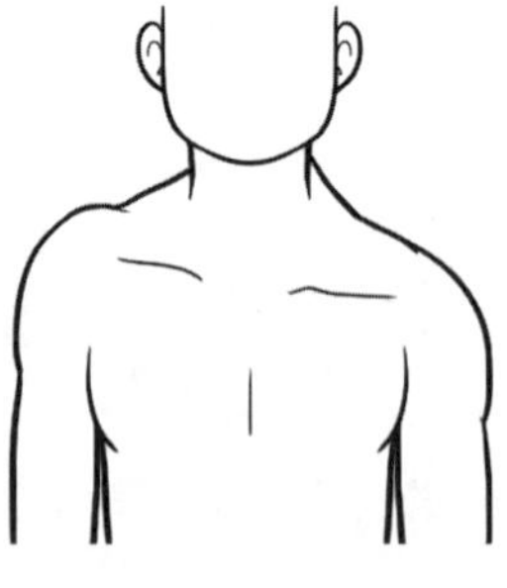

（P.55）

2. 瀉肩

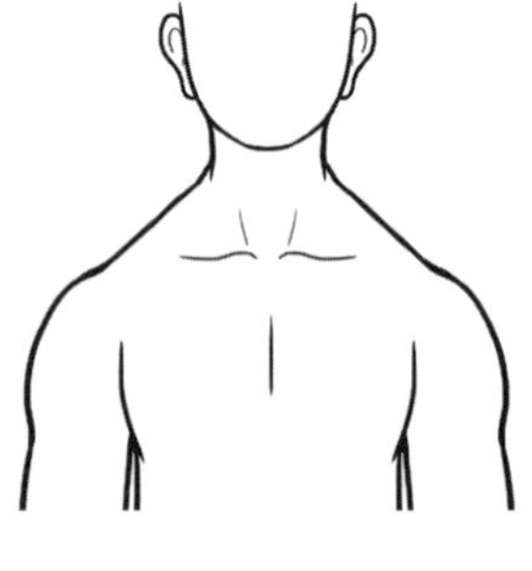

（P.44）

6. 鳶肩

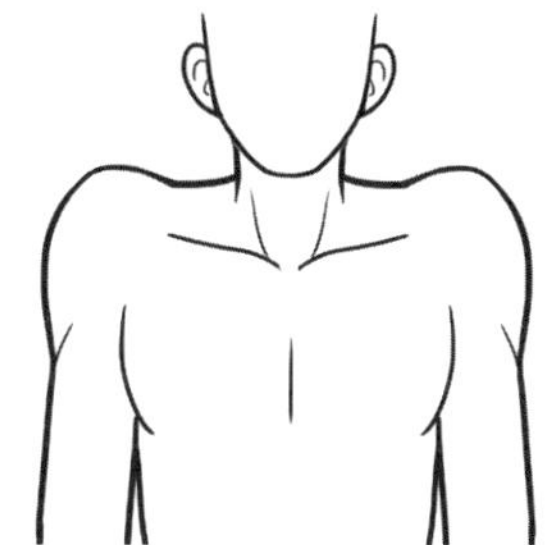

(P.59)

7. 犀肩

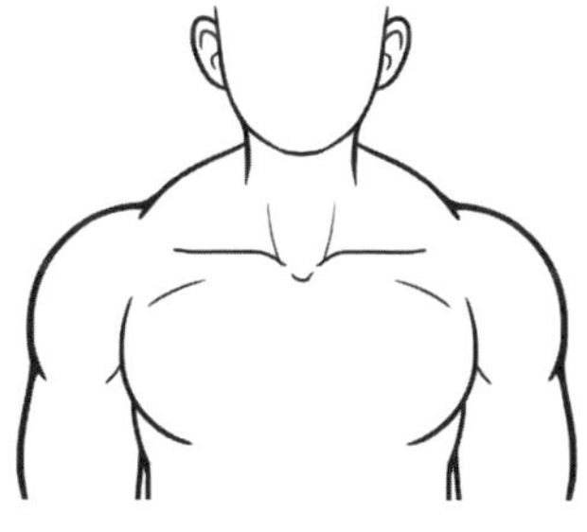

(P.63)

8. 寬肩

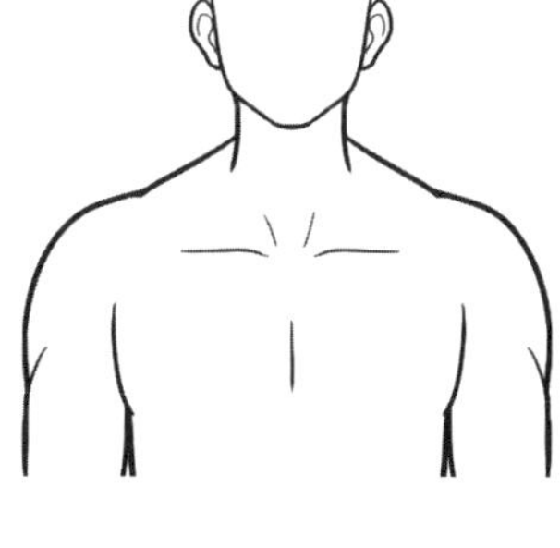

(P.66)

9. 窄肩

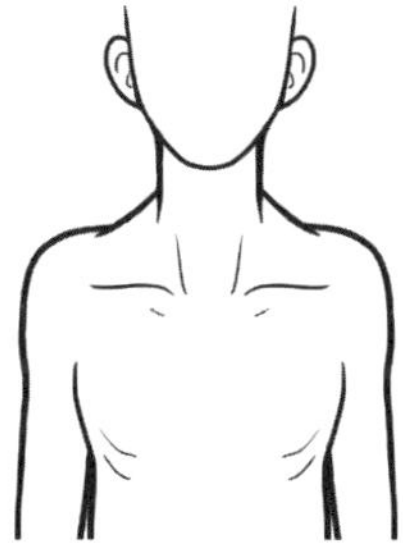

(P.69)

10. 薄肩

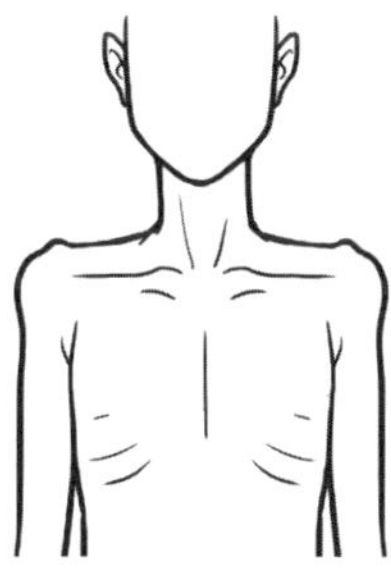

(P.73)

11. 寒肩

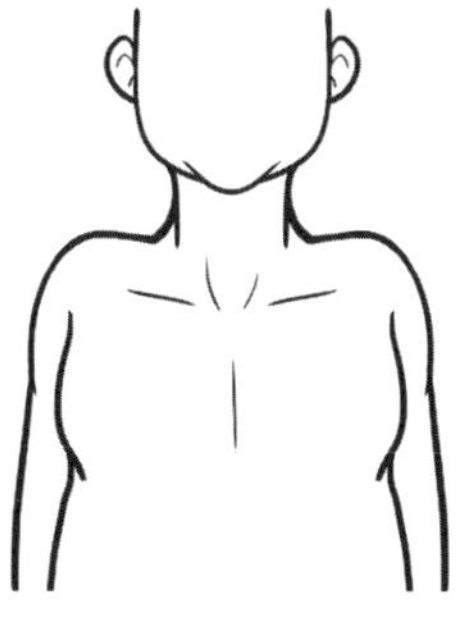

(P.76)

(1)平肩

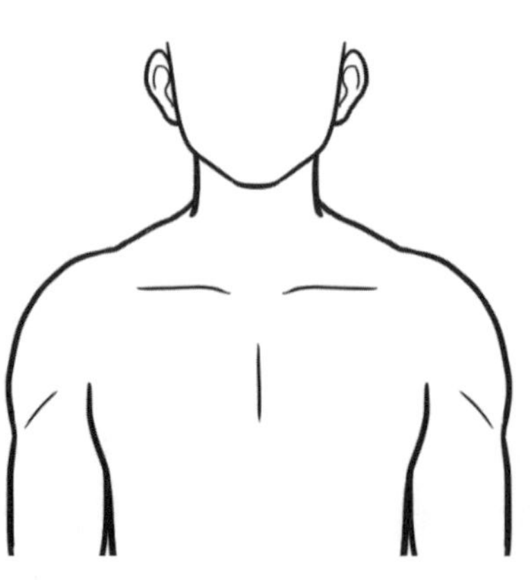

【牙齊衣食能豐享，騰蛇入口必要餓到硬邦邦。】

形態： 肩膀線條接近水平線或傾斜角度小於15度，左右肩平衡勻稱，而且肩寬與臀寬相約，就是屬於平肩。

性情：

(1) 做事有承擔，勇於肩負重大責任，堪稱「能頂半邊天」，並投入最強的信心和無限的力量，實踐目標。

(2) 智商高，十分聰明，觸覺敏銳，腦筋反應特別快，學習及分析能力強，且具上進心，勤學不倦，每天都在學習新事物、新知識，智慧甚高。

(3) 情商也很高，能夠控制自己的喜怒哀樂，不容易受他人影響而鬧情緒，更不會隨便發脾氣。

(4) 性格堅毅，意志堅定，自信心強，擇善而好勝，敢於向困難挑戰，不會於挫折中屈服，遇強則強，鬥志高昂。

(5) 操守有持，舉止端正，行事光明磊落，言行一致，有始有終，不會輕易承諾，一旦答應了別人要做的事，必盡全力完成，是交朋友的最佳對象。

(6) 善惡及黑白分明，充滿正義感，遇上不公平的事，必定為受欺壓一方出頭，所以深受大眾愛戴。

(7) 品格良善，容易與人相處，所以六親緣分深厚，近者與父母、兄弟姐妹，遠者與親戚長者、同輩，關係好、感情好而助力大。

(8) 平肩的人對很多事情都十分上心，導致上半身經常處於緊張狀態，若不懂得適時放鬆，有可能會患上焦慮症。

事業：

(1) 聰明能幹，志氣高遠，擁有頑強意志，彷彿有用不完的精力，做事不屈不撓，必能貫徹始終，白手興家，在中年以後為自己創造一番事業。

(2) 辦事手法靈活，處事公正公義，對事不對人，絕不偏私，所以工作上得到下屬、同事支持，事業上能遂願成功。

(3) 思想及反應敏捷，意志力集中，善於把握對自己有利的機會，並借助他人之力，在事業上爭取最大的成就。

(4) 平肩的女性事業心重，多屬女強人類型，工作表現不讓男性，雖然凡事都只能靠自己努力打拼，顯得十分吃力，但滿足感很大。

財帛：

(1) 肩膀在相學上代表一個人的承擔力和財運，左肩代表財，右肩代表祿，左右肩長得平衡齊整的話，就是財祿豐厚的象徵。

(2) 凡男女的肩部，均以平厚有勢為吉。若肩膀厚實有肉且大致呈一字型，都不會是貧賤命，縱使年輕時必須辛勤工作養活自己，但到中年時必能累積一定財富。

(3) 一生貴人多遇，運勢順多逆少，賺錢的機會很多，賺錢能力也很強，故能夠坐享富貴，很少時候會缺錢用。

(4) 腦筋靈活，懂得靠山吃山，靠水吃水，善於利用自身和身邊環境的優勢增加財政收入。

愛情婚姻：

(1) 平肩的男女擁有令人羨慕的衣架子身型，穿衣很好看，所以外形出眾，能吸引異性的注目。

(2) 有此肩相的人責任心重，拍拖時不會腳踏兩船；婚後對家庭負責，對伴侶專一，對子女愛護，能一婚到老。

(3) 平肩男士的性慾十分強烈，對這方面的渴求超乎一般人，但懂得尊重伴侶的感受，不會勉強對方迎合自己。

(4) 平肩女性屬於事業型，多能事業有成，但因過度專注工作，容易忽略伴侶，故對婚姻較為不利。

【準頭青現身沾恙，印堂黑影就要買定棺箱。】

子息：

(1) 有此體相的人精力旺盛，但子息只有一二，子女本身可成大器，各自事業有成。

(2) 平肩男士是妻賢子秀之命，子息運相當好，不管是兒子、女兒、兒媳或女婿，都對自己孝順和尊重，晚運亨通。

(3) 平肩女性因醉心工作而難免疏忽照顧家庭和兒女，幸好子女品格良好，能自我管束，對長輩敬愛有加，甚得人緣。

【眉粗折斷兄弟喪，烏雲滿面就要損爹娘。】

(2)瀉肩

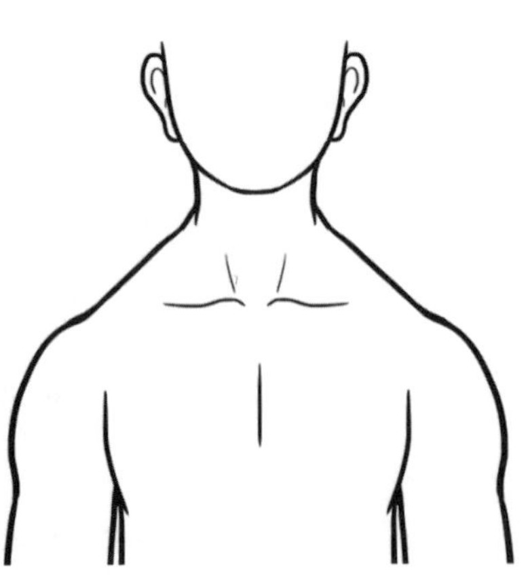

【奸門有痣官非旺，癧侵月角小人傷。】

形態： 左右兩邊肩膀向下傾斜角度大於20度，彷似肩膀垂下來，故亦稱垂肩。

性情：

(1) 待人親切，脾氣很好，不喜與人糾纏爭執，也不事事計較，故能與人融洽相處，人緣好，朋友多。

(2) 自我意識不強，性格十分隨和，能包容與自己意見不同的人，樂於接納他人的建議，也願意聆聽和接受批評。

(3) 人生在世，沒有太大野心，思想實際，對生活及工作都沒有太高要求，容易滿足於現狀，只要能過平靜和溫飽的日子，便無欲無求了。

(4) 性格上最大的缺點是懦弱膽小、無勇無謀，遇上不公的事，只會啞忍，不敢發聲或據理力爭。

(5) 為人被動，責任心不夠強，難以肩負重任，一旦遇上無法應對的挑戰時便會選擇退縮或逃避，缺乏承擔能力。

(6) 思想保守，依賴心很重，容易相信別人，而且猶豫不決、缺乏果斷力，做事有點拖泥帶水，以致容易錯失良機。

(7) 女性肩膀低垂，與男性相比，運勢較強，人生路會過得比較順暢，生活也比較舒坦。

事業：

(1) 事業上沒有遠大志向，對公司也沒有特別歸屬感，只抱着依時上班下班的心態工作。

(2) 自主力和判斷力不足，缺乏開創精神，但服從性很強，願意聽從上司及老闆的安排，所以只適合從事執行與操作的工作，不宜擔任前線或管理的崗位。

(3) 男性肩膀低垂難承重任，一生運勢低沉，做事敗多成少，只宜打工按月支人工，不宜創業做生意，否則多是蝕本收場。

(4) 女性瀉肩事業心不強，不會讓自己承受太大的壓力，多會選擇不吃重的工作，每天輕輕鬆鬆上班去。

財帛：

(1) 相書上説「男子無肩到老貧寒，女子無肩到老榮昌」、「貴婦無肩」，無肩就是肩膀低瀉或下垂，代表女性瀉肩是典型貴相，屬貴婦之命，一生少操勞，有福可享；男命瀉肩則財祿皆缺，一生清貧，故有「溜女不溜男」之説。

(2) 不論男女，思想單純，為人老實，不懂計算他人，也不會懷疑別人存心不良，所以一生忌借忌保，以防被人利用，受騙而吃虧破財。

【眼下浮青兒女喪，奸門低陷至少都要兩個填房。】

(3) 一生財運不穩定，有機會賺大錢，但很多時會入不敷支，幸好瀉肩的男女對物質要求不高，十分容易滿足，不愛與他人比較，心態比較好。

愛情婚姻：

(1) 不善於表達內心感情，即使面對自己喜歡的異性，也不會主動示好，容易錯失良緣。

(2) 姻緣路上，女性較男性順利，有機會嫁予地位高、財富厚的丈夫，婚後夫妻恩愛，享受貴婦生活。

(3) 因垂肩女性依賴心重，婚後處理家務也不能獨當一面，需要靠丈夫拿主意，所以只適宜嫁予強勢的丈夫。

(4) 垂肩的男性對生活沒有要求，婚後對家庭也沒有責任感，物質生活條件低微，貧賤夫妻的感情自然好不到哪裏。

子息：

(1) 肩膀下垂者一般腎功能比較弱，是子女緣淡薄之相，多是子女見遲，或與子女聚少離多。

(2) 男性與子女少溝通、感情冷淡；女性婚後可享夫福，家庭溫暖，子女孝義，但與子女相聚時間不多，可算是人生中的遺憾。

(3) 聳肩

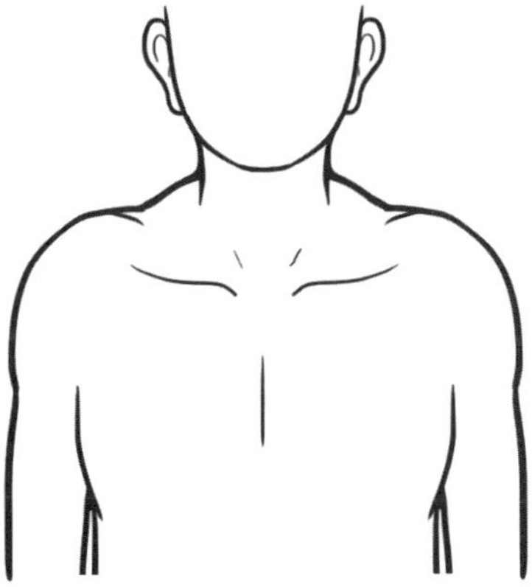

形態：肩膀線條高於水平線，就是聳肩。

性情：

(1) 性格高傲自大，對人對事承擔力不足，遇事退縮，故容易被人瞧不起，從而遭到他人的唾棄和冷落。

(2) 倔強而霸道，自以為是，事事都要干預，事無大小都要過問並參與，結果就是為大家製造麻煩，令事情無法辦得好。

(3) 分析力弱，見識淺薄，所以自卑感頗重，既有可能患上輕度自閉症，更大機會演變成狂妄自大，以致與人相處時，常常顯得格格不入。

(4) 奸險妒詐不老實，待人欠真誠；做事雖有衝勁，但欠缺思考謀略，態度魯莽，所以極容易犯錯。

(5) 吝嗇貪婪，憎人富貴，看見別人比自己富裕，就會嫉妒不已，甚至會覬覦對方財富，想辦法在對方身上取得利益。

(6) 聳肩的人必不能縮頸，如果聳肩又縮頸，運勢更差劣，不僅命賤且苦，而且健康也會發生嚴重問題，

【總要指甲光明正得兒女易養，掌中明潤定必貴人長。】

難享高壽。

(7) 聳肩非吉相，相學有訣：「男子肩尖聳者惡疾孤苦、勞碌驚惶，一生難有平安之福。」代表男性聳肩多是勞碌辛苦命，一生難享安穩。不過，火形人格不忌肩聳，火形人肩聳反可當官發財致富。

事業：

(1) 自私自利，態度傲慢，工作上只顧做自己的事，絕不會協助同事任何工作，斤斤計較，故不容易獲得同事或合作夥伴的信賴。

(2) 優點是工作踏實努力而認真，在別人工作的時候他們在工作，在別人玩的時候他們也在工作，所以老闆很喜歡這類員工。

(3) 人際關係不佳，容易在言語或行為上得罪人，絕對不適合當管理層，因為他們連最基本與同事之間的關係都無法處理得好，一旦成為管理層，就會上下不睦，甚至權謀以自肥，成為公司裏的災難。

(4) 目光短淺，只看眼前利益，為人刻薄寡恩，做事斤斤計較、有始無終，做生意的話，必主多敗少成。

(5) 女性肩聳配頭小、背聳，生性慵懶，不愛工作，容易淪落風塵或成為富人的婢、妾。

財帛：

(1) 虛榮心重，嫌貧愛富，十分重視金錢和物質，總以金錢衡量別人的成就高低，與人相處也常常從金錢著眼。

(2) 因本身見識及智慧不高，所以只能靠勤懇工作賺人工維持生計，積聚財富，可成小康，但需提防有損財之劫。

(3) 聳肩而屬於火形人格者，能夠因為膽色過人及以「不入虎穴，焉得虎子」的心態而得到榮華富貴。

愛情婚姻：

(1) 「女子淫者，其肩多聳」，其實不論男女，聳肩者大多是心術不正之輩，面對愛情時，無法對伴侶專心一致，不論婚前婚後，都容易與伴侶以外的異性發生不正當的淫慾關係。

(2) 為人霸道又自私，婚後在家中唯我獨尊，要求伴侶及子女聽從自己的意見，希望掌控家庭一切大小事，令家人吃不消。

(3) 相學上有「女性肩聳，妨夫心妒、量狹氣躁，亦有生離再嫁之苦」的說法，所以女性肩聳是刑夫之凶相，不僅嫉妒心重，而且器量淺、脾氣壞，影響夫妻關係，大多難以一婚到老，再婚至多婚者並不罕見。

【自古道額角巖巉爹早喪，山根低陷母先亡。】

子息：

(1) 肩聳是孤苦伶仃之相，代表六親情淡，子女緣薄，若非一生無子嗣，便是與子女關係疏離。

(2) 女性肩聳，內心狠毒，刑夫剋子，婚後只顧追求享受，不理家務，不願付出，所以與子女關係十分冷漠。

(4)左肩高右肩低

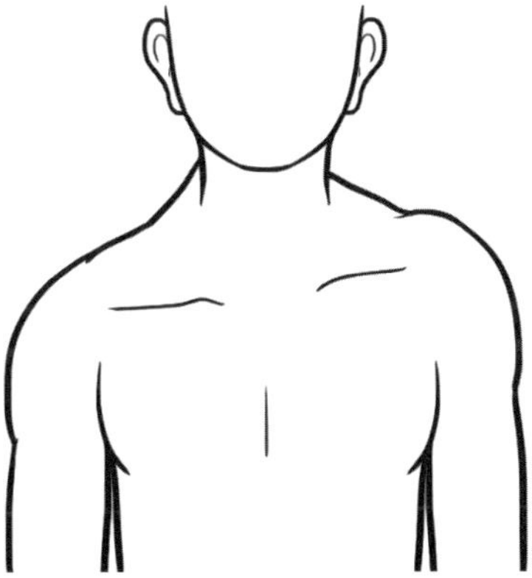

形態： 許多人以為人的肩膀一定是左右均衡對稱，但事實上肩膀不對稱的人還是很多的。在相學上，若左右肩的高度相差超過兩公分，就屬於肩膀不對稱；而左右肩不對稱的體相，男女看法並不相同。左肩高於右肩者，宜見於男性；女性有之較不利，相法可以男命作相反看。

性情：

(1) 人體大致左右對稱，左邊身體屬陽，右邊身體屬陰。若見高低肩膀的話，男性宜左肩高、右肩低，可得富貴；女命看法則反之。

(2) 左肩明顯高於右肩的男性性格溫順和善，天生散發着文質彬彬的氣質，與人相處和睦，不喜與人爭執，為保存大局和平氣氛，寧願把個人的不高興情緒隱藏起來，不發怨言。

【鼻內空囊斜目看，此人奸滑必要提防。】

(3) 男性左肩高於右肩，自信心大，意志力強，願意挑戰他人不敢做的事情，故能達到他人不易取得的成就。

(4) 男性具有不屈不撓精神，敢於迎難而上，克服難關；遇上問題勇於承擔責任和失敗，檢討過錯，重新起步。

(5) 男性待人處事態度誠懇、舉止穩重，說話正直而坦率、言簡意賅，容易贏得人緣及朋友的信任。

(6) 男性作事光明正大，思維清晰有條理，心思細密，凡事都能退一步想，懂得易地而處的道理，絕不會一味堅持己見，是很得人心的領導者。

(7) 男性協調能力很高，善於維持與他人關係的平衡與和諧，而且樂於照顧人，富有人情味及同情心。

事業：

(1) 相書《燕山神相》論肩：「左肩高於右肩，白手成家」，代表有此體相的男性能自行創業，白手興家，終有所成。

(2) 男性心思縝密，考慮周全，做事十分周到和細心，善於把握細節，所以不論做甚麼，都比他人做得好。

(3) 男性一生貴人多遇，本身眼光獨到，事事都能早着先機，所以非常適合做生意，必能揚名於業界。

【水星角卸乃係孤寒相，目長眉短難望弟兄幫。】

(4) 女性左肩高、右肩低，大多從事勞動性質工作，或者擔任被人使喚的崗位，例如侍應、售貨員等。

財帛：

(1) 相書《秘本相人法》云：「蓋有左肩高，得平地起樓台者」，意指男性左肩高於右肩，家有恆產，能擁有自己的物業。

(2) 男性左肩高、右肩低是顯貴之相，本身工作負責而努力，只要順隨運勢，毋須刻意強求，也能有福有祿。

(3) 男命開運早，自身生財能力也強，創業做生意的話，即使不能富甲一方，也能衣食豐足。

(4) 古相書論肩：左肩高、右肩低者，男子主富，女主勞碌。代表女性理財能力十分差，既沒有儲蓄概念，也少為未來生活打算，所以一生難得安樂享福。

愛情婚姻：

(1) 男性外表氣派非凡，對異性極具吸引力，甚得女性青睞，一生桃花不斷，但不會玩弄感情，一旦認定對方，就會專心一意。

(2) 男性一生感情運穩定，戀愛順利而甜蜜，只嫌對象多而不易作出正確選擇。婚後對配偶體貼入微，夫妻感情細膩，早婚不忌，遲婚亦可。

【眉低壓目神無壯，必定帶埋籐條去跪妻房。】

(3) 女性陽剛氣太重，對感情霸道，若伴侶對自己以外的異性多看一眼，便會大發脾氣，容易把對方嚇跑。

子息：

(1) 男命子息運好，子女心地和善，聰明志氣高，長大後多能擁有專業資格，工作出色，亦富亦貴。

(2) 男性對家庭十分重視，子女出生後會悉心照料，愛護孩子，所以與子女的感情要好，子孫滿堂，晚年享福。

(5) 右肩高左肩低

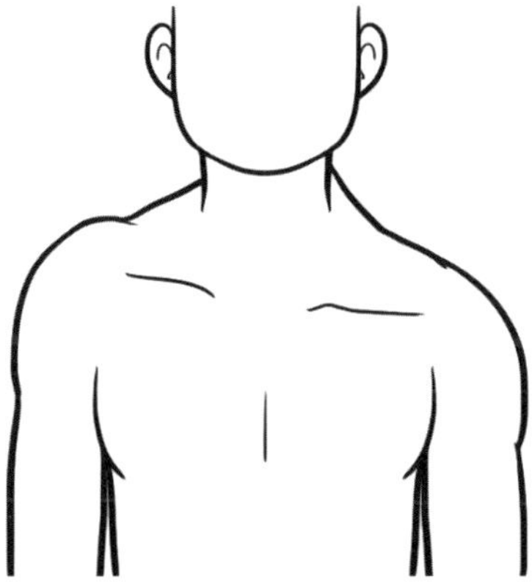

形態：許多人以為人的肩膀一定是左右均衡對稱，但事實上肩膀不對稱的人還是很多的。在相學上，若左右肩的高度相差超過兩公分，就屬於肩膀不對稱；而左右肩不對稱的體相，男女看法相反。右肩高於左肩者，宜見於女性；男性有之較不利。

性情：

(1) 人體大致左右對稱，左邊身體屬陽，右邊身體屬陰。若見高低肩膀的話，女性宜右肩高、左肩低，可享夫福及富貴；男命則反之，一生有勞無功，只為他人作嫁衣裳。

(2) 男性心高氣傲，有很強的自我優越感，總覺得自己一切都比他人強，容易流於自視過高的境地，以致做事眼高手低，一旦失敗，便會怨天尤人。

(3) 男性待人處世態度傲慢，自以為是，不滿現實，常

【唇紅眼細必主邪緣廣，步步垂頭個的係扭計大王。】

常給人輕浮、不踏實、沒信用的感覺，朋友多敬而遠之。

(4) 男性做事沒擔當，怯於面對困難，遇上問題時就會推卸責任，不肯承擔過錯，缺乏責任感。

(5) 男性貪念很重，為了達到目的和滿足個人利益，可以不擇手段，甚至是出賣朋友，所以人緣十分差。

(6) 男性性格浮誇、華而不實、虛偽不可信，機心亦重，有小聰明而無大智慧，對大小事情都斤斤計較，甚至會損人利己。

(7) 女性心地善良，性格外向開朗、豪爽大方，很有正義感，遇上不公義的事情必會挺身而出，主持公道，是出色的領袖人物。

事業：

(1) 相書《秘本相人法》云：「未有右肩高，而不大苦者也」，意指男性右肩高於左肩，辛苦勞碌，大多要從事體力勞動工作。

(2) 男性性格浮躁，缺乏堅持和責任心，很難踏實下心來做事，遇上難題就會選擇退縮，所以事業上難以取得大成就。

(3) 男性右肩高，諸事不成，縱有祖業家業可承，也難守成，恐怕不出數年便耗盡敗盡，以致晚景孤貧。

(4) 男性事業野心很大，對於權力的追求慾十分強；一旦獲得權力後，就會濫用職權，因而容易與他人結怨，所謂「樹倒猢猻散」，一旦失勢就會變得四面楚歌。

(5) 女性工作能力甚高，交際手腕高明，善於借助外力幫忙而取得成就，亦懂得把握機會開創個人事業，致富致貴。

財帛：

(1) 相書《燕山神相》論肩：「右肩高於左肩，大破家私」，代表有此體相的男性敗壞家業，縱有祖蔭，終將敗盡。

(2) 男性右肩高、左肩低，需要靠肩膀力氣搬運東西賺錢維生，工作勞苦，生活清貧，甚至難得溫飽。

(3) 古相書論肩：右肩高、左肩低者，女子主富，男主窮苦。代表女性理財能力好，懂得為未來生活打算，能積存財富，晚年安樂享福。

愛情婚姻：

(1) 男性虛情假義，對感情不負責，經常敷衍對方，故一生難得真心摯愛，婚姻不成。縱然結得秦晉之好，也是夫妻情淡，難以白首偕老。

(2) 男性工作艱辛，刻苦營生，也難換得豐裕生活，甚至需要依靠配偶負擔家計，所謂貧賤夫妻，恐難避免百事哀。

【行成擺柳好似隨風抰，此等名為擺尾都冇一半係男郎。】

(3) 女性右肩高左肩低，一生運勢好，姻緣也順利，有機會嫁予豐有的丈夫，婚後享夫福，受丈夫百般愛護。

子息：

(1) 男命子女緣薄，與子女關係疏離，多因彼此見解不同而無法互相溝通了解，以致晚年孤單，有子亦如無子。

(2) 女命子息運好，子女多而品格善良、書緣厚、孝順父母，故晚年安康，享受天倫之樂。

(6) 鳶肩

形態： 雙肩向上聳起如鷹，即使處於平靜狀態時，雙肩仍會推持這種狀態，狀如鳶鳥（鷹科），故稱鳶肩，屬於奇相之一。

性情：

(1) 性格強硬，自尊心極強，很愛面子，凡事不服輸，任何事都要做得比別人好，有屬於自己一套的人生哲學。

(2) 擁有高度智慧和非凡氣魄，屬於行動派，處世高調，藉以激發個人潛能，因而取得重大成就。

(3) 智力和悟性十分好，具犖犖大才，但恃才傲物，自視甚高，自高自大，目空一切，幾乎看不起身邊所有人。

(4) 頭腦清晰，很有主見，一旦訂下目標，就會傾盡全力，甚至會日以繼夜、不眠不休，排除一切障礙，不達目的不罷休。

(5) 觸覺敏銳，適應力和靈活度高，交際手腕高明，善於擴闊社交圈子，為生活和工作帶來方便。

【天庭塚墓邱陵上，轉角邊城共印堂。】

(6) 辦事能力高，分析力、判斷力及自制力也很強，能夠有效地避開隱藏的陷阱，所以做事成功機率比他人大很多。

(7) 愛恨分明，不會輕易受人恩惠，但一旦得到別人幫忙，必銘記心上，時刻設法回報；記仇亦特別深，對於曾經傷害過自己的人，也不會輕易寬恕，甚至會一世記仇。

事業：

(1) 《神相水鏡集》論鳶肩：「鳶肩者騰達必速」；《鬼谷子神奇相法全書》亦云：「鳶肩騰上，三十為卿，功名蓋世」。鳶肩屬於奇相之一，其人在古時是當官之命，而且三級跳升官；在今天必是領導階級，不會久居人下，三十歲左右已能揚名於世，具有相當高的社會地位。

(2) 《人倫大統賦》論肩時，曾有此記載：「鳶肩者，騰上必速，恐不多時」。代表有此肩相者經歷困乏，然而一旦風雲際會，往往便可平步青雲，進步極為迅速，可惜花無百日紅，美境為時無多，當爬升到高位時便宜急流勇退，否則恐有從高處急速往下摔的情況發生。

(3) 考據正史，春秋晉大夫叔魚「鳶肩牛腹」、東漢外戚梁冀「鳶肩豺目」、唐宰相馬周「鳶肩火色」，此三人在形相上同為鳶肩，亦同獲不世之殊遇，升遷迅速，權傾朝臣，雖因不同因素而結局不一，但皆為榮華不久。所以相書評鳶肩在事業上是暴起暴落之命相。

(4) 總結鳶肩的人早運不佳，中年走運扶搖直上，一步登天，但不久後便經歷重大破敗，回復一無所有。

財帛：

(1) 一生財運暴升暴跳，大多是中年突然富貴，可是富不能久，若不懂居安思危，及早綢繆，恐怕晚年運滯，一貧如洗。

(2) 對金錢十分計較，不會將金錢用於他人身上，即使對方是至親也不例外，但個人花錢沒分寸，既沒預算也沒節制，自信千金散盡還復來；可惜命中注定財散人失落，暴富之後是暴貧。

(3) 《相理衡真》論鳶肩：「鳶肩雀腹，家室不足」；相學亦有訣：「鳶肩雀腹家室貧」。鳶肩若配窄小而癟的腹相，多主家境清貧，生活拮据，三餐不繼。

愛情婚姻：

(1) 思想十分實際，感情上也很理智，縱使遇上自己深深愛慕的對象，但當發覺對方心存二致，並非全心全意向着自己，便會選擇離開，寧願忍受短暫的痛苦，也不讓自己受到長久的傷害。

(2) 不論在戀愛或婚姻之中都非常霸道，以滿足個人慾望為前提，很少顧及伴侶感受，所以關係難以持久，故此相之人多有兩段或以上婚姻，一婚難諧到老。

(3) 相學有「肩聳號鳶肩，財色本相連；狡黠且殘忍，損德折夭年」之說。鳶肩的男性色心頗重，身邊從不缺愛伴，有機會因色而惹禍，必須自我檢點，否則不僅影響生活和工作，甚至會因精力消耗過度，折損壽元。

子息：

(1) 在感情和家庭上頗為自私，不會考慮配偶或兒女的意願，在家裏總是以己為尊，所以子女都不愛親近，緣分薄弱。

(2) 命中雖有富貴可享，但主晚年孤苦度日，既沒有伴侶在旁相依相守，也沒有子女在身邊侍候。

(7) 犀肩

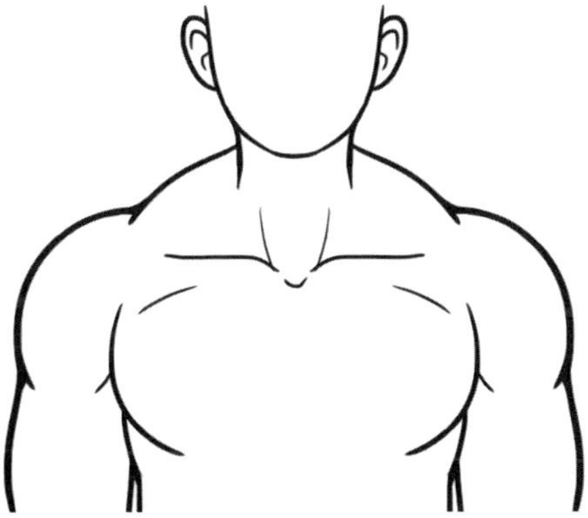

形態： 犀是指犀牛角，以此形容豐隆圓秀而厚實有力的肩膀，十分貼切。

性情：

(1) 品格高尚，大方爽朗，心地善良，樂於助人，正義凜然，對朋友有兩脅插刀的氣概，是十分可靠的知己朋友。

(2) 少年聰慧，思想敏鋭，天資甚高，學習及吸收能力極強，成績優秀，博學而篤志。

(3) 做事有原則、有主見，但為人厚道、正直、包容性強，願意接受他人意見，不會一意孤行，頗得他人尊重。

(4) 思想務實，忍耐力強，做事能腳踏實地、按部就班、循序漸進地朝向目標努力邁進，不會妄想一步登天。

(5) 責任心重，承擔力強，在生活、家庭和工作上能撐起半邊天，成為支柱，能經得起大風大浪的考驗。

(6) 心思細膩，辦事能幹，敢做敢當，待人處世善惡分

【咁多故事不過乃係言男漢，重有讀書談論講到女嬌娘。】

明，憑理智判斷是非黑白，是出色的領袖人物。

(7) 智勇雙全，愛恨分明，嫉惡如仇，路見不平事，必會見義勇為，挺身而出，為有理的一方爭取合理權益，故深得群眾愛戴。

(8) 女性長有犀肩，代表一生有依靠，小時候受父母愛護，長大後有男朋友或丈夫可依靠，是很有福氣的體相。

事業：

(1) 具有很強的觀察力及分析力，反應也快，做事細心、有魄力、有幹勁，一旦設定了目標，必定堅持到底，絕不畏艱難，不言退縮，能擔大任，甚具領袖風範。

(2) 責任心重，耐力驚人，行動積極，同時又會要求他人配合自己的步伐，雖然有時難免令共事的人感到受壓，但工作認真的夥伴則可以享受到一起進步的喜悅。

(3) 犀膊氣派非凡，行事秉公，在古代為官清正，愛民如子；在現今社會任職公務員或從政的話，則能廉潔自持，實事求是為老百姓謀求福利。

(4) 《人倫大統賦》論犀肩：「犀膊者，為儒早亨，優於從政。」認為具此肩相的人適合做學問研究，可文貴顯達，比從政將有更高成就。

財帛：

(1) 犀膊是福厚之體相，能承富貴，一生運勢多能稱心如意，注定中年時期已累積一定財富。

(2) 憑着個人的才幹和氣魄努力工作，可在事業上取得重大成就，則縱不能大富大貴，也必可以在小財上日進斗金。

(3) 長於理財，精於計算，用錢不會大手大腳，但也不會對金錢錙銖計較，奉行應花便花、應省便省的態度。

愛情婚姻：

(1) 感情豐富，異性緣十分好，但不會玩弄感情，對伴侶非常忠貞專一，是值得託付終身的人。

(2) 男性外表氣派非凡，對異性極具吸引力，甚得女性青睞，戀愛運順利，可娶得賢美之妻。

(3) 女性很具福氣，能得男朋友或丈夫愛護，婚後享夫福，婦隨夫唱，婚姻美滿溫馨。

子息：

(1) 六親緣好，子息緣厚，兒孫賢孝，承歡膝下，生活愉快幸福，不愁孤單，晚運昌隆。

(2) 雖然子女數目不多，但都十分優秀，處世知禮守規，各自成材，對社會各有貢獻。

(8) 寬肩

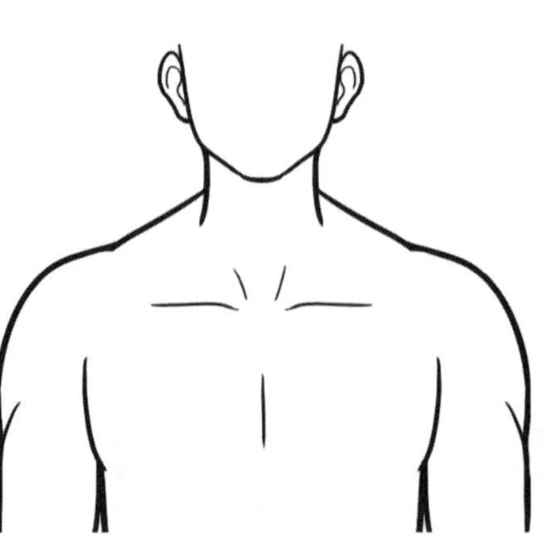

形態： 肩膀寬窄的定義與身體比例相關，若左右肩峰點之間的直線距離大於臀部最外側三公分或以上，就算是肩寬了。

性情：

(1) 心地善良，樂於助人，熱愛和平，不會存有害人之心，亦不喜歡與人爭執，討厭爾虞我詐的行為。

(2) 心胸廣闊，氣度恢宏，寬容大量，廣納人言，樂於聽取他人意見，既重信用又守承諾，內心意志堅定，行為磊落光明。

(3) 聰明敏銳，適應力和靈活度甚高，交際能力強，善於與人結交，懂得積極擴闊社交圈子，為生活和工作帶來方便。

(4) 性格強硬、不服輸，具備應付逆境的能耐，敢於面對困難和失敗，並以百折不撓的精神再接再厲。

(5) 心思細，計謀多，思想冷靜沉穩，做事謹慎、不急不躁，容易看到事物的核心，也善於把握機會，從而為自己建設美好人生。

【莫話矮婆墮臀唔好樣，一味仔多唔怕絕燈香。】

(6) 天生具領導氣質，個性強韌，具有影響及指揮他人行動的能力，雖不好鬥，但卻善於攻擊，對於敵視自己的人，必定全力反抗到底。

(7) 肩部寬闊是肺氣充足的象徵，不僅代表肺部健康，亦因為肺主魄力，所以肩寬亦反映其人做事充滿幹勁。

事業：

(1) 一生得人緣，貴人多遇，遇事能夠逢凶化吉，謀事只要辛勤付出，就必定會得到回報。

(2) 性格沉穩內斂，遇事不慌，處變不亂，有泰山崩於眼前而色不變的氣概；工作認真負責，不畏難，不退縮，故必能成大器。

(3) 領導力強，運籌帷幄，是極佳的管理人才，工作上遇到困難，絕不推卸責任，能挺身保護下屬；但若下屬做事馬虎懶散，則不會姑息。

(4) 女性肩寬很有異性緣，生活和工作上都易得異性助力，適宜做職業婦女，可以發展自己的事業。

財帛：

(1) 寬肩是好運好命的體相，容易得到貴人助力，加上自己做事的決心和毅力，可創業興家，既不缺錢也不缺權。

(2) 賺錢能力強，奉行「君子愛財，取之有道，用之有道」的原則，絕不貪不義之財，所賺

【聲清色潤兩目無斜望，必係同諧到老至少都有三代同堂。】

【臍凹一分兒一養，二分能見子成雙。】

的每一分錢都來得光磊落；但缺乏投資眼光，故偏財並不易求。

(3) 雖然明白金錢的重要，但不認為金錢就是一切，所以對金錢和物質都不太在意，奉行應花便花、應省便省的原則；而且安分知足，故可保一生平安快樂。

愛情婚姻：

(1) 脾氣好，不拘小節，很討人喜歡，所以人緣很好，不會刻意追求愛情，但卻有戀愛順利之命。

(2) 男性肩寬可以讓女性很有安全感，對女朋友或太太專一、富有責任心，絕對不會辜負對方的真心愛意。

(3) 肩膀寬闊的女性甚具魅力和吸引力，很有異性緣，所以追求者眾，一生不乏裙下之臣，感情路上絕不寂寞。

(4) 女性肩寬有強烈的主見，在男女關係上比較強勢，有妨夫之嫌，適宜嫁予年紀比自己少五歲或以上的丈夫，有助化解刑剋問題。

子息：

(1) 子息運強，與孩子緣分深厚，感情好、易溝通，只嫌彼此相聚時間不多。

(2) 子女十分優秀，聰慧且多才多藝，對朋友忠義，對父母孝順，且幼承庭訓，做人處世知禮守規，在社會上亦頗有成就。

(9) 窄肩

形態： 肩膀寬窄的定義與身體比例相關，若左右肩峰點之間的直線距離小於臀部最外側三公分或以上，就算是肩窄了。

性情：

(1) 做事缺乏責任心，遇上問題時就會盡力掩飾和逃避，甚至將過錯往推向別人，不肯承擔責任。

(2) 身體健康，但性格複雜多變、陰暗不定、喜怒無常，一會兒歡天喜地，一會兒板着臉孔，情緒變化很大，令人難以捉摸，非常難相處。

(3) 陰沉而多疑，常以小人之心度君子之腹，即使是至親或配偶，都不會完全信任對方的說話和行為，讓自己終日活在忐忑之中。

(4) 忘恩記仇、報復心強，對於幫助過自己的人不會心存感激，但卻會想盡辦法報復開罪過自己的人，以泄心中之恨。

(5) 衝動魯莽，凡事想到就做，自把自為，缺乏冷靜而理智的思考和分析，更不會聆聽他人的建議，所以不容易把事情辦好。

(6) 心胸狹窄，說話尖酸刻薄，對條件比自己好的人特別厭惡，甚至會刻意排擠對方，是典型的陰險小人。

(7) 貪婪而愛小便宜，眼光短淺，只着眼於面前利益，忽略長遠回報，所以縱使做事成功，也只是小成小就而已。

事業：

(1) 自私自利、自我中心，凡事只顧個人利益，不理他人感受；機心又重，每事必計算得失，不肯吃虧，容易遭工作夥伴厭棄和排斥。

(2) 目光短淺，缺乏長遠規劃，容易錯失良機；且一生常犯小人，多惹事端，所以工作難得安穩，加上處事衝動，事業不易成功。

(3) 命格高者或可創業當老闆，但因性格疑心重，對人不信任，故只宜獨資經營，不宜合夥做生意，否則必弄致拆夥收場。

(4) 命格低者終日不務正業，胡混過日子，容易誤入歧途，受人唆擺，從事非法勾當，淪為小偷或竊賊。

財帛：

(1) 典型勢利小人和拜金主義者，對金錢看得極重，容易為錢跟人翻臉，即使對方是父母、

【肥婆腰窄乃係無兒相，刑夫眉大額頭光。】

兄弟或配偶，也不例外。

(2) 虛榮心極重，追求享受，慾望很大很多，為了得到更多金錢以滿足物質需要，可能會鋌而走險搵快錢，走上犯罪之途。

(3) 雖然工作上沒有重大成就，但仍能賺到一些錢，可惜性格注定財來財去，左手來右手去，有時甚至花的比賺的多。

(4) 中年以後漏財嚴重，完全留不住金錢，生活上經常陷入財政危機；若不希望晚年貧苦，就要及早綢繆了。

愛情婚姻：

(1) 一生桃花很重，不乏伴侶，但感情易聚易散，易合易離，婚姻也不美，一次婚姻不易到白頭，多是再婚之命，男命最驗。

(2) 男性肩膀窄有吃軟飯的嫌疑，拍拖時依靠伴侶出錢消費，婚後依賴太太賺錢維持家庭生活開支。

(3) 女性肩膀窄比男性較有福氣，有機會嫁予地位高、經濟好的丈夫，婚後妻憑夫貴，享受丈夫給自己帶來的名譽及財富。

子息：

(1) 子女緣薄，子女雖健康但緣薄，數目一二，故宜多做善事，積福積德，或可改善子息運。

【兩顴黑癦屎雙夫喪，顴高眼凸就要剋夠三個才郎。】

(2) 缺乏栽培子女的觀念，也不懂灌輸適當價值觀，只知給予物質，沒有用心照料和教導，所以子女成就只是一般而已。

(10) 薄肩

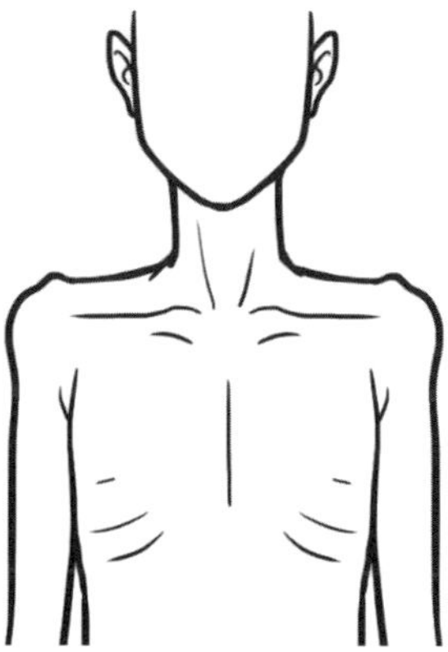

形態：肩膀上肉薄瘦削，且骨頭凸露。

性情：

(1) 器量淺、心胸窄，凡事斤斤計較，又貪小便宜，而且疑心極大，對身邊的人都不信任，每事必要過問，令人感到討厭。

(2) 優柔寡斷、猶豫不決，做事不果斷，常拿不定主意，而且缺乏責任心，一旦發生問題，不單不會自我反省，更會將責任推向他人。

(3) 脾氣十分差，情緒起伏大，易喜易怒易憂，也容易為小事懊惱，常令家人和朋友捉摸不透。

(4) 孤僻不合群，對人感情冷漠，不愛理別人的事，也不喜歡別人對自己的事多加意見，令人感覺難以相處。

(5) 意志力薄弱，缺乏耐性和毅力，作事虎頭蛇尾，常常半途而廢，難以貫徹始終，總是無法堅持把一件嚴肅的事情妥善完成。

(6) 體弱多病，經常受疾病困擾，需要長期服藥，以致

【髮短髮粗原係壽相，髮長到地又怕自縊懸樑。】

體質異常虛弱，體力甚差，少許勞動已感到十分疲倦。

(7) 一生運程不穩，需要不停適應新生活、新環境，例如常常搬家、讀書中途轉校、工作轉行業等等。

事業：

(1) 毅力不足，工作上一旦遭遇挫折或難題時，不僅缺乏勇氣面對，更會選擇逃避，所以每份工作都不能長久。

(2) 雖有小聰明，但倔強固執，不通世務，常以自我為中心，不懂與人協調、溝通，所以不宜任職性質對外的工作如公關、客戶服務、推銷等，惟恐開罪人多、稱呼人少。

(3) 體弱多病，難以擔任正常的全職工作，所以只能從事性質簡單的短期或短時間兼職或替工，無法勝任任何要求體力勞動的工作。

(4) 辦事能力低，難肩重任，若還學養不高，做事成功率必然極低，只是社會上平凡的泛泛之輩。

財帛：

(1) 肩膀薄削是貧賤之相，一生財祿不厚，受金錢和現實環境支配；命格高者尚有至親可依靠，不致憂柴憂米，命格低者終日營營役役為三餐奔馳。

(2) 因身體狀況不許可，所以沒有個人事業可言，自然難以在這方面為自己創造財富。

(3) 對金錢和物質看得很重，認為金錢就是一切、富有就是成功，幾乎所有事情都以金錢衡量成敗，但一生財來財去，朝富晚貧，留不住富貴。

愛情婚姻：

(1) 男性薄肩是剋妻之相，寡情薄義，脾氣火爆，動輒動手動腳，對太太不尊重；若然不知悔改，太太終會因無法忍受而導致離婚收場。

(2) 薄肩女性的異性緣及桃花運都十分不錯，不愁沒有拍拖對象，但可惜紅顏薄命，感情運並不好，往往發展了一段時間後便無疾而終。

(3) 不論男女皆是早婚早離之命，宜極遲婚，離異機會較低。四十歲前結婚的話，婚姻多難到老。

子息：

(1) 體弱多病，婚姻難就，婚遲子晚，兒女福分淺，注定子女少，甚至是沒有子嗣之命。

(2) 與子女情分淡薄，多因年紀差距太大而難以互相溝通了解，相處時總是貌合神離。此命宜早發善心，行善事，則或有完婚之福，並得一兒半女侍奉，否則晚年病臥在床，孤苦無依。

【半掌一紋為叫斷掌，必要過房養育正保得壽元長。】

(11) 寒肩

【見人掩面偷斜看，私情密約任偷香。】

形態：肩膀線條高於水平線，左右肩峰點之間的直線距離小於臀部最外側三公分或以上，就是肩膀尖聳而狹窄，再加上肩部肌肉菲薄，這種肩相在相學上就稱為寒肩，是極為惡劣的肩相。

性情：

(1) 肩膀代表擔當力和財力，肩狹而聳的人處世沒原則，做事沒恆心、沒擔當，缺乏責任心，遇到問題就會以消極態度面對，為自己製造失敗藉口或將錯誤推向他人以逃避責任。

(2) 刻薄寡恩，待人冷酷無情，缺乏同情心、同理心，若無利己的回報，絕不會施恩於人，所以朋友極少。

(3) 城府甚深，私心極重，工於心計，與朋友交往，總是內心暗藏奸計，常常思量如何佔人便宜或奪人錢財。

(4) 心胸狹窄，思想極端，仇恨心和報復心都十分重，是極可怕的敵人，一旦有人以言語或行動開罪自己，必定會千方百計用盡各種手段報仇泄恨。

(5) 狡詐陰險，心術不正，詭計多端，貪婪成性，一旦利益受到衝擊，就會不念過往交情，以自己的好處為依歸。

(6) 自我防禦心很強，終日疑神疑鬼，不信人言，妒忌心也重，因自知智慧、能力不如人，容易將事情往壞處想，所以一生大部分時間都活在不愉快之中。

(7) 不滿現實，對自己長期患病的事實怨天怨地，抱怨不幸降臨在自己而非其他人身上，感覺整個世界都虧欠於他。

(8) 寒肩的人大多身體虛弱，多有惡疾纏身，一生運程變化多端、載浮載沉，尤其踏入中年以後，「肩寒齒露無定所」，恐會四處漂泊，居無定所，生活難得安穩，更且壽元不高。

事業：

(1) 意志力薄弱，缺乏毅力與堅持，作事虎頭蛇尾，常常半途打起退堂鼓，做事難以貫徹始終，所以不容易在同一工作崗位待太久，經常要轉換工作。

(2) 體弱多病，難以擔任正常的全職工作，所以只能從事性質簡單的短期或短時間兼職或替工，無法勝任任何要求體力勞動的工作。

(3) 相學有訣：「為人最怕背肩寒，寒了背肩事事難」，寒肩的人志大才疏，任重而力輕，欠缺做大事的勇氣，眼高手低，不自量力，所以一生難有事業成就。

【托腮咬指倚憑門邊望，一見男人鍾意就動心腸。】

(4) 寒肩的人若五官面相平均無缺陷，則命格較佳，可從事學術或文字工作，縱不能因而致富，但尚可顯清貴。

財帛：

(1) 肩膀除了代表擔當力，亦是財力的象徵，肩狹而聳的人一生財運不穩，財來財去存不住錢；若希望生活能有保障，便要好好為自己綢繆。

(2) 虛榮心極重，孜孜不倦追求物質享受，為了得到更多金錢換取享受，可能會走上犯罪之路。

(3) 相帶刑剋，終身不開運，與財祿無緣，加上本身不善理財，即使明天可能身無分文，但今天也要盡情享樂；即使一時發富，終必破敗，所以必是「好時富貴難長久，滯時困苦時日多」之命。

(4) 極少數寒肩者而得富貴，必短壽，多遭禍患橫死，不得其天年；若為貧賤之人，則或可得善終。

愛情婚姻：

(1) 待人處事毫無責任心，既不善與人溝通，也不懂關心自己所愛的人，難以感動異性，所以感情路上崎嶇難行。

(2) 男性既狡且淫，多是好色奸淫之徒，注重肉體接觸，輕視感情交流；與異性拍拖從不真心，女性需加倍防範。

(3) 女性寒肩是福薄之相，生活艱難，很多事情都需要自己努力獲取，婚後不僅難享夫福，甚至可能要肩負大部分家庭開支的責任。

子息：

(1) 肩相刑剋，命中難有兒女，或只有女兒沒有兒子，而且父女或母女之間親情疏離，以致到老孤單無靠。

(2) 女性寒肩在生產時多有困難，輕則開刀產子，嚴重者恐會因難產而致自己身故或孩子夭折。

眉相詳解

肩之基本意義

中國相學牽涉範圍很廣，除了五官面相、掌相之外，還有體相。體相既包括坐、立、行、走的動態表現，也重視身體各部位的外在特徵，藉此觀察其人是好命還是孬命。

相學將面龐和身體皆分為三部分，是為上、中、下停。面相三停是：髮際至印堂為上停，印堂至準頭為中停，人中至地閣為下停。身相三停是：頭部為上停，肩膀至腰部為中停，腰部至足部為下停。

面相與身相皆以均衡、對稱為佳，故《麻衣神相》有「三停平等，富貴榮顯」的說法。《神相全編・身相三停》亦稱：「身分三停，頭為上停。人矮小而頭大長者，有上梢而無下梢，身長大而頭短小者一生貧賤；中停要勻稱，短則夭壽，長則貧窮，腰軟而坐行俱動者夭壽；下停，要與上停齊而不欲長，長則多病。若上中下三停長大短小不齊者無壽。一身三停，相稱為美。」

體相就是透過觀察人體三停各部位的特徵來解讀人一生的貧富貴賤和命運休咎，包括肩相、腰相、背相、腹相、臍相、臀相、胸相、四肢和骨相。

肩，即肩膀，俗稱肩膊，是頸項與雙臂連接的部位，主要連接三塊骨——鎖骨、肩胛骨與肱骨。《實用解剖學》解釋肩的定義：「肩，由肩帶、肩筋、肩胛骨、鎖骨及飯匙骨等所構成。肩帶或稱肩膀，由肩胛骨與鎖骨而成。肩筋由肩帶而起，直達上膊，以催起上膊之運動。肩胛骨在背部肋上成片狀三角形，近背心者薄，近肩處漸厚。鎖骨俗稱琵琶骨，在胸廓之前上部，內端連

【腰長口闊偷愁想，個啲係懶精唔會把家當。】

【口咬牙筋兼共鼻昂，個種係一門陰毒叫做咒人王。】

於胸骨，外端連於肩胛骨；此骨多運動則發達，不然則縮小。飯匙骨是鎖骨與上膊骨相聯之處，其與關節連接之部曰肩頭突起；上膊骨向關節之面曰關節窩。」

肩的運動功能

在一般的概念中，肩的具體範圍是，從頸部的底部將上肢和軀幹連線起來的範圍，包含參與肩關節、肩胛帶運動的骨骼與肌肉的廣泛區域，皆定義為肩。

肩膀主要連接三塊骨——鎖骨、肩胛骨與肱骨。鎖骨位於前胸，它的寬度基本上決定了肩的寬度。鎖骨與肩胛骨一起構成了肩胛帶，而肩胛帶與胸骨相連，整體便組成了肩部的基礎；當肌肉附着在肩胛帶，就穩定了肩部。鎖骨保障了上肢運動的穩定性，並使得上肢運動的自由度更大。肱骨是肩至肘的長骨，是上臂的一部分。肱骨頭與肩胛骨的肩臼連接，構成肩關節的其中一環。

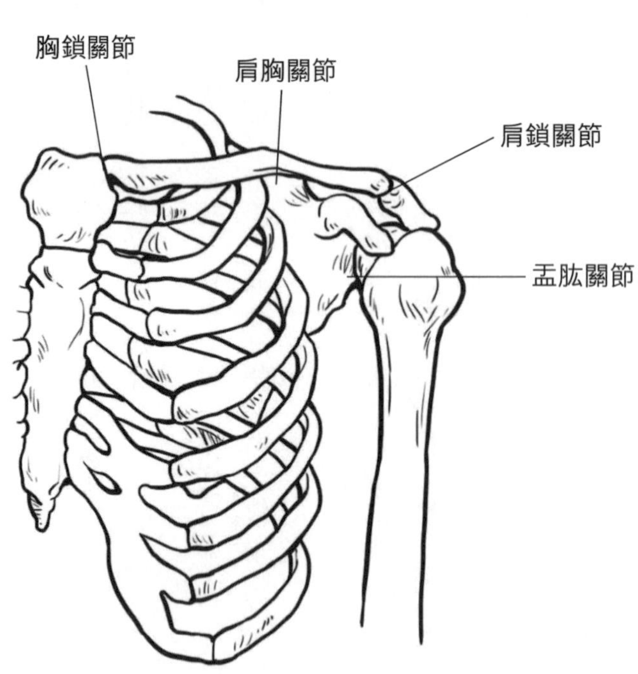

然而，運動解剖學對肩則沒有明確定義。沒有具體區分哪一塊骨骼、哪一塊肌肉或哪一個部位叫做肩；勉強去定義肩的話，包括肩關節的三角肌周圍的區域都被稱為「肩」。肩部運動並不是由單一個關節產生的，而是由五個關節組成的功能系統，包括胸鎖關節、肩鎖關節、盂肱關節、三角肌下關節及肩胸關節，而使其成為上肢活動最靈活的關節。為使胳臂既能夠運動自如又具有一定力量，肩膀必須在韌性與力量間尋求一個平衡。正因如此，許多肩部問題或毛病都是其他交接點所不會遇到的。

中醫學論肩

肩頸痛是常見的都市病之一，有調查發現，受訪市民當中有超過九成人士受痛症困擾，而肩膀疼痛是特別多見的現象，一般與寒氣或過度勞損有關，例如肩周炎、頸椎病，都會導致肩膀嚴重疼痛。

中醫學理論認為，痛楚主要來自於兩個概念：「不通則痛」和「不榮則痛」，簡單來說就是氣血不通和氣血不足，透過放鬆肩關節周邊肌肉，並配合運動治療，增加肌力，便能恢復關節活動度，讓關節能正常活動。

【面緊嘴尖聲爛帶響，掩住半邊口都嗌得幾條鄉。】

肩在相學上的定義

在相學上，除了五官面相及手相外，還有一個重要分支，就是體相。體相包括肩相、腰相、背相、腹相、臍相、臀相、胸相、四肢相等，根據不同體相特徵可論斷人生運勢的吉凶和好壞。這裏先論肩相。

在肩相層面上，肩者，堅也，堅則可以承物，比喻能夠擔當的責任，故宜堅厚而闊、峗峨而峻，狹薄寒削者不宜。肩膀代表一個人的承擔力、勇氣和財運；左肩代表財，右肩代表祿，左右肩長得平衡齊整的話，就是財祿豐厚的象徵。

中國相書論肩

儘管肩相對人一生的吉凶運勢影響不算大，但仍有一定關係，肩相長得不好，就會削減人生分數，故實不容忽略。所以中國相書論肩，對肩膀形態仍有一定要求，大體來說，不論男女，肩膀皆宜平厚，主有承擔、有勇氣、有魄力、健康長壽、富貴多福；忌肩聳（火形人不忌）、狹窄、下瀉，主氣量淺、心腸毒、多勞苦、惡疾短壽、貧賤福薄、一事無成。女性最宜肩膀輕微下垂，不僅有福有壽，更是貴婦之命。以下摘錄部分相書記載，供讀者參考：

《公篤相法》論肩：「肩者，輔佐之一小部，於關係頗輕，分數又少，然亦有一線關係。凡男女之肩部，均宜平厚有勢為吉，主厚祿而多福。男子肩尖聳，主惡疾而孤苦，勞碌而驚惶，一生無平安之福也；惟火形不忌肩聳，反貴至將相而成功，然亦勞碌走險。女子肩聳，主刑夫而心毒、量狹而氣躁，亦有生離再嫁，或主惡病夭亡。男子肩下削，主百事不成，寒苦度日；女子肩下削，主刑夫剋子，淫亂凶死，惟貧賤之人，能善終也。故有『美女無肩，尤將軍無項』之說也。」

《純陽相法》：「形不足者，肩膊狹斜。形不足者，多疾而短命，福薄而貧賤矣。形之有餘者，肩膊齊厚。形有餘者，令人長壽無病，富貴之榮矣。」論相需論形，肩膊狹窄而傾斜度大屬形不足；肩膊平齊而肉厚屬形有餘。形不足則多病而短壽，形有餘則富貴而健康長壽。

《相理衡真》論肩：「肩者，堅也，堅厚於一身也，欲其峗峨而峻，豐厚而立，斯為背肩之美矣，尤必觀其厚薄，詳其豐陷，以審其安危，可定貧富壽夭。豐厚隆起者富貴，薄陷者貧夭。」「肩削肩寒者貧賤。又臂號龍骨，膊為虎骨，上壯下細，上長下短者，龍吞虎，貴也。下壯上細，下長上短者，虎吞龍，賤也。肩膊肥厚者富貴，蹇削小者貧賤。與背膊相稱者，自然福祿。」簡單來說，以肩相的厚薄、豐陷可定一生貧富和壽夭；而肩相亦宜與臂相、背相同觀，準繩度更高。

《太清神鑑》：「骨寒而肩縮，不貧則夭，不夭則貧矣。」

《神相水鏡集》論肩：「左肩高右，白手成家。右肩高左，大壞家私。肩闊面方，諸事亨通。肩闊臂尖，老無結果。鳶肩者，騰達必速。平滿者，名播四方。塌肩者，諸事不成。肩寒者，身無居止。」其大意：左右肩高低不對稱，宜左肩高、右肩低，主可白手興家；反之敗家敗業。肩膀寬闊配方形面，謀事順遂。肩膀寬闊而臂尖削無肉，到老一場空。雙肩向上聳起如鷹的

【露齒係口疏言語亂講，是非常弄舌劍唇槍。】

話，其人當遇上好時機，便可騰飛向上。肩膀平滿可贏得名聲；肩膀低塌庸碌一生；肩膀尖削無肉則一生居無定所。

《人倫大統賦》記載：「鳶肩者，騰上必速，恐不多時；犀膊者，為儒早亨，優於從政。」雙肩向上聳起如鷹，即使處於平靜狀態時，雙肩仍會推持這種狀態，狀如鳶鳥（鷹科），便稱鳶肩。此相之人經歷困苦，終必遇上好機會，平步青雲，進步極為迅速，但當爬升到高位時便宜急流勇退。肩膀豐隆圓秀而厚實的人可從文從武，但比較適合做學問研究，可文貴顯達，比從政有更高成就。

《秘本相人法》云：「肩所以觀人之負荷，格要平等，削則賤，寒則刑。蓋有女子肩垂，老得受榮昌者；未有男子肩垂，而老不貧寒者也。蓋有左肩高，得平地起樓台者；未有右肩高，而不大苦者也；女則反之。」其大意：平肩為吉，削肩、寒肩主凶。女性肩膀輕垂，有福可享；男性垂肩，晚年貧苦。若左右肩高低不對稱，男宜左肩高、右肩低，主可憑個人努力創出一番事業；右肩高、左肩低者則是勞苦奔波之命；女命相反看。

日本有女性專家井手氏亦提出：「女子淫者，其肩多聳；夭壽者，其肩多削。」意思就是，性淫的女子多是聳肩；短壽的人多是削肩。這明顯就是生理與相理互為反映的情況。

此外，肩相又與面相、臀相互相關聯，肩闊而面方者，諸事通達；肩闊而臀尖者，老來孤單又貧寒。故此，習相者宜融會貫通，靈活運用，不可拘泥於單一相理而妄下斷語。

【邊地隆隆起，顴高氣吐雲。雙眉尖入鬢，塞外為將軍。】

論肩相詩訣：

寒相之人肩過頭。
肩髆齊厚，福祿優游。
肩峨聳泣，不賤則孤。
髆厚而肥，富有之姿。
肩闊背厚，富足三代。
肩闊面方，富貴榮昌。
鳶肩雀腹，家室不足。
肩削臀尖，至老孤單。
臂厚髆肥，千頃無疑。
髆肥兮，席豐履厚永榮敷。
肩髆肥厚者富貴，蹇削小者貧賤。
肩與背髆相稱者，自然福祿。
肩削背虧，實愚頑之鄙夫。
背陷肩寒，囊空而腸枯。
肩若寒極，終刑傷而挾蒿蘆。
兩肩平闊衣食不久，肩窄下垂毫無作為。
兩肩上聳所發不久，肩聳肩寒老無一椽。

【橫肉面毛長，銀紅面色光。聲如雷電擊，持劍助君王。】

右肩低左肩高白手興家，左肩低右肩高別祖離家。
肩膊圓肥，千頃無疑。肩膊狹斜，勞碌貧賤。
男子垂肩，一生寒單。女子垂肩，福壽綿綿。
男子肩聳，有始無終。女子肩聳，既詐且淫。
為人只怕背肩寒，寒了背肩事事難；經濟才高焉用世，吟風弄月把琴彈。

肩之外觀相理

肩膀之外觀形態有寬窄、高低、厚薄之分，以平寬、輕垂、豐厚圓秀為吉相。肩膀包含鎖骨、肩關節、肩胛骨、肱骨與相關肌肉的廣泛區域，不同位置長有爅痣，在相學上有不同意義。

肩之寬窄

肩膀寬窄的定義與身體比例相關，若左右肩峰點之間的直線距離大於臀部最外側三公分或以上，就算是肩寬；相反，若左右肩峰點之間的直線距離小於臀部最外側三公分或以上，就算是肩窄了。肩峰點旁邊是棋子骨，能反映其人的脾氣，男女皆不宜尖聳，尖聳代表脾氣火爆，愈尖愈火爆。

擁有一副寬闊的肩膀，是好命好運的體相，遇難逢凶化吉，付出努力必有回報。這類

【後俯前如仰，徹夜坐不昏。貴兼文武相，聲響隔山聞。】

肩峰點
棋子骨

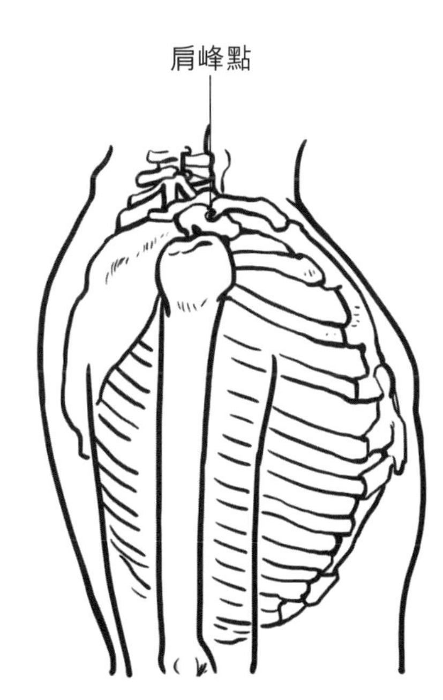

人心地善良，熱愛和平，氣度恢宏，內心意志堅定，行事光明磊落，而且富有責任心，做事有擔當。男子肩寬不僅讓伴侶很有安全感，感覺可以依靠依賴；女性肩寬甚有異性緣，生活和工作上都易得異性助力，只嫌性格比較強勢，在感情及家庭上都比較霸道。

肩窄的人性格喜怒無常，複雜多變，心胸狹窄，陰沉而多疑，報復心頗強，做事衝動魯莽，不懂作事前分析部署，所以多是成事不足，敗事有餘，遇上挫折時就會盡力掩飾和逃避，甚至將過錯往推向別人，不肯承擔責任。感情路上，桃花雖重，但易聚易散，男子更有吃軟飯之嫌，女性則較有福氣，有機會嫁予地位高、經濟好的丈夫，婚後妻憑夫貴。

肩之高低

肩之高低由肩膀線定義。肩膀線的高低因人而異，若肩膀線條接近水平線或傾斜角度小於15度，左右肩平衡勻稱，而且肩寬與臀寬相約，就是屬於平肩。平肩是財祿豐厚的象徵，是良好的體相，其人智商高，聰明敏銳，學習能力強，性格善良堅毅，舉止端正，具正義感，為人光明磊落，言行一致，責任心重，有始有終，做事有擔當，堪稱「能頂半邊天」；貴人運及異性緣都很好，一生順運多、逆運少。

若肩膀線條高於水平線，就是聳肩。聳肩的人性格高傲自大，自以為是，倔強而霸道，事事干預，但本身見識淺薄，由自卑演變成自大，而且多是心術不正的奸詐之徒，一旦擁有權力，便會操弄權謀以自肥，絕非仁義之士；若是打工一族，則容易因自私自利的性格而被同事排擠和冷落，優點是勤力工作，別人工作的時候他們在工作，別人在玩樂的時候他們也在工作，所以老闆最喜歡請到這類員工。若聳肩且縮頭，必是賤相，既主貧苦，亦主短壽。

雙肩向上聳起如鷹，即使處於平靜狀態時，雙肩仍會推持這種狀態，狀如鳶鳥（鷹科），名為鳶肩，屬於奇相之一。鳶肩的人性格強硬，自尊心亦強，凡事不服輸，任何事都要做得比別人好，一旦訂下目標，就會傾盡全力，甚至會日以繼夜、不眠不休，排除一切障礙，不達目的不罷休；但恃才傲物，自視甚高，自高自大，目空一切，幾乎看不起身邊所有人。這類人在古時是當官之命，而且三級跳升官；在今天多是領導階級，不會久居人下，三十歲左右已能揚名於世，具有相當高的社會地位。古相書有「鳶肩者騰達必速」、「鳶肩者，騰上必速，恐不多時」的說法，即此肩相的人一旦風雲際會，往往便可平步青雲，進步極為迅速，可惜花無百日紅，美境為時無多，當爬升到高位時便宜急流勇退，否則恐有從高處急速往下摔的情況發生。考據正史，春秋晉大夫叔魚「鳶肩牛腹」、東漢外戚梁冀「鳶肩豺目」、唐宰相馬周「鳶肩火色」，此三人在形相上同為鳶肩，亦同

【眼凸神光異，眉長骨更隆。手搖猿鶴體，因此墓前峰。】

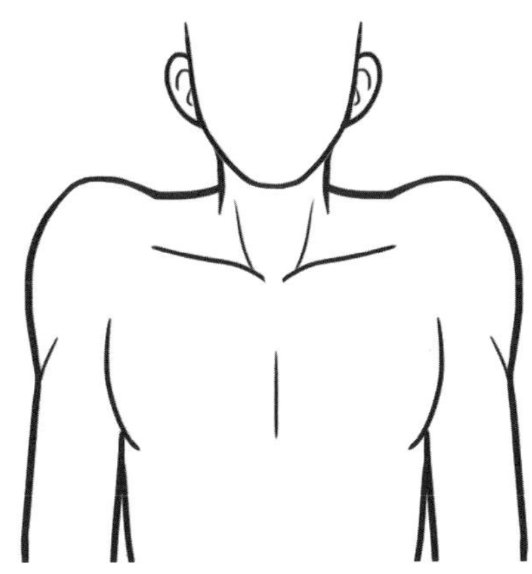

鳶肩

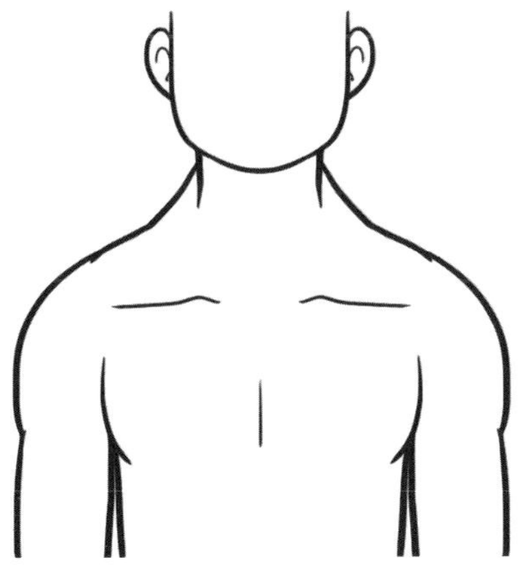

肩低

獲不世之殊遇，升遷迅速，權傾朝臣，雖因不同際遇而結局不一，但皆為榮華不久。所以相書評鳶肩在事業上是暴起暴落之命相。

若左右兩邊肩膀向下傾斜角度大於20度，便是瀉肩，因外形彷似肩膀垂下來，故瀉肩亦稱垂肩。相學有訣：「男子無肩到老貧寒，女子無肩到老榮昌」，「貴婦無肩」，無肩就是肩膀低瀉或下垂。瀉肩的人性格隨和，脾氣好，甚少與人糾纏爭執，對生活及工作沒有太高要求，容易滿足於平淡簡單的生活；缺點是被動而責任心不強，缺乏承擔能力，決斷力不足，以致容易錯失良機。瀉肩者的人生運勢則男女各異，整體來說，女性比男性較強，人生路會過得比較順暢，生活也較舒坦。

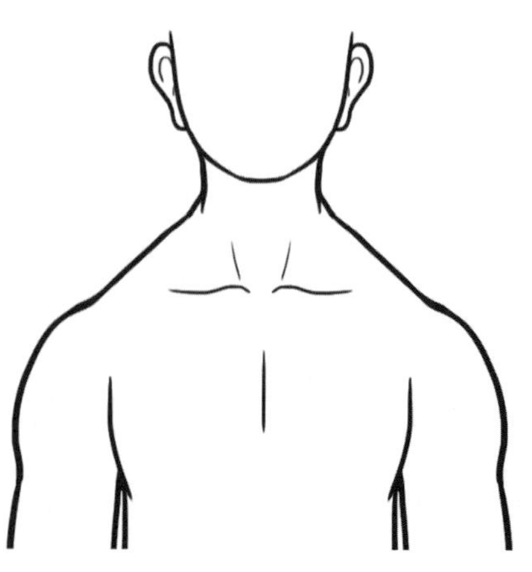
瀉肩

肩之厚薄

相書有云：「身寬體厚富人也」，肩膀上的肌肉飽滿、豐隆圓秀而厚實有力，是福厚、聚財的體相，其人能承富貴，一生運勢多能稱心如意，注定中年時期已累積一定財富，縱非大富大貴，也能在小財上日進斗金。男性對感情十分專一，是值得託付終身的人；女性一生有依靠，小時候受父母愛護，長大後有男朋友或丈夫可依賴。

【眉目雖然秀，唇掀耳不朝。莫教聲韻破，棄祿亦逍遙。】

肩上肌肉豐隆圓秀而厚實有力，相學上名為犀肩。犀肩的人少年聰慧，思想敏鋭，天資甚高，責任心重，承擔力強，耐力驚人，能經得起大風大浪的考驗。相書謂：「犀膊者，為儒早亨，優於從政。」此相如為學人，必極有修養，所謂文學、政事，兩皆有為；為儒必為通儒，為官必為達官，成就足以令人欣羨。男性長有犀肩外表氣派非凡，對異性極具吸引力，戀愛運順利，可娶得賢美之妻。女性長有犀肩，代表一生有依靠，小時候受父母愛護，長大後有男朋友或丈夫可依靠，是很有福氣的體相。

肩膀上的肌肉單薄瘦削，且骨頭凸露，是福薄、漏財的體相，其人器量淺、心胸窄、脾氣差，情緒起伏大，孤僻離群，待人冷漠；一生運程不穩，居無定所，需要不停適應新生活、新環境，例如常常搬家、轉工等。命主貧賤，經常受金錢和現實環境支配，甚至終日營營役役為三餐奔馳。男性剋妻刑妻，寡情薄義，見異思遷；女性雖有不錯桃花運，但紅顏薄命，感情發展並不順利，往往無疾而終。

肩部肌肉菲薄，加上肩膀線條高於水平線，左右肩峰點之間的直線距離小於臀部最外側三公分或以上，即是肩

【五寬兼五急，三短間三長。中有一孤處，必居泉石鄉。】

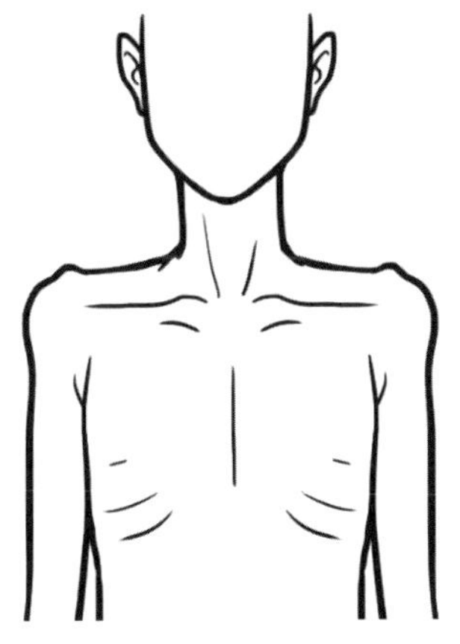
薄肩

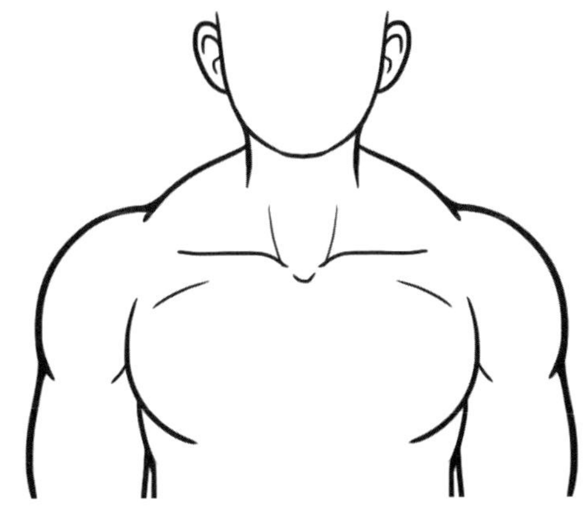
犀肩

膀尖聳而狹窄，這種肩相在相學上稱為「寒肩」，是極為惡劣的肩相。這類人狡詐陰險，心術不正，詭計多端，刻薄寡恩，缺乏同情心、同理心，若無利己的回報，絕不會施恩於人。他們大多身體虛弱，多有惡疾纏身，一生運程變化多端、載浮載沉，尤其踏入中年以後，「肩寒齒露無定所」，恐會四處漂泊，居無定所，生活難得安穩，更且壽元不高。

肩之癦痣

除了外觀形態以外，肩膀範圍長痣的話，在相學上有不同意義。常聽人說，肩膀長痣是辛苦命，其實只說對了一半，皆因癦痣孰吉孰凶，需視乎其具體位置而論。

膊頭有痣

鎖骨最接近肩膀處就是俗稱的膊頭，這位置有痣名為「暢達痣」，其人聰明、和善，人際關係十分好，深得家人疼愛、朋友和同事喜歡；頭腦靈活，工作能力強，不論打工或做生意，都有不錯的成就，一生少遇挫折；異性緣亦佳，感情運順利，婚姻穩定；晚運昌隆，子孫滿堂。惟一生責任頗重，屬辛苦而得財官之相。

若痣長在左邊膊頭，其人不管在官場或職場皆可謀得頗高的官位或職位，生意人也可在商場上賺得厚利，

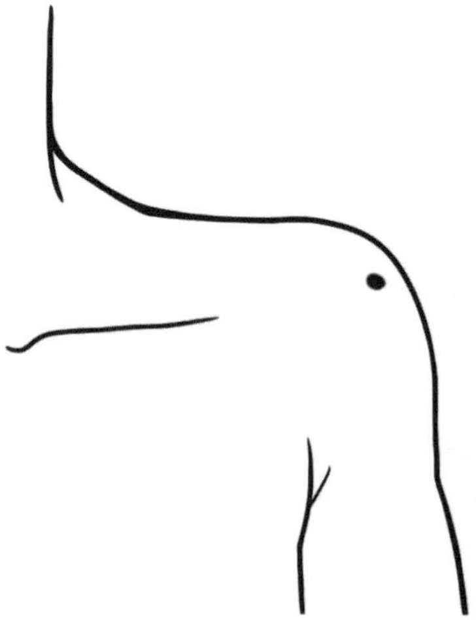

【面色雖華潤，身形瓜蒂枯。兩眉如蹙額，清貴在江湖。】

也就是相書所指「求名於朝，求利於市」的富貴吉相。女性有痣長在左邊膊頭，婚後持家有道，一切以丈夫和子女為重，是個好太太、好媽媽。

若痣長在右邊膊頭，這類人不論謀事或求財都較一般人順利，少遇波折和困難；婚姻運佳，夫妻恩愛，感情和睦；子息運也十分好，孩子既孝順自己，也是自己的貴人，長大後能協助家業，發揚光大。此命可謂早運亨通、晚運昌隆。女性右邊膊頭長痣，婚前婚後皆以工作為中心，屬於事業型女性。

肩膀正中有痣

膊頭與頸項之間的正中位置有痣，不論在左肩、右肩，皆名為「勞碌痣」，是辛苦勞累的象徵。

長有「勞碌痣」的人命運頗為坎坷，六親及朋友助力少，一切都要靠自己努力爭取。為了實踐願望和目標，需要付出比別人更多的時間和精力，才能取得成功。幸好他們都有很強的意志力，不易被挫折和困難打倒，失敗後能夠重新振作，直至贏得最後勝利。

【不似歸雲水，眉彎鼻露風。眼圓神色定，此相有誰同。】

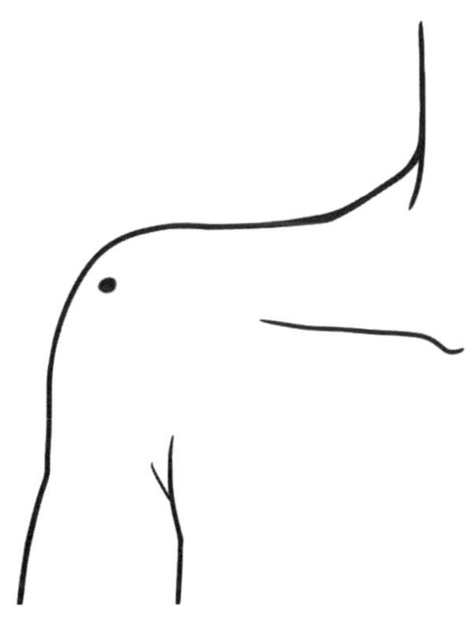

左膊頭與頸項之間正中位置有痣

【眉尖雙眼豎，赤目貫瞳人。氣橫人情急，凶亡不保身。】

左右肩之正中間位置有痣，長在背後，與「勞碌痣」同論。

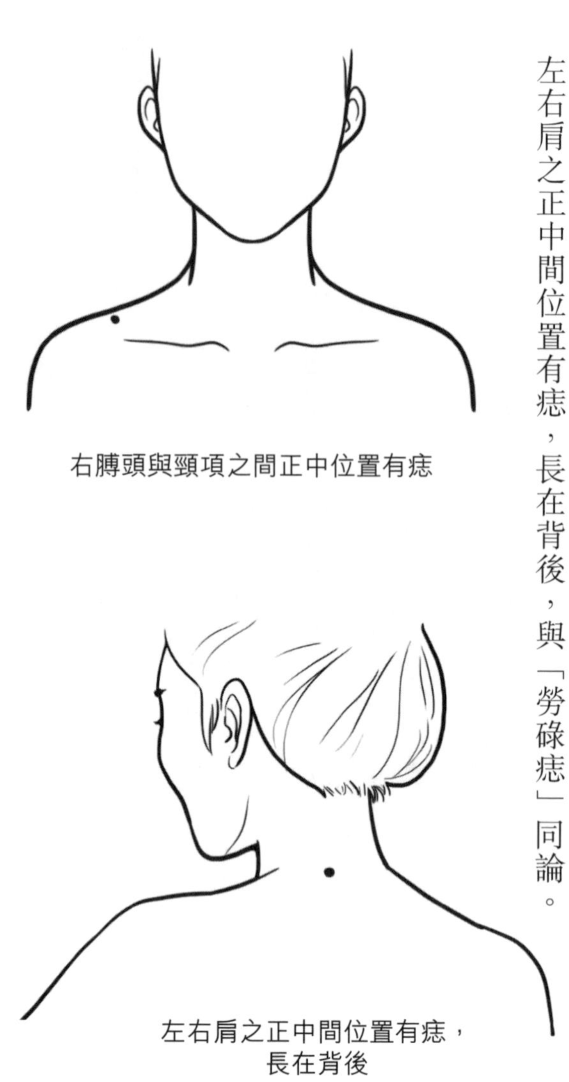

右膊頭與頸項之間正中位置有痣

左右肩之正中間位置有痣，長在背後

肩膀後有痣

在相學上，左右肩膀代表財祿，肩胛骨支撐身體代表自身命運。若肩膀後與肩胛骨連接的位置長痣的人，敏而好學，雖然早運比較辛苦，但能夠憑藉個人聰明和才幹為人生打拼，並借助外力發展事業，中年開始運勢愈趨順利，發達富貴。

鎖骨有痣

鎖骨有痣的人，性格溫純，心地善良，言行舉止帶些天真與傻氣；寬宏大量，待人處世以和為貴，能夠包容和接受與自己不同意見的人，也願意在不影響大局的前提下遷就他人；行為光明磊落，喜歡在陽光之下做事，討厭明爭暗鬥或爭吵磨擦，所以他們都有不錯的人緣。

這類人的缺點是理財能力比較弱，花錢如流水，不懂量入為出的道理，也沒儲蓄的習慣，若不好好檢討改善，晚年難免貧苦度日。有此痣相的女性則比較幸運，有機會嫁予富貴的丈夫，婚後受丈夫關愛，生活舒坦安樂。

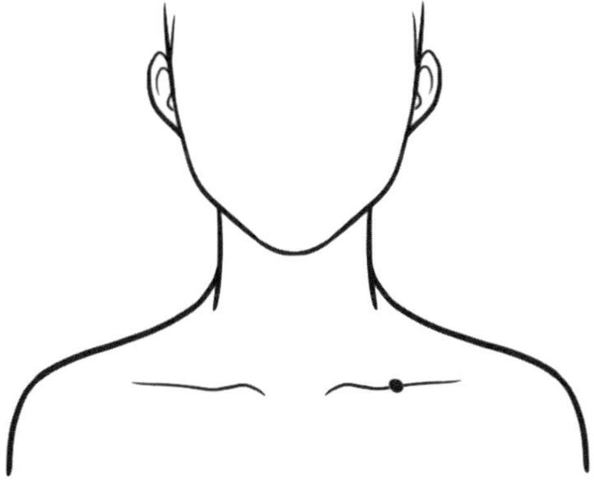

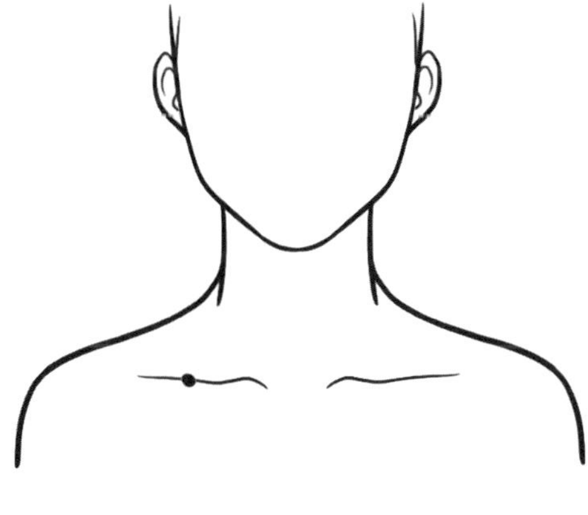

【骨節粗無比，言高作虎威。鼻樑垂劍脊，兇暴見身危。】

鎖骨以上有痣

鎖骨以上的位置有痣，不論在左肩或右肩，皆名為「進財痣」。

有此痣相的人才華出眾，能為自己創造一番事業；財運很好，本身賺錢能力也很高，幾乎都任何行業都能賺到大錢，一生都無需為金錢擔憂，衣食豐足，晚年安穩。他們也是家中的財政及精神支柱，不僅能為家人帶來優裕和幸福生活，更可間接提升家庭運勢和快樂指數。

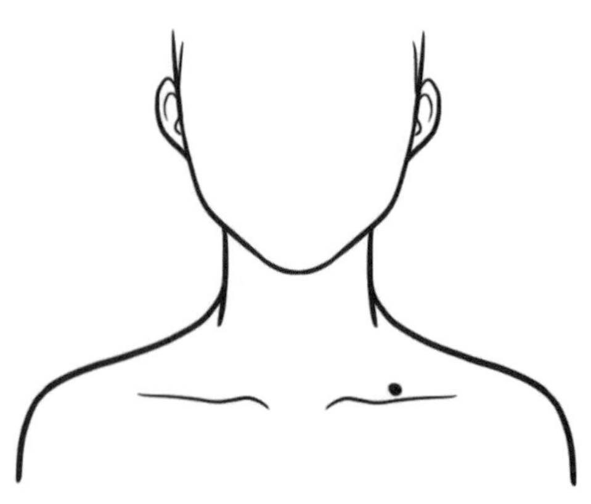

【羊眼口尖捲，身粗坐更偏。色焦神氣露，因此喪夭年。】

肩膀相理總論

肩者，負荷也，上負頭顱頸項，下荷胸背腰腹；左肩代表財，右肩代表祿，故肩相能反映一個人能夠承擔力、責任心、勇氣、魄力和財運，從而判斷其性格、健康、事業發展和婚姻子息緣分。肩膀以平整、寬闊、肉厚及左右平衡均稱為吉，以上聳、低瀉、削薄為凶。

不過，習相者宜謹記相不獨論，切勿拘泥單一部分外觀的喻義；觀肩要兼看五官及身體其他各部位相理，互相參照，方能得到最準確的論斷。

心性、健康、際遇

(1) 肩膀平整的人性格堅毅，自信心強，擇善而好勝，敢於向困難挑戰，不會於挫折中屈服，遇強更強。

(2) 平肩的人對很多事情都十分上心，導致精神經常處於緊張狀態，有機會患上焦慮症。

(3) 擁有瀉肩的人性格懦弱、膽小怕事，遇上不公的事只會默默忍受，不敢據理力爭，所以容易受到欺凌。

(4) 肩膀下垂為人被動，責任心不足，難以肩負重任，遇上挫折或困難時，多會選擇退縮甚至逃避。

【鬢側若無德，凶亡為氣豪。眼傷賢者避，須中小人刀。】

(5) 肩膀低垂的人思想傾向保守，依賴心很重，容易相信別人，而且猶豫不決、缺乏果斷力，做事總愛拖泥帶水，以致容易錯失良機。

(6) 肩不可聳，聳肩者高傲自大，多流於奸詐，喜歡操弄權謀以自肥，並非仁義之士，容易被人瞧不起，從而遭到別人的排擠和冷落。

(7) 聳肩非吉相，相學有訣：「男子肩尖聳者惡疾孤苦、勞碌驚惶，一生難有平安之福。」代表男性聳肩多是身帶頑疾，是勞碌辛苦命，一生難享安穩，多主惡病夭亡，壽元不高。

(8) 雙肩向上聳起如鷹，即使處於平靜狀態時，雙肩仍會推持這種狀態，狀如鳶鳥（鷹科），稱為「鳶肩」。擁有鳶肩的人自尊心極強，凡事不服輸，任何事都要做得比別人好，所以比別人容易取得成功。

(9) 男性右肩比左肩高，常常喜歡虛張聲勢，待人處世態度傲慢，而且缺乏責任心和信用，終必貧苦；至於左肩較右肩高者，性格溫順，傾向與人為善，能接納不同意見，不會堅持個人主張，亦容易贏得他人的信任，終有所成。

(10) 肩膀寬闊的人心胸廣闊，氣度恢宏，寬容大量，樂於聽取及採納他人意見，既重信用又守承諾，責任心很大。

(11) 肩部寬闊是肺氣充足的象徵，不僅代表肺部健康，亦因為肺主魄力，所以肩寬亦反映其人做事充滿幹勁。

【橫死三顴面，微微貫赤筋。白圓睛目凸，此暴遂亡身。】

(12) 肩膀狹窄的人心胸也狹窄，說話尖酸刻薄，對條件比自己好的人特別厭惡，甚至會刻意排擠對方，是典型的陰險小人。

(13) 窄肩的人是典型勢利小人和拜金主義者，對金錢看得極重，容易為錢跟人翻臉，即使對方是父母、兄弟或配偶，也不例外。

(14) 飽滿而厚實的肩膀稱為「犀肩」，其人大方爽朗，樂於助人，正義凜然，對朋友有兩脅插刀的氣概，是十分可靠的知己朋友。

(15) 肩膀厚實有力的人老實穩重，願意吃苦，不介意勞動，思想務實，明白世間沒有免費午餐，從不會有不切實際的幻想。

(16) 肩膀瘦削且下瀉的人，生性懶散，做事被動、得過且過，六親無靠，一生貧賤。

(17) 肩膀上肉薄且骨頭凸露，多是體弱多病的人，稍為勞動便會感到疲倦，所以大多時候都會顯得有神無氣。

(18) 相學上有「寒肩」之說，即是肩膀尖聳而狹窄、肩部肌肉菲薄，是極為惡劣的肩相，其人思想極端，仇恨心和報復心都十分重，是極可怕的敵人，一旦有人以言語或行動開罪自己，必定會千方百計用盡各種手段報仇泄恨。

(19) 寒肩的人處世沒原則，做事沒恆心、沒擔當，遇到問題就會以消極態度面對，為自己製造失敗藉口或將錯誤推向他人以逃避責任。

【上下雲煙黯，身形骨帶寒。早年刑父母，孤獨得身安。】

(20) 相書有「肩聳肩寒，老無一椽」的說法，意思是肩膀尖聳、狹窄而肌肉削薄的人，一生運程載浮載沉，四處漂泊，居無定所，老無所依。

事業、地位、財富

(1) 肩膀代表一個人的魄力和財運，左肩代表財，右肩代表祿，左右肩長得平衡齊整的話，就是財祿豐厚的象徵。

(2) 肩膀平整的人腦筋靈活，善於利用自身和身邊環境的優勢，靠山能吃山，靠水能吃水，為自己創造美好的生活。

(3) 相書有「兩肩平闊，衣食不缺；肩窄下垂，毫無作為」的說法，意思是，肩膀平整而寬闊的人可自食其力，賺取足夠金錢以換取豐裕生活；肩膀狹窄且下瀉嚴重的人體弱無能，運勢低沉，一事無成。

(4) 人體大致左右對稱，左邊身體屬陽，右邊身體屬陰。若見高低肩膀的話，男性宜左肩高、右肩低，可得富貴；女命看法則反之。

(5) 相書謂：「右肩低、左肩高，白手興家；左肩低、右肩高，別祖離家。」其意是：男性左肩聳、右肩瀉，眼光獨到，事事都能早着先機，所以非常適合做生意，可以白手起家，發家致富；若右肩聳、左肩瀉，則是辛勞、貧苦的象徵，需要靠勞力掙錢維生，可能要離鄉別井到異地謀生。

【眼凸眉粗逆，形枯腳又長。三孤兼露齒，妨害最難當。】

(6) 肩不可聳，聳肩的人一生勞碌辛苦為兩餐。不過，火形人格不忌肩聳，火形人肩聳反可當官發財致富。

(7) 聳肩的人虛榮心很重，十分重視金錢和物質，常以金錢衡量別人的成就高低，與人相處也常常從金錢着眼，頗令人討厭。

(8) 相書有「鳶肩者，騰上必速，恐不多時」之說，意思是，鳶肩的人遇上風雲際會時，必可平步青雲，迅速發富發貴，但所發不久。這就是相書所說：「兩肩上聳，所發不久」的相理。

(9) 肩膀下垂的人容易滿足於現狀，對生活沒有太大要求，在事業上也沒有野心或遠大志向，只是平凡的打工一族。

(10) 寬肩是好運好命的體相，容易得到貴人助力，加上自己做事的決心和毅力，可創業興家，既不缺錢也不缺權。

(11) 肩寬者一生得人緣，工作上遇到困難總有貴人協助度過難關，謀事只要辛勤付出，必有理想回報。

(12) 肩膀狹窄的人做事缺乏責任心，遇上問題時就會盡力掩飾和逃避，甚至將過錯往推向別人，所以一生既不得人緣，也難有大成就。

(13) 窄肩的人貪婪而愛小便宜，眼光短淺，只着眼於面前利益，忽略長遠回報，所以縱使做事成功，也只是小成小就而已。

(14) 相書有云：「犀膊者，為儒早亨，優於從政。」認為具此肩相的人雖可晉身官場，但更適合做學問研究，可文貴顯達，比從政有更高成就。

(15) 肩膀肌肉圓滑飽滿的人命中財運好，賺錢能力也強，中年以後可累積一定財富，晚運甚佳。

(16) 常言道，做人要有肩膀，表示有擔當。在體相上，肩膀豐厚的人能擔大任，事業有成就；如果肩膀又窄又削，只為泛泛之輩。

(17) 肩膀肌肉隆厚，但若太傾斜的話，也難當大任，在事業上切忌眼高手低、好高騖遠，必須腳踏實地、務實深耕，方有所成。

(18) 肩膀肌肉單薄而且骨頭凸露，缺乏毅力和鬥志，做事不能持之以恆，財運也較差。

(19) 相學有訣：「為人最怕背肩寒，寒了背肩事事難」，寒肩的人志大才疏，任重而力輕，兼且欠缺做大事的勇氣，眼高手低，不自量力，所以作事艱難，難有成就。

(20) 寒肩的人若五官面相平均無缺陷，則命格較佳，可從事學術或文字工作，縱不能因而致富，但尚可顯清貴，不致貧無所依。

桃花、婚緣、子息

(1) 平肩的男女擁有令人羨慕的衣架子身型，穿衣很好看，所以外形出眾，能吸引異性的注目，桃花運十分不錯。

(2) 平肩男士的性慾十分強烈，對這方面的渴求比一般人高，但懂得尊重伴侶的感受，絕不會勉強對方迎合自己。

(3) 平肩的人大多精力旺盛，但子嗣不多，各有所長，能成大器。

(4) 聳肩者大多是心術不正之輩，在男女感情上，無法對伴侶專一，不論婚前婚後，都容易與伴侶以外的異性發生不正當的淫慾關係。

(5) 肩聳是孤苦伶仃之相，代表子女緣薄，若非一生無子嗣，便是與孩子關係疏離，有子若無子。

(6) 鳶肩的人不論在戀愛或婚姻之中都非常霸道，以滿足個人慾望為前提，很少顧及伴侶感受，所以關係難以持久，多有兩段或以上婚姻。

(7) 男性肩膀下垂，一般腎功能比較弱，是子女緣薄的體相，若非子女見遲，便是兒女稀少，或與子女聚少離多。

(8) 男性肩寬可以讓女性很有安全感，能夠吸引異性目光，所以桃花運很好，從不缺乏拍拖對象。

【山根傾陷處，點抹見青痕。兄弟應稀少，猶疑壽不臻。】

(9) 肩寬的人脾氣好，不拘小節，很討人喜歡，所以人緣很好，不會刻意追求愛情，但卻有戀愛順利之命。

(10) 男性窄肩有吃軟飯的嫌疑，拍拖時依靠伴侶出錢消費，婚後依賴太太賺錢維持家庭生活開支，極不長進。

(11) 肩膀厚實的人對男女感情十分忠貞，一旦墮入愛河，就會專心一致、心無旁騖，是值得信賴的好伴侶。

(12) 肩膀厚實的男性外表氣派非凡，對異性甚具吸引力，甚得女性青睞，戀愛運順利，可娶得美麗、賢淑的太太。

(13) 肩膀上肉薄且骨頭凸露，多是體弱多病的人，容易感到疲倦，兒女福分淺，子女數目少，甚至沒有子嗣，晚年孤單。

(14) 薄肩男女皆是早婚早離之命，宜極遲婚，離異機會較低。四十歲前結婚的話，婚姻多難到老。

(15) 寒肩的男性既狡且淫，多是好色奸淫之徒，注重肉體接觸，輕視感情交流；與異性拍拖從不真心，女性需加倍防範。

【面色如橘皮，至老亦無兒。縱饒生一子，須換兩重妻。】

女性肩相命理專論

在兩性之中，女性屬陰，體相上宜嬌柔、豐潤，方為入格。肩相方面，肩相吉凶應男亦應女，但某些肩相特徵於女性有特別意義，例如相書有「女子無肩到老榮昌」、「貴婦無肩」的說法，無肩就是肩膀低瀉或下垂，代表女性肩膀輕微下垂是典型貴相，屬貴婦之命，一生少操勞，有福可享。

以下列出應於女性的肩相命理：

(1) 平肩的女性事業心重，屬於女強人類型，工作表現不讓男性，雖然凡事都要靠自己努力打拼完成，但可換來很大的滿足感。

(2) 女性肩如「抱子」，即肩膀左右兩端有前臨的形態，是旺夫益子之相，婚後丈夫事業興旺、財源廣進；兒女身體健康、孝順父母。

(3) 女性肩膀上聳是勞碌的象徵，婚前是家庭財政支柱，婚後不僅要照顧丈夫、兒女起居，更要負擔家庭開支。

(4) 肩聳的女性不僅氣量狹窄、易怒易躁，心腸惡毒，而且是刑夫剋子的凶相，多主生離再嫁、產厄喪子。

(5) 相書有謂：「女子淫者，其肩多聳」，聳肩女性的房事淫亂，同一時間可以有兩個或以上的性伴侶。

【淺淺人中縮，黃眸面似啼。蘭台傾又窄，臨老自孤悽。】

(6) 女性左肩高、右肩低，陽剛氣太重，對感情霸道，若伴侶對自己以外的異性多看一眼，便會大發脾氣，容易把對方嚇跑。

(7) 女性右肩高、左肩低，性格豪爽，很有正義感，遇上不公義的事情必會挺身而出，為弱者主持公道，是出色的領袖人物。

(8) 女性右肩聳而左肩瀉主吉，可嫁予有錢的丈夫，享受生活；而左肩聳、右肩瀉者則主凶，多嫁予貧賤之夫，終身勞碌，難得安樂享福。

(9) 瀉肩或垂肩的女性依賴心很重，即使在婚後也不能獨當一面處理家務，事無大小都要靠丈夫拿主意，幸好她們都有機會嫁予強勢的丈夫，得到丈夫的保護和照顧。

(10) 女性肩寬，異性緣厚，易得異性助力，適宜當職業女性，在工作崗位上發揮所長，取得成就。

(11) 肩膀寬闊的女性甚具魅力和吸引力，很有異性緣，所以追求者眾，一生不乏裙下之臣，戀愛路上並不寂寞。

(12) 肩寬的女性性格比較強勢，有時略嫌霸道，在男女感情上有妨夫之嫌，故適宜與年紀比自己小的對象拍拖，也適宜嫁予年紀比自己小的丈夫，可減低刑剋的程度。

(13) 肩膀狹窄的女性工作能力比他人低，難有事業成就，但在姻緣路上卻有好際遇，能嫁得有名望、地位的丈夫，妻憑夫貴。

(14) 女性肩膀厚實是一生有依靠的體相，小時候在家受父母照顧，婚後得丈夫愛護，是極有福氣的命。

(15) 女性薄肩會有非常不錯的異性緣跟桃花運，但感情運勢並不算好，多會成為晚婚之人。

(16) 女性肩膀削薄，性情奸詐狡猾而且好淫，若是富貴之人必主短壽，難有善終；若是貧賤之人，則尚享高壽且得善終。

(17) 女性寒肩是福薄之相，一生艱難，很多事情都需要自己努力獲取，小時候缺乏父母疼愛，婚後不僅難享夫福，甚至可能要肩負大部分家庭開支的責任。

(18) 寒肩的女性體弱多病，在生產時多有困難，輕則開刀產子，嚴重者恐會因難產而致自己身故或孩子夭折。

【淚痕垂兩面，眼赤更頤尖。有子身還老，終不免孤單。】

第二章

腰相看命運

内相故事二——往事只能回憶

在三十多年會客歲月，英才耳聞目睹許多不同的人生故事，喜怒哀樂、悲歡離合，當中有不少均令筆者動容，張先生的經歷是其中一例。

張先生長有一對棋子耳；鋸齒額上佈着碎紋；一雙八字眉配襯孔雀眼，瞳孔大而赤黑；掌中藏着深刻的癡情線；體相方面，肩削背虧，膊窄骨細。

席上論相，他問及感情一事。英才慨嘆：「一生至愛並非枕邊人，而是藏在心坎之中，至今難忘。」

張先生身子微微一震，結結巴巴地問：「這是命中注定嗎？」

筆者直言：「性格使然，非關命也。」

論相完畢，大概是張先生震撼於英才一語中的，深感終於找到「樹洞」傾訴埋藏心底多年的感情糾結，望能走出迷津。既然張先生願意敞開心扉，英才也樂意權充他的人生導師，便鼓勵他勇敢地面對過去的傷痛，張先生的思緒亦慢慢走進了他幽黯而深邃的內心世界。故事由數天前開始再回溯至十多年前……。

論相日之前不久的某個中午，張先生趕赴朋友飯約，走在繁忙的銅鑼灣街頭，在人潮中赫然瞥見一張熟悉臉孔，對方也似乎心有靈犀地向他回望，四目交投，但只是這麼一剎那，那人馬上低下頭，急步離開，並湮沒於人群之中——張先生意識到，她顯然不想跟自己打招呼。他同時也留意到，那位女士身材略為臃腫；臉部鬆弛、脂粉不施；衣著打扮十分隨便，與街坊主婦無異，這跟他從前認識的小娟（化名）完全是兩個模樣，實在令他唏噓不已。過去的一點一滴，在這一刻間重新浮現於腦海。

十多年前，張先生工作忙碌，累了，就到一間高級桑拿會所做按摩治療。那裏採取會員制，收費高昂，會員中有不少是城中富豪。張先生在那裏認識了小娟——她身材高眺，樣貌標緻，具備了當模特兒的所有條件，初到會所上班已讓人人矚目。然而，張先生對她另眼相看的原因，不單純是被她的外表吸引，而是她的性格。會所裏有不少漂亮的按摩師，雖然她們不會明目張膽在那裏跟客人進行不道德交易，但大家都心知肚明，當中部分人都給客人在外頭「包」了，只是大家不說穿罷了！小娟卻是比較特別，她自持自重自愛，拒絕任何客人的約會，出了名的堅執不從。有一次，有客人對她毛手毛腳，她異常氣憤，儘管經理苦苦相勸，客人願意賠償金錢，她仍決意要報警……。

張先生十分欣賞她的風骨，每次都指定由她按摩。隨着兩人見面次數多了，張先生跟小娟漸漸熟絡起來，亦在不知不覺間對她萌生了愛意。

天真的小娟完全沒察覺他的感情，只單純把他當作好朋友，與他天南地北，家庭狀況、個人喜好，無所不談，也讓他更清楚她的背景。原來小娟的父親早逝，跟母親和兩個弟弟一起生活，因為她是大女兒，生活擔子便落在她身上。中學畢業後的她本來在寫字樓當文員，但因收入不足以應付家庭開支，就轉了行做按摩，她工作勤奮，深受客人欣賞，每月得到的打賞和小費十分可

【形部帶空亡，知君必惡傷。眼尖頭與尾，暴卒於壯年。】

觀；她的大弟弟性格反叛、憤世嫉俗，離家後與壞人為伍，鋌而走險，被警察抓進牢去了；小弟弟患有嚴重抑鬱症，稍不如意就拿起刀片自殘；她和母親每天都生活在擔憂之中……。

對於小娟的自強不息和不幸境況，張先生除了敬佩之外，更加添了幾分憐愛。

歲月本來靜好，無奈安穩難長久。忽然有一天，小娟興高采烈地告訴張先生她談戀愛了，男朋友是另一家桑拿會所的經理。

她甜甜地笑説：「我從沒有想過，在這一行裏竟然可以遇上擁有純潔理想的對象。你知道嗎？桑拿會所經理擁有介紹客人、調配按摩師時間表的權力，大部分人都會濫權，不是跟按摩師要錢，就是迫她們上床。我的男朋友在行內出了名是好好先生，為他工作的按摩師都對他讚口不絕，他不僅人品好，工作認真，也長得英俊帥氣。」小娟口若懸河、滔滔不絕，張先生卻聽得十分不是味兒，但由始至終他都沒有向小娟坦白示愛，這時也只能以好朋友身份聆聽對方的愛情故事。

命運的安排千迴百轉，相遇的偶然是否必然？張先生內心諸般苦惱與鬱結，決定不再去會所了。一天，他收到小娟來電説，她跟男朋友結婚了，有客人看中她的丈夫勤勞和老實，聘請他到國內打理業務。她已辭掉會所的工作準備隨丈夫北上發展，此通電話是跟張先生道別。驀然回首情已遠，這消息對張先生來説無疑是晴天霹靂，他強忍着內心的難過，給她送上祝福，接着傷心了許多個晚上。

思緒慢慢沉澱下來，張先生隱約覺得小娟的婚姻並非圓滿的結局，原因非關妒忌，而是下意識地覺得有點不妥。桑拿按摩這個行業頗為複雜，雖然這雙男女有所堅持，自信能抵得住誘惑，但事實真的如此？張先生心裏懷疑，但因身份尷尬，只好將這份不安留在心底。

幾年後，張先生已為人夫，娶了一個不太喜歡的女同事，他心裏明白，在失去小娟後，只是希望找人填補內心的空虛。某天，他偶然在街上重遇小娟，使他既驚且喜。她明顯比從前憔悴多了，臉上也失去了青春的光澤；她告訴張先生，她生了個男孩，丈夫因不太適應國內的工作環境，已回港重拾老本行。

張先生連忙追問是否有幫得上忙的地方，她強裝笑臉說：「謝謝你，但不用了。大弟弟出獄了，但他待不住家，搬走了；小弟弟割脈自殺去世了；媽媽也隨小姨移民澳洲了。」她眼中閃着淚光。「這個家散了，我也少了負擔。」張先生知道她的性格，她從來不會示弱人前，更不喜歡接受別人幫助。

那次偶遇後，兩人都沒有跟對方主動聯絡。畢竟大家各有太太或丈夫，不能像以前那樣毫無顧忌地談心事。

時間隨歲月流逝，又過了好幾年，直至張先生找英才論相的前數天，他與小娟的驚鴻一瞥，她的倩影仍然讓他怦然心動，才使他意識到自己多年思念之情從未退減。當天與朋友的飯聚，他根本食不知味；晚上躺在床上輾轉反側，夜不能寐。幾番思量後，他千方百計打聽到小娟的聯絡方法，給她打了一通電話。

「謝謝你的關心。很對不起，當天我不是有意避開你，但我實在不想你看見我現在這副模

【兩眼微如劍，雙肩短似鎗。莫教聲帶殺，垂淚赴磚場。】

樣。每個女人都希望把自己最美好的印象留在朋友的記憶，希望你明白。坦白說，我寧願當天我們沒有在街頭碰上呢！」小娟故作輕鬆地自我解嘲，使張先生想起了另一位美貌的女性朋友，她在患上絕症後，甚麼朋友都不見。

「我跟丈夫離婚大半年了。我從前看人太簡單、太天真了，以為遇到一個老實大好人，可以跟他一生一世，長相廝守；沒想到環境在變，人也在變……。」

原來，小娟與丈夫婚後不久就到國內發展。但因學識和技能所限，對於新工作他根本無法勝任；老闆礙於當初主動邀請他跳槽，便將就着聘用了他一年，就跟他解約了。

「被解僱對他心理的打擊很大，上進心都被消磨殆盡。另外，他為了與國內同事及客人打好關係，經常一起到夜店消遣，與陪酒女郎飲酒猜枚，夜夜笙歌；耳濡目染下，過去的理想和價值觀都變得不再重要，男女關係也越來越隨便。回到香港後，他整個人都變了，變得跟其他桑拿會所的經理沒有兩樣，他敲詐按摩師的金錢，沒錢的，就迫她們跟他上床……，後來還跟一個女技師有了固定關係。真可笑！原來天下烏鴉一樣黑。」小娟用故作輕鬆的語調，彷彿在訴說別人的故事。「有人說過：要知道一個男人好與壞，不是看他花心還是專一，自古男人都花心。而是要看他有沒有『自控力』。哈！原來此言不虛！」

「很奇怪，當年為甚麼沒有和你走在一起？其實當時的我確實對你甚有好感，但可能是我太自卑了，不敢主動向你示愛，而你亦一直沒有任何表示，我猜想你大概對我沒意思吧！我才接受其他人的約會。」她將時間軸往前拉了一下，回憶兩人的相識相知，使張先生禁不住揪心之痛，心中慨嘆天意着實弄人。

原來當年她一心盼望他主動展開追求，拒絕了很多經濟條件比他更好的追求者，直至希望幻滅，才選擇了「品格良好」的丈夫。

「雖然我和他曾經有過天真的夢想，但原來人最後還是敵不過誘惑，被魔道同化；就像一杯放在室內的沸水，高溫無法持久，最終難免變成室溫水一樣。而悲哀的是，我已經無法回到起點，從頭再來一次。你看到我現在的樣子，青春沒有了，還帶着一個孩子。你想想，我還能做甚麼呢？那個人，現在連養孩子的錢也不準時給了。」張先生聽到小娟開始哽咽的聲音，卻無能為力。他了解她的性格，過去不接受他的幫助，現在也不會。

知道了小娟的過去現在，張先生內心非常忐忑，悔恨自己當年沒有鼓起勇氣向她示愛，今天又放不下對她的情懷。就是這個原因，他才叩門請教。筆者嘆言：「人的心，縱有萬般無奈，卻是半點不由人，尤以情愛一事，只能靠自己克服。」

相法神通，但福厚、福薄亦要視乎當事人如何斷捨離，實與術數沒有直接關係。張先生肩削背虧，骨骼單薄，若無後天的正念、正知相扶，恐怕餘生仍會繼續沉湎於癡情困惑之中。世上哪有能刪除記憶、治療失戀的「忘情水」?!

名作家張愛玲說過：「於千萬人之中遇見你所要遇見的人，於千萬年之中，時間的無涯的荒野裏，沒有早一步，也沒有晚一步，剛巧趕上了，那也沒有別的話可說。」

張先生與小娟的邂逅是命中注定，但兩人的結局則是他們性格驅使所作的抉擇。張先生肩削背虧，性格優柔寡斷，缺乏勇氣面對自己內心感情，更不敢向心上人表達愛意，讓一段美好的姻

【口闊無收拾，形粗眼帶凶。莫教神氣暴，賊死向山中。】

緣變得千瘡百孔，讓自己與心愛的人變得傷痕纍纍。

有人以為愛情可以填滿人生的遺憾；但對一些人來說，製造更多遺憾的，卻偏偏是愛情。愛情的確很美好，既令人浸醉，也讓生活變得多姿多采，但因愛情而觸發的遺憾也是最令人無法釋懷，心就好像被掏空了一個洞。

腰譜

2. 腰圓而厚

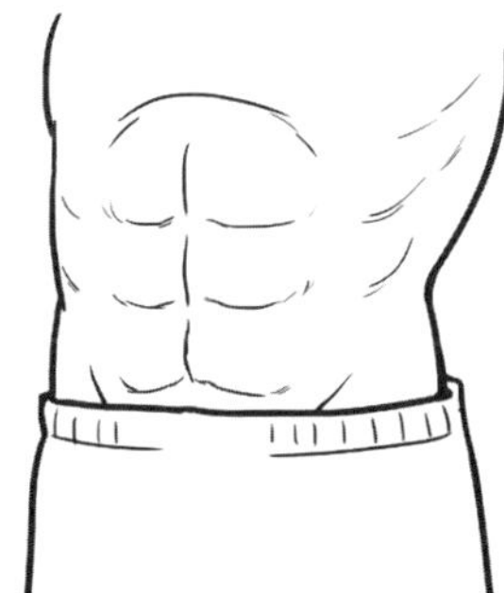

(P.126)

3. 腰圓而細

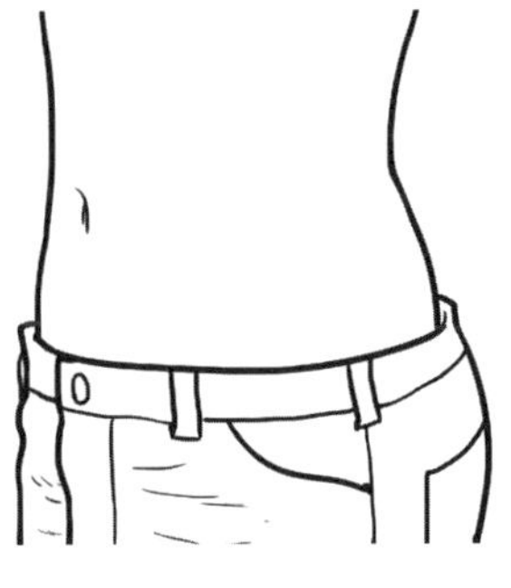

(P.129)

1. 腰正而直

(P.122)

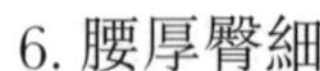
6. 腰厚臀細

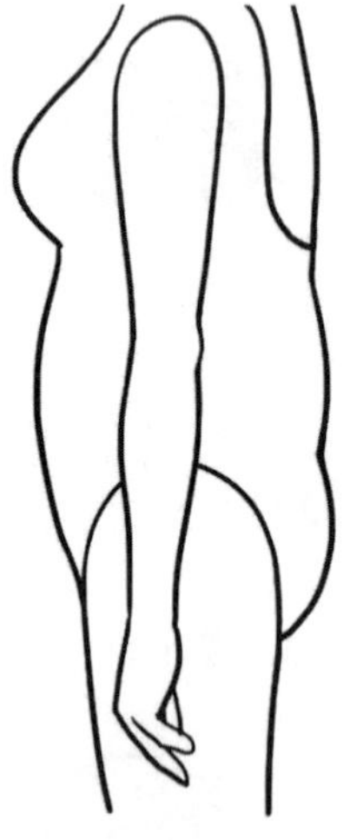

（P.138）

4. 蛇腰

（P.132）

7. 腰細而偏

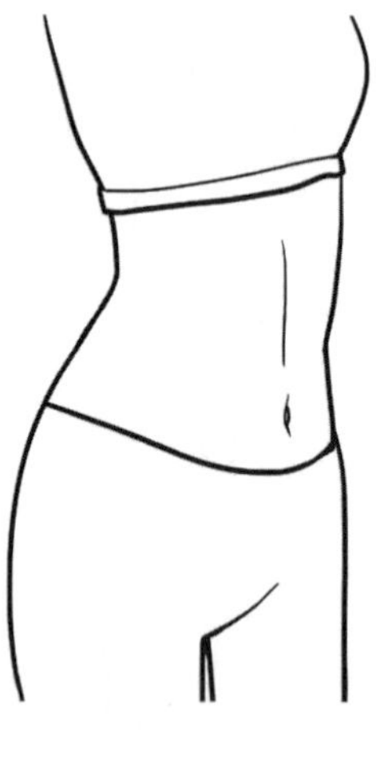

（P.141）

5. 腰陷臀高（白鴿腰）

（P.135）

8. 黃蜂腰

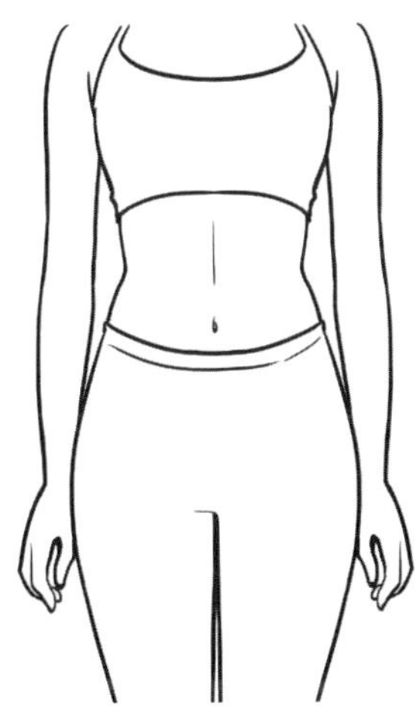

(P.144)

9. 蜥蜴腰

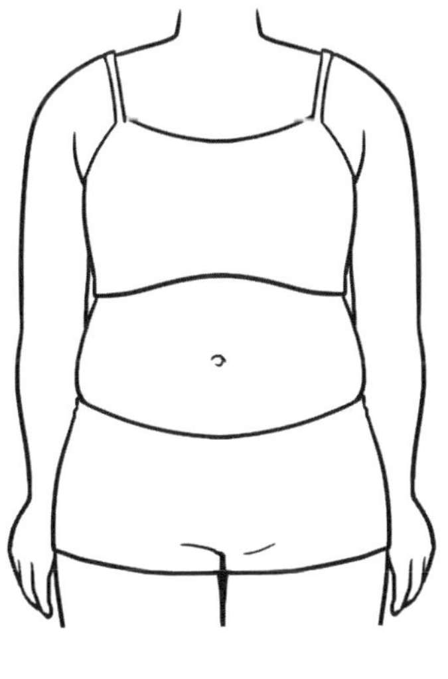

(P.148)

10. 有腰無背

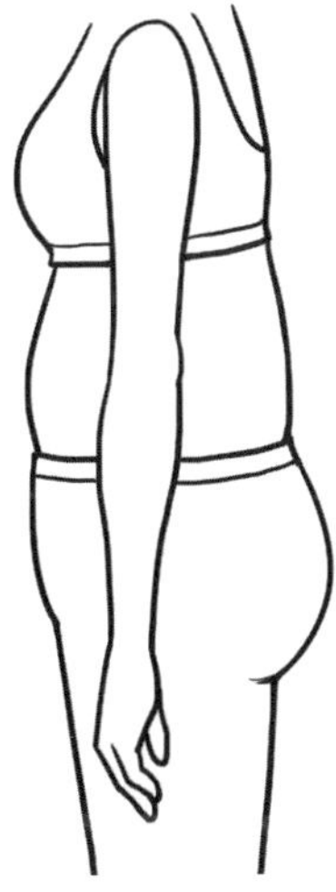

(P.151)

11. 有背無腰

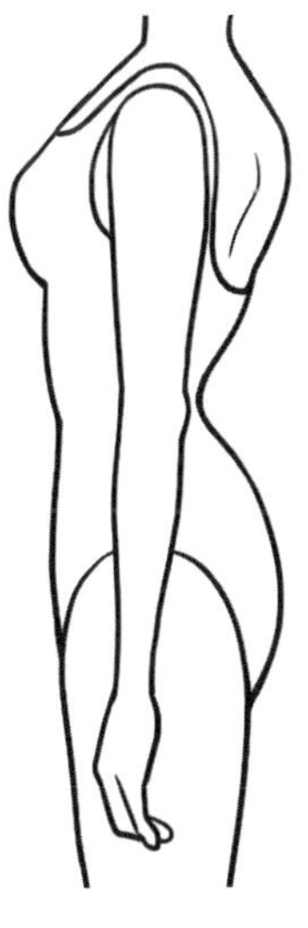

(P.154)

【火形看上下，下大聳形高。若也聲焦烈，初年稍富豪。】

(1)腰正而直

形態：腰部端正，不論坐或站時皆能保持挺直姿勢。

性情：

(1) 腰正而心正，腰部端正的人性格坦誠大方，溫和自重，待人接物懂得尊重對方，亦能贏得他人對自己的尊重。

(2) 為人忠誠，重友情，絕不會因為個人利益而出賣家人、朋友；另一方面，身邊人遇上困難時，必挺身幫忙。

(3) 討厭爾虞我詐，也不愛逢迎他人博上位，但他們本身頗有幽默感，與人相處能讓對方感到輕鬆無壓力，故能獲得好人緣，絕少樹敵。

(4) 思想正面，頭腦清晰，心境澄明，看事情十分透徹，遇上困難時，總能找到問題的關鍵點。

(5) 做事充滿魄力、奮鬥心和拼搏精神，一旦訂下目標，必能持之以恆，堅持到底，絕不虎頭蛇尾甚至半途而廢，所以成功機會往往比他人高。

(6) 作事光明磊落，思維冷靜，凡事都能退一步想，懂得易地而處的道理，不會與人斤斤計較，因而得到不少人緣。

(7) 自信心強，能挑戰他人無法達成的任務，而且處事冷靜而小心，考慮周詳，縱使身處惡劣環境，也能臨危不亂，處變不驚，所以能夠比他人獲得更大成就。

(8) 腰正是腰部健康的象徵，代表腸胃、腎臟、經絡等功能運作正常，也就是身體健康及長壽之格局。

事業：

(1) 命中桃花旺、人緣好，一生機緣多、貴人多，事業上能做到理智與感情並重，所以成功機會往往比別人高。

(2) 工作責任心很重，對於老闆或上司派下來的任務，必定竭力辦得妥妥當當，所以深得僱主賞識和器重。

(3) 處事公正，對事不對人，絕不偏私，工作上能得到同事支持，所以必可事業有成，可貴可富。

【木形長且瘦，筋骨更條條。青直還須貴，枯乾祿未饒。】

(4) 為人極具誠信，如果經營生意的話，必能得到客戶歡迎，中年事業興旺，成為出色的商家。

財帛：

(1) 腰正而直是福祿之相，命中注意能享受富貴，但本身對金錢不太在意，而且看重精神豐足多於物質享受。

(2) 為人正直，奉行「君子愛財，取之有道，用之有道」的原則，決不貪不義之財，並能憑着本身的才華而為自己建家立業。

(3) 在金錢運用方面十分冷靜和機智，且善於把握機會，能在投資市場上賺得頗豐厚的利潤。

愛情婚姻：

(1) 腰部正直的人自然散發一股高貴氣度，令人樂於親近，亦深受異性歡迎，他們不會刻意追求愛情，但當愛情來到時，就會用心經營，好好維繫。

(2) 不羨慕轟轟烈烈的愛情，只求細水長流的關係，但願能執子之手，與子偕老，平平安安、快快樂樂過一生。

(3) 男性是慈父及體貼的丈夫，女性是賢妻良母型，婚後皆願意為家庭付出愛心和時間，迎接幸福人生。

子息：

(1)「腰為腎之府」，腰正而腎氣充足、流通無阻，有利子嗣繁衍，故腰部正直的人子息運厚，兒女眾多，而且都是健康的孩子。

(2)腰正的人可以憑個人才華致富顯貴，並蔭及伴侶、兒女。子女秉承庭訓，也能發憤圖強，貢獻社會。

【土形完滿處，且向準頭看。背若如龜厚，何愁不作官。】

(2)腰圓而厚

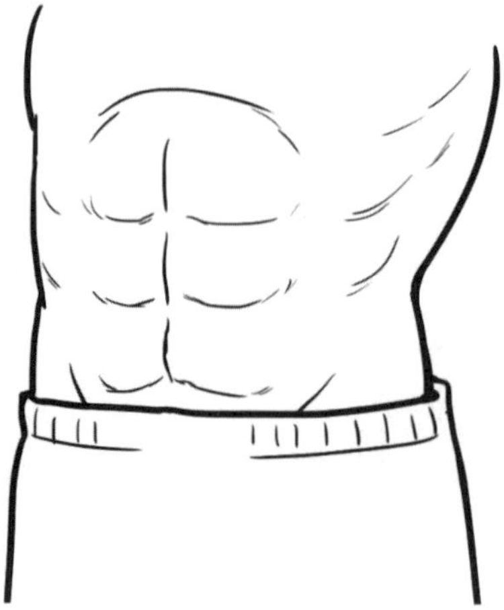

【黃色分明吉，尤看紫更紅。光華須富貴，滯闇便為凶。】

形態：腰圍圓闊，腰間肌肉厚實。

性情：

(1) 心性仁慈善良、外向開朗、不拘小節、待人寬厚，與人為善，人生態度樂觀，故朋友很多。

(2) 豪爽大方，樂於助人，具正義感，尤其同情弱小或弱勢社群，一旦遇上不公的事，就會挺身而出為受欺壓一方爭取權益，一生追求的是問心無愧。

(3) 胸襟廣闊，對人對事沒有私見，願意接受他人批評，接納合理意見，為了顧存大局，樂意把個人喜惡和利益放在一旁。若腰背均厚的話，則其人非常重視個人原則，不管他人所提意見如何高明，只要他認為不對，就絕不會妥協。

(4) 自信心極強，處事冷靜而小心，考慮周詳，縱使身處惡劣環境，也能臨危不亂，處變不驚，這也是他們的魅力所在。

(5) 腰部圓闊而厚實是福祿之相，他們喜愛錦衣、美食，善於運用自己所賺的金錢換取美好生活，而且懂得適可而止，不會流於放縱。

(6) 誠信有加，重情重義，對朋友有兩脅插刀的氣概，不會為了個人利益而出賣家人、朋友或工作夥伴。

(7) 腰部作為身體上下部分的連接點，對上半身起着支撐作用，故腰圓而厚的話，健康上沒有甚麼大問題，一生安康，福祿悠悠。

事業：

(1) 青少年時期較為艱辛，發展未符理想；但中年以後運勢逐漸旺盛，遇到人生緊要關頭時，往往有貴人出現給予幫忙，謀事暢順，一路福運相隨，晚運更佳。

(2) 社交能力極強，善於協調人事之間的問題，若從事與人相關的行業，例如公關宣傳、市場推廣，可成為業界的出色代表人物。

(3) 作風果斷明快、乾脆俐落，做事既有魄力也有恒心，忍耐力和持久力高，對於決定了的事情，絕不畏艱難，不言退縮，中年以後事業拾級而上，成就頗高。

(4) 腰圓而厚，外表極具氣勢，自尊心也很強，不甘於長時間屈居人下，所以在工作上會努力拼搏，達致名成利就，社會地位亦會步步晉升，成為有名望的人物。

財帛：

(1) 《相理衡真》：「肥厚圓闊，乃福祿之人也」；「肥而圓者富貴」，代表腰部圓闊厚實的人命中福祿不缺；但若腰部肌肉只是發福的虛肉，則只是衣食無憂的命，談不上有事業成就或大富大貴。

【青色須還正，春風偃柳條。若如煙霧靄，憂恐在祟朝。】

(2) 一生貴人運佳，財運旺盛，財富易得，不愁吃穿，雖然對金錢沒有具體概念，但也不會流於揮霍。

(3) 多有祖業資產承繼，少數生於中下階層，但都能奉行「君子愛財，取之有道，用之有道」的原則，絕不貪不義之財，且能白手興家。

愛情婚姻：

(1) 男士雖非風流俊俏人物，但腰部長得圓闊厚實，外形看來非常穩重，能夠讓人有安全感，所以對異性頗有吸引力，桃花運十分不錯。

(2) 男士注定娶得美貌又賢淑的太太，婚後男主外、女主內，夫妻恩愛，夫唱婦隨，家運亨通。

(3) 女士能嫁得老實又勤奮的丈夫，但因本身比較強勢、賺錢能力也較丈夫高，所以婚後家庭開支多落在自己身上。

子息：

(1) 腰部前帶臍、後通腎，是性命大關卡，對人體十分重要；若腰圓而厚，則先天腎功能強壯，精力旺、生育力強，不僅本身福祿豐厚，後代也旺盛，子嗣繁衍。

(2) 女性腰部虛肉太多的話，可能會因懷孕而導致血壓飆升，故而要選擇剖腹產子。

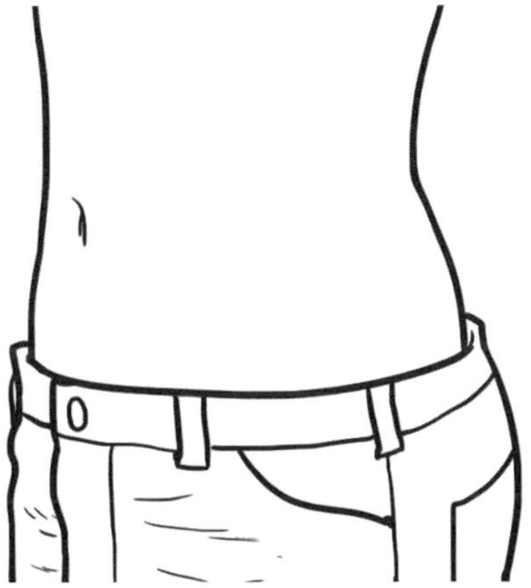

(3)腰圓而細

形態：腰間有肉，但腰圍纖細；此體相多見於女性。

性情：

(1) 舉止溫文儒雅，但性格固執而內向，待人接物表現冷酷，不善與人交際溝通，也不理會他人反應和感受，所以人緣不算好。

(2) 自私心較重，做事必先衡量個人得失，進一步才考慮大局利益，但絕不會作出損人利己的事。

(3) 待人欠真誠，說話半真半假；懷疑心亦重，不是自己親眼所見的東西或事情，都不會完全相信，好處是不會誤信閒言，弊處是固執不信人。

(4) 自我要求十分高，對自己的外形非常執着，為了保持纖瘦的體型，每天強逼自己做運動，並在「需要」時進行節食。

(5) 缺乏同理心，凡事只從自己角度去理解，少會從他人角度想問題，對外界總是保持着一份疏離感，令人感覺非常不近人情。

(6) 性格強硬，驕傲好勝，一旦有任何人或事令自己丟

【白色如銀煅，匀匀透肉光。若還乾不潤，喚作犯金亡。】

了面子的話，就會長久記恨，即使對方只是小孩或無心之失，都不會輕易原諒。

(7) 風水學有「束氣過峽」之説，意思是龍脈在結穴前都會束氣過峽，套用在體相之上，就是一個人的腰愈纖細（但必須有肉），氣就愈旺盛，也就可以享高壽了。

事業：

(1) 辦事認真，責任心頗強，但頑固成性，缺乏通融度，所以不易與工作夥伴協調。

(2) 自視甚高，遇事不輕易向人求助，也不接納他人任何建議，堅持自己想辦法解決，常常使自己鑽進牛角尖而令事業停滯不前。

(3) 腰圓而細者精力充沛，為生活常要不斷奔波，而且往往付出很大努力才能達到目的；但此相之人若腰間有痣，則可得貴人主動幫忙，在事業發展上可省卻不少力氣，少走許多冤枉路。

(4) 腰細而背厚的人對自己事業要求非常嚴格，對於每個細節都一絲不苟，絕不馬虎；但在努力拼搏之時，往往忽略對身體的保養，久而久之，容易積勞成疾，華髮早見。

財帛：

(1) 相學有訣：「無腰者不貴」，代表腰部太纖細者難得富貴；話雖如此，此相的人只要拼盡精神辛勤工作，則縱不能晉身富人行列，卻也能賺到富足的生活。

(2) 對金錢頗為執着，對生活頗為節儉，懂得為未來綢繆打算，不會亂花辛苦賺來的一分一毫。

(3) 此體相的人多是少壯運盛，年長後運勢開始走下坡，故宜在年輕時好好規劃財政，以免晚景貧寒。

愛情婚姻：

(1) 他們在年輕時將大部分時間放在事業上，容易錯過良緣；若不希望老來孤單，便要好好調節工作與生活之間的平衡。

(2) 腰圓細而臀部豐潤有肉的女子，天生性慾強烈，若嫁得體魄強健的丈夫則夫妻魚水和諧；若伴侶體弱則難享受床笫之歡，難免感到有缺失。

子息：

(1) 腰圓細而有肉的女性配合臀豐的體相，多是身體強健的人，可生育健康、容易帶養的孩子。

(2) 腰圓細而臀窄的女性，盆骨相對細小，生產時多有困難，需剖腹生產或無痛分娩。

【木聲多遠實，鳴亮起喉間。焦破應孤獨，完清定有官。】

(4) 蛇腰

【火聲焦且散，完響望中聞。定是居官貴，飄然破子孫。】

形態：上身偏長、下身偏短，看上去腰部很長，而且腰部無力而彎曲，無論站立、行走或坐下時，腰部從不伸直。

性情：

(1) 沉穩內斂，與人相處只流於表面的客氣，不輕易表現喜怒哀樂，更不會泄露內心感情。

(2) 性格叛逆，不喜歡任何規範或受束縛，聽不進他人的建議，凡事我行我素，更有一些讓普通人難以理解的習慣，容易成為他人眼中的異類人物。

(3) 漠視社會禮教規則，行為荒誕乖僻，不易被他人接受，所以朋友很少，生活比較孤獨。

(4) 陰沉孤獨不合群，不喜歡與人打交道，只會在有難題時才找朋友幫忙，但朋友不多也不真，毫無助力可言。

(5) 工於心計，愛耍手段，善於做作和偽裝內心的陰謀，常運用心理戰術令對方跌入自己所設的陷阱。

(6) 心高氣傲，瞧不起人，主觀意識極強，認為自己的想法就是最正確，凡事都以個人意見為標準，是狂妄自大的典型。

(7) 思想開放，追求新潮，喜歡標奇立異的打扮，衣著服飾出位，女性更會穿著暴露的衣服，以展現自己的身材曲線。

事業：

(1) 為人不顧道義，可說是薄情寡義之徒；做事狠毒刻薄，故難以與人維持長久合作關係，故不宜與這類人合夥做生意。

(2) 自私自利、自我中心，凡事只顧個人利益，不理他人感受；機心又重，每事必計算得失，不肯吃虧。打工的話，必與上司及同事不和。

(3) 性格不拘泥於傳統和古老規矩，只要願意在工作上花心思，便能發揮天賦的創新精神，為自己創一番事業。

(4) 擁有美感天分，對藝術的領悟力特別高，若在這方面多下苦功，有機會成為出色的藝術家。

財帛：

(1) 聰明敏銳，有創業致富之能，與人合夥經營的話，則會使計佔據對方權益，結果多是因財失義而拆夥收場。

【土聲沉重遠，一響眾人驚。若也多淫慾，中年敗又成。】

(2) 思想實際，重視金錢，但並不是守財奴，對於自己喜歡的東西，絕不會吝嗇一分一毫。

(3) 蛇腰是福薄之相，女性即使嫁得有「財」郎，也難享夫福、夫財，仍要靠自己工作積聚財富。

愛情婚姻：

(1) 心計很重，內心時刻計算着如何在別人身上取得利益，即使談戀愛也一樣；故任何人選對象時最好對此體相的人敬而遠之，以免一不留神吃虧上當。

(2) 男性貪色、好淫，對感情不負責任，不會專一地愛着一個人；女性感情霸道又自私，且有不守婦道之嫌。

(3) 女性很愛表現自我，即使已有固定伴侶，也常常刻意在異性面前搔手弄姿，有勾引男人的嫌疑，所以常被批評不守婦道。

(4) 不論男女，皆是感情路上波折多。一生伴侶雖多，但兜兜轉轉，經歷多番風波之後，及至晚年之時，大多是一個人過生活。

子息：

(1) 刻薄寡恩，對兒女也不例外，若得子女的話，彼此不易協調，且多處於敵對位置，親情如冰炭。

(2) 與子女緣分薄弱，或子嗣少，縱得天賜麟兒，也只是平庸之輩，且非賢孝。

(5)腰陷臀高（白鴿腰）

形態：腰形特徵是腰陷臀高，即腰部明顯塌陷無肉，但臀部生得很高。

性情：

(1) 心地善良，平易近人，愛好和平，不喜與人爭權奪利，也討厭爾虞我詐、明爭暗鬥的行為。

(2) 說話坦率，忠誠敦厚，絕不會欺騙朋友，而且責任心重，答應了朋友要做的事，必信守諾言，想盡方法做妥為止。

(3) 希望在穩定中尋求進步，不喜歡突然而來或急劇的變化。若遇上突發事故而毫無心理準備，便會顯得手足無措。

(4) 肯做肯幹，有上進心，做事有自己的既定規矩和原則，但沒有變通性，亦缺乏冒險或嘗新精神。

【水聲無散亂，清淨成群倫。若也微焦澀，中年破且迍。】

(5) 思想保守，但心思縝密，做任何事情之前都會思前想後計算後果，好處是作風穩健，壞處時容易讓人早着先機。

(6) 性格樂天，遭遇挫折不會怨天尤人，面對逆境懂得隨遇而安、力爭上游，人生態度頗為積極。

(7) 在相學上，腰看中年運，臀看晚年運。腰陷代表少壯年運差，即年輕時發展處處受制，事多不順；臀高代表晚運佳，即晚年開始運勢徐徐上升，故白鴿腰就是否極泰來的體相。

事業：

(1) 《麻衣神相》評白鴿腰：「臀高而腰陷者，主賤」，代表此體相的人少壯運潦倒，奔波勞碌，出路難尋；但踏入晚年逐漸旺順，是大器晚成之命。

(2) 為人比較感性，也很有耐性，可以從事從屬的工作性質，能充分配合上司或老闆的指示，但作為領導層則較難有開創精神。

(3) 白鴿腰是由賤入富之相，人生中的事業黃金期多是窘迫不堪，所以只宜打工，不宜做老闆，否則營營役役一場空。

財帛：

(1) 早年運差，並受貧窮困擾，事事都感到不通順，但踏入晚年，隨即有運氣上揚之勢，只要好好把握這個轉機管理個人財政，晚年境況富足。

【骨清肉中秀，端然體更隆。清奇兼聳正，印是位三公。】

(2) 性格刻苦耐勞，工作態度積極，且懂得勤儉致富，不會亂花分毫，總是從安定生活中尋求更進一步，所以晚年以後有機會積存到一定財富。

(3) 腰陷是中年破敗之相，三十歲至五十五歲流年恐有破大財的危機，任何關於金錢的重大決定都要三思後行。

愛情婚姻：

(1) 性格重情重義，對愛情忠貞，不論拍拖或婚姻，必是全心全意，對伴侶從一而終。

(2) 腰陷的人本身性格和順，屬於賢夫良父或賢妻良母型，只是婚姻大多不順，一婚恐難到老。女性腰塌無肉，丈夫都是大男人主義者，而且性格固執，得理不饒人。

(3) 鼻屬面相三停的中停，腰屬身相三停的中停，兩者看法可互為參照。鼻為夫妻座，鼻陷是刑夫剋妻之相，而腰陷也有相同意義。故白鴿腰者婚姻運不理想，不宜早婚，早婚必離異，婚姻愈遲反愈長久。

子息：

(1) 腰陷早運差，臀高晚福厚，此相子女見遲，女性多是高齡產婦，男性則晚年得子。

(2) 臀部斜下代表晚年無福，子女運薄；相反，臀部高聳，則晚年運好，子女緣厚。此相臀高，也就是子女運佳之典型。

【骨乃人根本，須還秀且清。若還粗更澀，那解獲功名。】

(6) 腰厚臀細

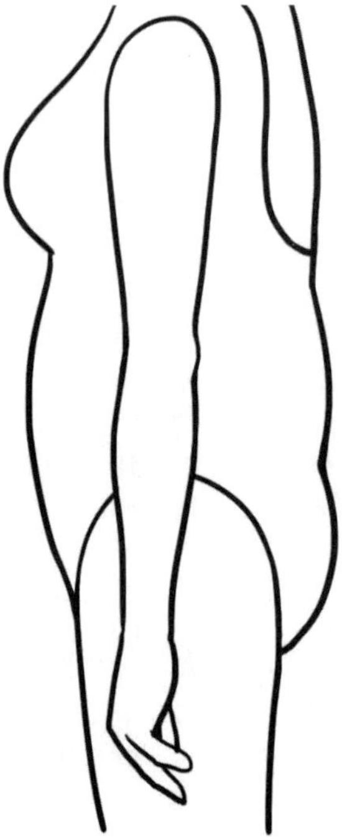

形態： 腰形特徵是腰部豐厚而臀部低陷，形態與白鴿腰剛好相反。

性情：

(1) 富感情，愛和平，對朋友有情有義，不會背叛朋友，朋友有困難更會傾力相幫。

(2) 心胸廣闊，對人對事不會斤斤計較，即使有人在言語或行為上開罪了自己，也不會記恨記仇，寬容量甚大。

(3) 具仁慈心及同情心，不會輕視弱勢社群，甚至願意用金錢資助有需要的人，救危扶小。

(4) 自信心強，極富毅力，一旦決定了要做某件事情，就會努力堅持到底，很少會半途而廢。

(5) 性格樂天達觀，不管在生活上或工作上，都不會給予自己太大壓力，所以一般都是身體健康之人。

(6) 志氣高昂、勇氣可嘉，具備應付逆境的能耐，敢於面對困難和失敗，並以百折不撓的精神再接再厲。

(7) 自少年開始已甚有主見，不太願意接受他人對自己生活上的安排，所以常常與父母發生小爭執。

事業：

(1) 一生中以年輕時運勢較佳，雖然偶有起伏不定，但無大礙，前半生整體事業旺盛，發展亨通，成就頗高。

(2) 此相命運先甜後苦，踏入中晚年事業開始走下坡，打工有被貶職或革職之虞，往後或需靠勞力換取金錢以維持生計。

(3) 選擇創業做老闆的話，五十歲左右便要考慮退守甚至急流勇退，切忌心存僥倖以為噩運不會臨身，一旦倒閉危機出現便為時晚矣。

財帛：

(1) 出生於富裕家庭或有祖業可靠，又或少年行運，早歲能夠享受優質生活，各方面的條件都十分豐厚。

(2) 此相乃早年得志但晚運大敗之命。少壯時縱然風光得意，晚運時需防投資失當而招致重大破敗，財富一朝被掏空。

(3) 若不希望老來窮苦，應及早為未來綢繆打算，當身有餘錢時，宜購置不動產，晚年不至於無棲身之地。

愛情婚姻：

(1) 腰厚的人性格十分強勢，不論男女，面對伴侶都比較霸道，明明很多事只要示弱就能圓滿解決，卻要堅持己見而常常鬧得夫妻不愉快。

(2) 臀陷是刑夫剋妻之相，婚後太太或丈夫健康或工作有損，運程由順轉逆，夫妻感情亦不好，婚姻難到老。

子息：

(1) 相書有說：「老來無臀，妻亡子喪，到處奔走，孤獨貧窮」。臀主晚運，此相臀陷，代表晚年無依，既無配偶也無子，孤苦清貧。

(2) 女性臀細或臀陷，生產時慎防有產厄，若能多行善事，加上現代科學昌明，選擇開刀產子或可避此劫。

【無骨應斜側，貧寒體不平。虎強龍又強，猶自望身榮。】

(7) 腰細而偏

形態：腰部細狹而偏側。

性情：

(1) 性格內向怕事，內心比較自卑，自信心不足，不太敢於表達自己對人對事的看法。

(2) 意志力薄弱，是典型「跟着別人走」，凡事只會跟隨前人的腳步，隨波逐流，沒有個人主見和看法。

(3) 腰正而心正，腰偏而性偏。腰偏的人思想容易偏離正軌，遇到不順心的事情，就會傾向施展奸計，甚至不擇手段，以圖達到目的。

(4) 做事欠缺魄力和恆心，沒有奮鬥心和拼搏精神，容易虎頭蛇尾，馬虎了事，容易因少許挫折或障礙而裹足不前、半途而廢。

(5) 在生理學上，腰細的人體重必輕；體重輕者，身體必孱弱。由此引伸，體弱的人必然難以勝任大事，不能刻苦耐苦，故非善相。

【赤脈貫睛，不離敗則破。】

(6) 在相學上，腰看中年運，腰細而偏代表少壯年運差，即年輕時際遇不佳，處處受制，事多不順。

(7) 腰的其中一個重要功能是支撐上半身，腰細而偏則支撐力薄弱，其人一般體質較差，終非壽徵，故相書評曰：「細而狹、薄而偏者，貧苦壽短」。

事業：

(1) 天生體弱，做事懶散，好逸惡勞，做起事來沒神沒氣，缺乏耐性，經常轉換工作崗位，工作穩定性甚差。

(2) 腰細而偏是天生勞碌之相，工作辛苦奔波，勞心勞力；而且貴人運弱，親友助力少，只能靠個人努力拼搏，才可望事業略有小成。

(3) 這種體相的人，若加上胸露肋骨，一生事業運低迷。如果臀部比較有肉的話，或許能夠在中晚年時白手興家，建立個人事業。

(4) 腰細而狹的女性多不重視貞操，加上工作能力不高，故易墮風塵，為娼為妓，以出賣肉體謀生，生活坎坷。

財帛：

(1) 對金錢和物質非常在意和執着，幾乎所有事情都以金錢衡量成敗，但其人一生財來財去財難聚，難享富貴。

(2) 相書有說：「腰細而狹、薄而削，乃貧賤之徒也」，代表此相的人福氣淺薄，一生無甚財運，必須辛苦努力付出，才能賺取一定財富以換取質素較佳的生活。

(3) 腰部窄細而偏側但臀部飽滿的話，雖然一生辛苦奔波，但思想務實，懂得有所積蓄並調整自己的生活方式；中年時有機會實現轉機，晚年便可保衣食無憂。

愛情婚姻：

(1) 不論男女，皆熱衷於兩性房事，思想總是圍繞在男女關係上，但在感情事上總是糾纏不清，常常陷於情困的局面。

(2) 男女皆非用情專一之輩，婚前婚後縱使已有固定伴侶，也常心有旁騖，容易鬧出感情三角糾紛。

(3) 女性福薄命薄，終身都在為家庭奔忙，婚後不僅難享夫福，甚至要自己承擔家庭大部分開支，難以擁有幸福婚姻生活。

子息：

(1) 兒女早見，但福分淺，總因不同原因而與兒女聚少離多，感情冷淡，晚年亦難得子孫在身邊侍奉。

(2) 本性存在弱點，對子女更是管教無方，致令子女變成無禮之輩，常惹是非紛爭，令父母受累，更難望子女孝順自己。

(8) 黃蜂腰

【鶯歌嘴鼻，奸滑而貪心。】

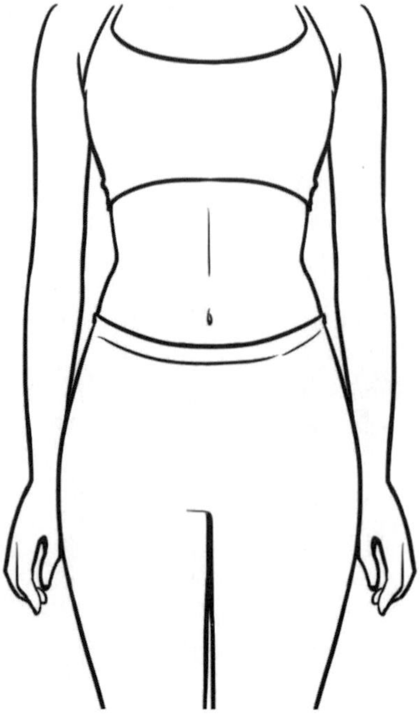

形態：蜂類的身體都是中間部分比較細小，所以以蜂腰形容幼細的腰肢。黃蜂腰多見於女性。

性情：

(1) 相書有謂：「黃蜂腰者，性鄙而邪」，此相的人奸邪淫亂，男性常被稱為「色狼」或「色鬼」，女性則是典型「奸妃」。

(2) 器量狹窄、妒忌心重，而且陰沉多疑，不易信人，更常以小人之心度君子之腹，辜負他人的好意。

(3) 自私自利，佔有慾強，看見別人擁有奢侈或高科技的物質產品，便會產生覬覦之心，並透過不光明的手段以圖獲取他人的財物。

(4) 脾氣不好，邪惡狡詐，做事不負責任，遇上問題時往往將過錯往別人身上推，所以人緣甚差。

(5) 善於隱藏喜怒哀樂的情緒，不輕易泄露個人感情，而且説話不真，滿口謊言，絕對不宜與之深交。

(6) 虛偽不真，口是心非，詭計多端，假仁假義，工於心計，表面與人友好，但內心暗藏奸計，常常思量如何佔人便宜。

(7) 相學有訣：「燕體蜂腰兮，性命如何不夭。」「燕背蜂腰，六極何逃？」意思就是，黃蜂腰絕非善相，多主壽短，而且其人注定六極（凶、疾、憂、貧、惡、弱），必中其一。

事業：

(1) 《何知歌》訣：「何知人生命帶空？長腳蜂腰總一同」，意思就是擁有黃蜂腰的人無論做甚麼事的結果都是歸零，也就是注定一生一事無成。

(2) 相學又有訣：「細似蜂腰臀股高，此人不必問雄豪」，代表黃蜂腰相的人難成大器，究其原因，總是性格貪鄙狡詐、不負責任等缺陷使然。

(3) 待人處事不肯吃虧，即使只是小事一樁，也不願意比別人多付一點時間和精神去完成，故一生難得人和，也就難以成就大事。

(4) 女命思想淫亂，對男女關係視如等閒，加上好吃懶做的性格，不難墮入風塵之中。男命沉迷女色，為求一己私慾，招搖撞騙無所不為，無心工作，容易淪為「吃軟飯」的無恥之徒。

財帛：

(1) 出生於不算富裕的家庭，物質條件只有一般水平，但因性格好逸惡勞，孜孜追求生活享受，所以容易萌生非法念頭，以求換取富裕人生。

(2) 性格卑鄙貪婪，對金錢十分看重，處處以金錢作為着眼點，身邊大部分的朋友都是工作上或利益上對自己有利的人。

(3) 做人缺乏方向，眼中只有金錢，沒有親情，但可惜命中注定財不聚，故容易變成金錢奴隸，卻終身難以發跡。

愛情婚姻：

(1) 長有黃蜂腰的女性走路姿態婀娜多姿，容易吸引狂蜂浪蝶；她們也是性愛的最佳夥伴，能在床上給予伴侶極大的滿足感，故一生感情或性愛生活皆「多姿多采」。

(2) 女命淫蕩剋夫，人盡可夫，加上眼神多帶淫邪者，必主婚姻不美，婚後容易背叛丈夫，幹出出軌之事。

(3) 不管男命、女命，婚後夫妻常有糾紛，難逃婚姻破裂之劫，而發生問題的年齡大約在三十歲至五十歲的流年。

子息：

(1) 女性早嘗禁果，若不做好防護措施，必是早為人母，但因本身體質較弱，故易有產厄，產後健康更有每況愈下的現象。

(2) 孩子幼時體弱難養，必須加倍關心照料。若能將孩子交託正直而可信賴的親友照顧，也可減少自己與子女之間的刑剋，子女也能在正常環境成長。

【行如火炎輕且薄，眼斜浮露賤而淫。】

(9)蜥蜴腰

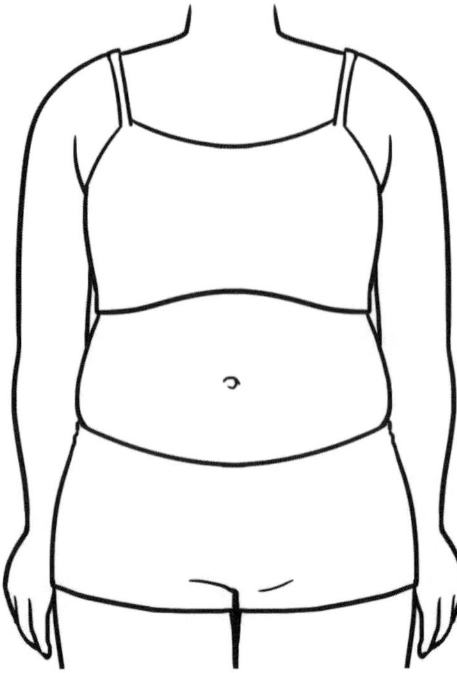

形態： 腰部粗圓，沒有曲線，因形態有如蜥蜴腰般直上直下，故以此名之。

性情：

(1) 性格寬厚善良，待人親切熱誠，擁有仁慈憐憫和容忍的心，樂善好施，樂於關注弱勢社群，扶助老弱貧苦。

(2) 豁達大度，雖然未必願意完全跟隨他人的建議辦事，但能包容與自己意見不同的人，也不會計較他人言語上的無心之失。

(3) 雖不愛逢迎他人，但說話幽默甚討人喜歡，故能左右逢源，贏得好人緣，絕少樹敵。

(4) 略嫌衝動性急，行事魯莽，想做就做，但缺乏事前部署和分析，更沒有考慮自己的想法是否行得通，所以往往花了時間和精神，卻沒有成果。

(5) 人生於世，沒有太大野心，故積極性較差，容易因過分安於現狀而失去上進的動力。

(6) 愛享受美食和優質生活，但惰性頗強，做事馬虎，不大願意付出努力，喜歡以逸待勞，坐享其成。

(7) 蜥蜴腰多因脂肪囤積於腰部而成，其人大多喜歡暴飲暴食且疏於運動，宜多注意改善不良飲食習慣，以免長遠影響健康。

事業：

(1) 與人相處，爽朗大方，做事不計較，同事之間可以暢所欲言，合作輕鬆又愉快。

(2) 心腸較軟，通融性甚大，若擔任管理層，則容易過分包庇下屬而影響公司運作和表現，以致好心做壞事。

(3) 擁有很好的人際關係，遇事易得助力，所以工作時總是順多逆少，十分適合擔任業務開拓或公關服務行業。

(4) 缺乏積極進取的毅力和耐性，碰到難題時，不會認真檢討問題的關鍵所在，而是利用自己的小聰明投機取巧應付過去。

財帛：

(1) 腰掌中年運，蜥蜴腰可增加個人運氣聚集，提升財運，若能努力奮鬥，至中年必可積存一定財富。

【坐常搖膝，有財難聚。】

(2) 雖非大富之人，但不會對金錢斤斤計較，樂意花金錢做自己喜歡做的事，但也不會胡亂揮霍。

(3) 天生有點橫財命，雖然不會因橫財致富，但偶然會得到意外之財，實在可喜。

愛情婚姻：

(1) 性格溫順平和，容易相處，甚得人緣，但逃花運只是一般，愛情路上比較平淡，尤其女性，一生大多只拍拖一至兩次，甚至是第一次戀愛就會結婚。

(2) 男士長有蜥蜴腰，對愛情專一，但性格比較懶散，可以選擇的話，婚後寧願主內，讓太太工作賺錢照顧家庭開支。

(3) 女性長有蜥蜴腰，雖然外形不算吸引，但自然散發貴氣，可嫁得品性佳的丈夫，婚後旺夫益夫。

子息：

(1) 女命弄璋之喜，多得麟兒，兒子雖非絕頂聰明，但品格端正，心地善良，孝順父母。

(2) 男命弄瓦之喜，多得掌上明珠，女兒重視親情，性格正直，具正義感，樂於扶助弱小。

(10) 有腰無背

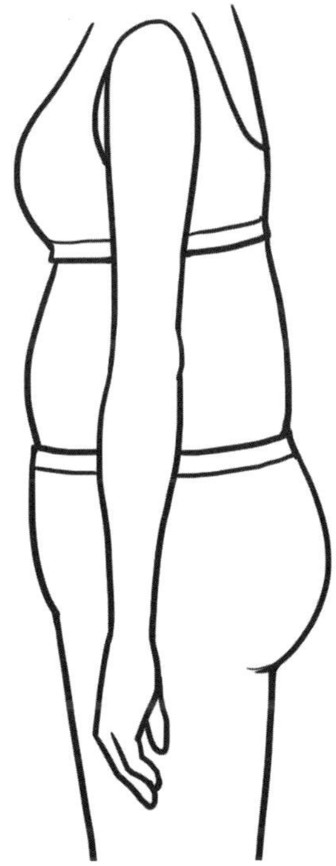

【行步全身搖動，敗家之輩。】

形態：腰部圓厚，但背部單薄。

性情：

(1) 頭腦機靈，行動敏捷，可惜少年讀書運不佳，學業成績差強人意，青春期思想反叛，幸好品性不壞，不至於淪為地痞流氓。

(2) 性格積極，遭遇挫折不會怨天尤人，面對逆境懂得隨遇而安、力爭上游，人生態度頗為積極。

(3) 缺點是心思不夠縝密，不論處理大小事情，都不會在事前計算後果，好處是比他人早着先機，壞處是容易進退失據。

(4) 年少輕狂，容易在言語和行為上開罪了他人而不自知；但當年紀漸長，人生閱歷漸豐，思想漸趨成熟，為人處事也就變得穩重。

(5) 背薄反映承擔力不足，對於答應了他人要做的事，不管自己如何盡力，也未必可以實踐諾言。

(6) 腰為身體的支撐，背乃一身之所恃。有腰可主貴，無背多災厄，故有此體相的人必須注意年長後身體易有損傷。

(7) 人生命途百轉千迴，年少艱辛，父母和長輩助力微，做任何事都要靠自己獨力奮鬥，才有好結果。

事業：

(1) 相學有訣：「有腰無背，初困中亨」。此相的人不論肥瘦，注定早運不佳，少年要捱苦，二十歲出頭便要投身社會，不管打工或創業都是辛苦勞碌、障礙繁多、阻難重重，但懂得自強不息，積極建立自信，累積經驗和教訓，作為日後人生路上的借鑑。

(2) 外表溫和、與世無爭，對事業卻是頗有野心，三十五歲以後事業運拾級而上，配合其個人才幹及強勢的辦事能力，往往便能白手興家，成功創業。

(3) 有此體相的人一生運勢先逆後順，故懂得珍惜以努力換來的東西；不論是打工獲晉升或是成功創事業，都能認真守住事業上的成績。

財帛：

(1) 大多出生於單親家庭，年少時家境貧寒、勞碌多憂，只靠父親或母親打工賺錢養活一家，物質匱乏，生活捉襟見肘。

(2) 有腰無背是大器晚成之相，人生先苦後甜，歷盡艱難和挫折，至中年以後開始上運，貴氣逼人，能過上中產或以上的生活質素。

(3) 相學有訣：「無腰者不貴，無背者不富」。此相有腰無背，背主早運，故年幼貧窮；腰管中運，故中年以後運勢漸趨平穩，可慢慢累積財富。

愛情婚姻：

(1) 年少多情，拍拖經驗豐富，但感情快來快去，無疾而終；縱使能開花結果，也多注定早婚早離。

(2) 踏入中年，思想漸趨成熟，謹慎持重，懂得對感情和戀人負責，除非有意發展長久關係，否則不會踏入情關。

(3) 此相宜在三十五歲以後結婚，夫妻感情較牢固，婚姻關係較穩定，間接亦有利於事業發展。

子息：

(1) 女性在三十歲前受孕的話，懷孕初期孕吐嚴重，常感不適，必須小心調理，否則生產亦有困難。

(2) 中年以後弄璋弄瓦，兒女孝順；若得臀相相配，晚年更可享子孫賢孝、天倫福報。

【兩眼視物如針，此相不奸即盜。】

(11)有背無腰

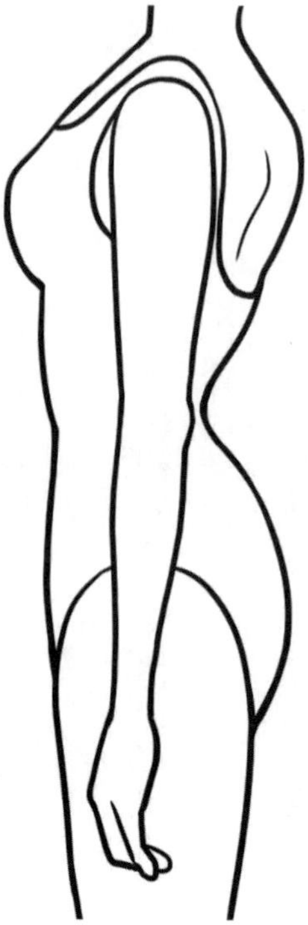

【雙睛光露如醉，此人非盜即娼。】

形態：腰部細狹，但背部豐厚而挺直。

性情：

(1) 爽朗大方，喜愛交朋結友，重友情，講義氣，從不斤斤計較，故能得朋友信賴及倚重。

(2) 自信心很強，處事冷靜而小心，縱使身處惡劣環境和局面，也能臨危不亂，處變不驚。

(3) 對自己有十分嚴格的要求，而且做事認真，注重細節，事前亦有周詳考慮，所以容易事半功倍。

(4) 志向遠大，自小便頗有志氣，處事態度比較同齡人士老練，並喜歡接受不同方面的挑戰。

(5) 缺點是有時表現過分固執和倔強，堅持己見，不肯聽取別人意見，雖不至於因此得罪人，但難免令人吃不消。

(6) 這種體相的人大多不太注重保養身體，不懂作息有序，往往忽略健康的重要性，所以踏入晚年容易出現大大小小的毛病。

(7) 一生運勢高低起伏，年少時順利，青年時亨通；但中年以後開始出現波折，勞心費力，好事難成。

事業：

(1) 開運早，少年得志，二十歲出頭就能有所作為，打工晉升快，可掌權；創業也能做得有聲有色。

(2) 少年聞達，運勢太過順利無阻，至中年時變得自大自滿，喜歡受人奉承，聽不進任何善意的批評和逆耳的忠告，故而易遭人陷害，以致事業出現挫折，發展下滑。

(3) 此相若配臀高，則晚年運勢回順，創業者生意重捨正軌，縱不能回復昔日風光，但也可維持小康局面。

財帛：

(1) 相學上有「背厚者多福」之說。此相的人大多出生於經濟環境不錯的家庭，年少時衣食無憂，物質不缺。

(2) 腰背相配，福祿多添。但此相有背無腰，而背相主少運，腰相掌中運，故此相是「初富中貧」之命，中年以後運勢走下坡而陷於貧困。

【一線人中，無子而死。】

(3) 中年財運受損，勞神傷身，三十歲至四十五歲流年恐有破大財之險，不論投資或經營，都要謹慎細緻，不可大意。

愛情婚姻：

(1) 年輕時人緣甚好，異性緣亦佳，故早入情場，拍拖經驗豐富，戀愛生活多姿多采，早婚機會很大。

(2) 腰掌中年運，無腰不貴，此相注定中年破敗，大多亦難逃離婚命運，後半生孤單無依，日子過得並不開心。

(3) 此相若配臀高，則晚年運勢有轉機，說不定可以扭轉逆運，遇到可以相偕白頭的伴侶，相依相扶，生活穩定。

子息：

(1) 不論男女，皆是早為人父或人母之命，兒女早見，但不多。

(2) 中晚年運勢起伏大，生活上屢遇波折，子息運亦受影響，恐會陷入極深的誤會之中，以致互不往還。

腰相詳解

腰之基本意義

腰，即是臍的後部及腹部的左右兩側，上繫胸，下連臀。《中國醫學大辭典》對腰的解釋：「腰居身體兩側空處，在肋骨髀骨之間者，統稱為腰，以其為屈伸之關要，故名。」

《解剖學》以脊椎為標準，腰椎五節就是腰部所在位置。腰有上腰、中腰及下腰之分；上腰接胸背，下腰連臀股，中腰在腹臍兩側。「腰，脊骨之下部五節也，共五塊，支撐筋肉，內繫兩腎，下與尾骶骨相連。」內腎俗稱腎腰，左右各一，在十二胸椎以下至第三腰椎的位置，呈蠶豆形，外凸內凹，凹入處稱為「腎門」。尾骶骨是尾骨和骶骨（亦稱薦骨、仙骨、薦椎）的合稱，又名尻骨、尾底骨、尾脊骨。

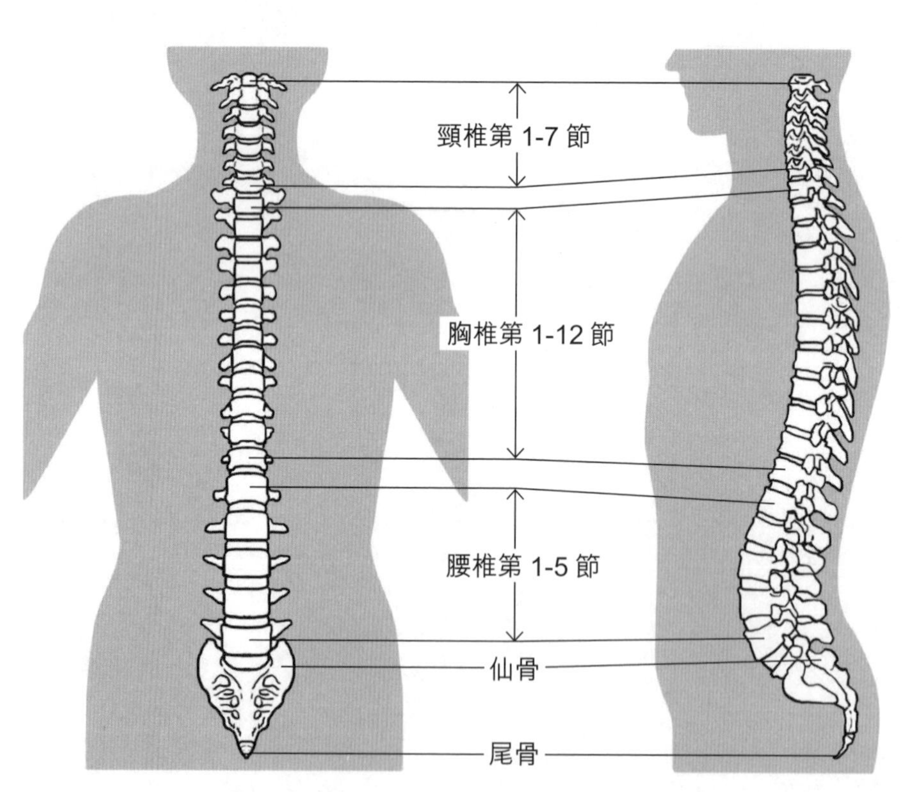

【髮際壓目，不獨刑傷而蹇滯。】

具體來說，腰分佈在脊柱的兩側，位於髖骨和肋骨之間。腰椎共有五節，椎體很大，大於胸椎而小於頸椎，前高後低。腰椎椎孔亦大，呈三角形。關節突分為向上的上關節突和向下的下關節突，左右成對，相鄰的關節突構成關節突關節；上關節突的關節面向內凹，即向後內側；下關節突的關節面則向外凸，即向前外側。上關節突後緣有一個呈卵圓形的隆起位置，稱為「乳突」；一個呈四方形的骨板稱為「棘突」，水平地向後凸；「橫突」則短而薄，向後往外伸，其根部的後下側有一個小結，稱為「副突」。第一至三節腰椎逐漸增長，以第三節腰椎最長；第四和五節腰椎則逐漸變短。當中又以第五節腰椎的椎體最大，當第五節腰椎與骶骨相接時，便構成向前凸的岬。

腰與人體的關係

腰部是人體中重要的部位之一，是人體的中心重心，是身體的支柱，有支撐和平衡人體的功

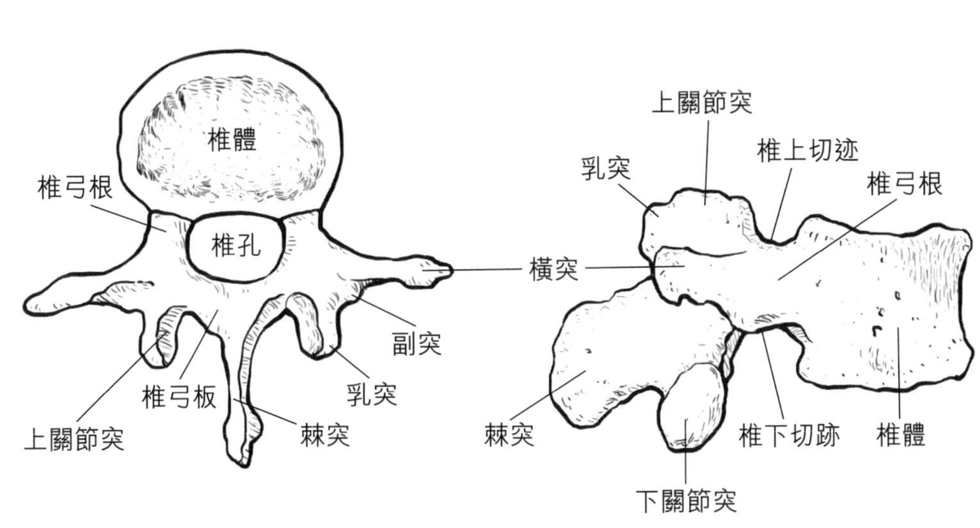

腰椎上切面（左）和側切面（右）

能。腰部可以幫助支撐脊柱，並保持正確的姿勢，以減少頸部和肩部肌肉的疲勞和傷害。人體在活動時，腰部的力量和穩定性可以增強身體的平衡和協調，避免脊柱扭傷和碰傷，並能保障其他關節和骨骼的健康。

腰部也是人體內腸胃和腎臟的重要保護層。腸胃是負責消化和吸收食物中的營養素，健康的腰部可確保腸胃功能正常運作。腎臟負責調節體內水分、產生骨髓、保存精力、調節免疫系統等，對身體健康至關重要。

醫學論腰

據中醫學理論，腰與督脈關係密切。督脈是中醫學上的奇經八脈之一，督即是中，故身後之中脈名為督脈。督脈的循行路線起於尾閭骨端，沿脊柱直上至頸項的風府穴（頸後中間入髮際二寸的位置），脈氣入於腦部、上巔，下循至鼻部止。

腰循督脈上通泥丸宮（道家稱上丹田為泥丸，即兩眉之間的位置；泥丸宮亦即百會穴，是治療中風的重要穴位；百會的意思就是百脈之聚會之地，故亦是治療百病的要穴）；下亦循督脈達尾閭穴（尾閭穴即長強穴，位於尾閭骨尖端與肛門連線的中點處，是治療遺精、陽痿、痔疾等的要穴，可配承山增強效果，按壓此穴也是止瀉或通便之簡方）。腰關乎整個督脈，所以是性命的重要關卡。

腰也是人體神經的轉運中心，很多重要器官都存在於腰腹之間位置，例如肝、膽、腎等；而腰的下方就是生理部位，也就是生生不息的生命體。一旦腰部出現問題，不僅可能傷及其他器官，更會影響生理機能的正常運作，所以腰堪稱是第二個心臟。

中醫理論又認為，「腰為腎之府」；「腰腑不得俯仰、酸楚麻木、曲伸不力」。腎與命門藏於腰，故腰最能反映腎氣、命火的衰盛。中醫臨床上，腰部狀況常為腎與命門的外象，腰好等於腎好，腰不好等於腎有虧。正常腰背部不應有畏寒或發涼徵狀，如有此情況，則表示命門火衰、腎陽虛減；或當腰部痠痛不適或腰膝無力時，首先也是考慮腎虛、腎氣不足。腰部狹窄肉薄，常為腎稟賦不足的徵兆，腰粗壯肉實者則腎氣多實。腰粗厚實者，腎氣多旺；反之腰細纖薄者，腎氣多虛。所以中醫養生，常見壯腰補腎並用。

此外，現代人生活節奏急速，容易出現各種不適，腰痛就是常見的疾病，而因腰部位於脊柱兩側，兩者息息相關，所以腰痛往往牽連背痛。有醫學報告顯示，約有八成成年人一生中會經歷最少一次腰背痛，當中不少人更是長期受痛症困擾。腰背痛通常是指由腰背位置的組織如肌肉、肌腱、椎間盤、椎骨關節所引發之痛楚，範圍可由腰背肋骨對下伸延至臀部及大腿後端。

腰背痛的成因很多，很多時與肌肉過勞及姿勢不良有關。正確的姿勢是維持腰部健康的關鍵，久坐和不良的坐姿、站姿都會對腰部造成壓力，導致痠痛和肌肉疲勞的問題。時刻提醒自己保持正確姿勢及適時活動身體，可以有效減輕對腰部的傷害。適當的運動也是保持腰部健康的重要因素。運動可以增強腰部肌肉，建議選擇輕鬆的運動如慢跑、踏單車、游泳等。眾所周知，睡眠姿勢和床墊也會影響腰部健康，睡覺時保持正確的姿勢，選擇適合自己的床墊，都可以紓緩腰部的壓力。

醫學研究也認為，腰部過細亦會導致腹背力量減弱，不利於體力勞動，並在一定程度上限制了內臟的運動，也不利於機體的代謝。對女性而言，盆腔過窄則會對妊娠和分娩產生一定的影響。

腰在相學上的定義

《神相全編》認為，身分三停，頭為上停。人矮小而頭大長者，有上梢無下梢，身長大而頭短小者一生貧賤。自肩至腰為中停，要相稱，短而無壽，長則貧。自腰至足為下停，要與上停齊而不欲長，長則多病。若上中下三停長短、大小不勻者，此人無壽。一身三停，當以相稱為美。

腰居人身七節（頭、項、背、腰、臀、股、脛）之間，上行夾脊至泥丸，下達尾閭連督脈，前通臍，後接腎，是身體非常重要的部位，是一身之根本，是性命之大關。至於在相學上，腰居人身之中央管中年運，上承背主少年運，下啟臀掌晚年運，是絕對不能忽略的部位，故有「腰者，（重）要也」之說。

相典及名家論腰

身相三停指頭腰足，腰居中停，故腰相在內相中佔有十分重要的地位，中國古代相典皆有不少篇幅論腰相之吉凶、好壞、優劣。以下摘錄部分記載以供參考。

《神相全編》論腰：「腰者為腹之山，如物依山，以恃其安危也。故欲端而直、闊而厚者，福祿之人也。若偏而陷、狹而薄者，卑賤之徒也。是以短薄者，多成多敗；廣長者，福祿永終。直而厚者富貴；細而薄者貧賤；凹而陷者窮下，裊而曲者淫劣。蜥蜴腰者，性寬而善，尖蜂腰者，性鄙而邪。夫臀高而腰陷者，主賤；腰高而臀陷者，主貧。大抵腰欲端闊，臀欲平圓，則相

【眼垂眉寒，懼內之人。】

稱也。」意思就是，腰部就好像腹部的靠山一樣，可以保護腹部，擁有端正挺直、寬闊隆厚的腰部，總是有福有祿之人。若腰部偏側、歪斜、凹陷兼且狹窄又單薄的話，多是卑劣下賤之人。腰部單薄而短，做事多成多敗，一生運勢反覆。腰部寬廣而長，衣祿無缺。腰部挺直而隆厚，注定富貴。腰部細狹而單薄，注定貧賤；腰部凹陷無肉，低下窮苦之人；腰部彎曲不直，淫蕩卑劣之徒。大抵來說，腰部宜正宜寬，忌狹忌薄，配得臀豐堅實，則福祿壽全也。

《麻衣神相》：「行步緩而輕，坐起直而平；前視如負物，後視如甲形。有背無腰，初發平平，中滯；有腰無背，初困中亨，但於橫發多憂疑也。腰背兩全，富貴雙全，毀辱不能及，利害不能動，此乃腰背好也。」相不獨論，論腰必須兼看身體其他部位，其一是背。腰相好但背相欠佳，終究富貴難全，故說「無腰者不貴，無背者不富」。

陳摶（陳圖南，號希夷先生）又云：「腰生疊肉，發財而延年；臀命（腰的兩側）皮焦，多病而促壽。直而厚者，福壽；偏而陷者，貧薄。有背無腰，初發而中年庸碌；有腰無背，早困而晚運亨通；腰背兩全，福祿並永。」

《神相水鏡集》論腰：「腰者為腹之山，如物依山，以恃其安危也。上恃其背，下恃其臀。背宜平方，臀宜堅厚。老祖（陳摶）云，腰生疊肉，發財而延年；臀命皮焦，恐病喪其身。有福者直硬端方，薄福者偏陷田狹。有背無腰，初發而中歲平平；有腰無背，初困而後亨通。腰背兩全，福壽俱全。蜥蜴腰者，性寬而賤；黃蜂腰者，性鄙而邪。腰陷而臀高，早貧後亨；腰厚而無臀，初亨後貧。」相腰時，除了需兼看背相，亦不可忽略臀相；臀高臀低，對晚福影響至深。

《大清相法》論腰：「腰居人身緊要之處，內實而外則隆，外美而內自優。肥厚圓闊，乃福祿之人也。若細而狹、薄而削，乃貧賤之徒也。蜥蜴腰者，性寬而厄；黃蜂腰者，性鄙而邪。腰細而臀翹者，破家；腰高而臀陷者，奔勞。坐立傾攲者，孤貧促壽；行止身正者，富貴壽考。」

論腰不可不論背和臀，除此之外，坐立行止的姿態也要兼看，才能提高相腰的準繩度。

《柳莊相法》：「古人腰闊四尺，今人焉能而得？只取闊直硬為妙。胖人欲闊，瘦人欲圓欲硬。兩腰腿為腎命（腰的兩側）二穴，有肉皮厚而有壽，腎命穴陷皮枯主死。」又說，女性腰細肩寒、鶴腿蠻腰、欺氣伸腰、指短腰偏，皆為賤相，必有私淫。再說，女性腰忌偏斜，犯者貧賤之相。

《相理衡真》腰相捷徑：「腰大而肥，富貴根基。腰闊而圓，福壽兩全。厚直背腰，福命自高。腰細折弱，東走西索。臀高於腰，兩腳雲霄。腰薄又側，二十之客。」「腰宜端圓兮，乃為背之儀表，富貴可推兮，乃肥圓而圍繞，淫賤兮多斜梟，貧愚兮多狹小。腰如蜥蜴兮，必遭厄而不少。腰如豐字兮，定安享而無了。腰細臀高兮，破家都為奇矯。燕體蜂腰兮，性命如何不夭。」

論腰相詩訣：

腰圍肥厚壬甲全，精神相應福綿綿；守成祖業家興旺，南極壽星便有緣。

腰身偏側不成形，自顧容骸似草螢；舉世茫然多少客，可憐如醉夢難醒。

腰背負物似甲形，行輕坐起直而平；有腰無背中年好，有背無腰早歲成。

腰圍肥厚贔壬山，也效陶朱不等閒；鎡寶盈堆家道順，堦前都是錦衣斑。

【眼凸眉寒，性貪婪而蹇滯。】

行坐腰身正不偏，精神相應福綿綿；守成祖業家興旺，南極壽星更有緣。
細似蜂腰臀股高，此人不必問雄豪；平生孤獨無依倚，乞得饔飧只自勞。
坐立腰欹望壽難，散離祖業莫求安；相逢識得終身事，刑剋多多子亦單。
臀命皮焦心壽夭，腰生疊肉壽年長。
腰闊而圓，福壽兩全。
腰大而肥，富貴根基。
腰背直厚，福命悠久。
腰陷臀高，兩腳雲霄。
腰圓形厚，福祿悠悠。
腰削貌欹，孤獨無依。
腰細折弱，東走西索。
腰薄又側，三十之客。
背厚腰圓，封侯萬里。
虎背熊腰，五福並饒。（五福者，即壽、富、康寧、修好德、考終命（善終）。）
燕背蜂腰，六極何逃。（六極者，即凶、疾、憂、貧、惡、弱。）

腰之外觀相理

腰之外觀形態有正偏、直彎、圓扁、厚薄、粗細之分，以端正、挺直、圓潤、厚實、粗闊、為吉相；以偏側、彎曲、削薄、細狹為劣相。

腰之正偏

腰正而心正，腰部端正的人品行端正，循規蹈矩，思想嚴肅不逾軌，處事公正不阿、黑白分明；為人極具誠信，言出必行；做事追求問心無愧，不會為了任何好處而動搖個人原則，更不會為個人利益而出賣他人，是十分值得信賴的朋友和家人。他們對感情認真而專一；生活和工作態度積極，敬業樂業，是老實的員工，也適宜開創事業做老闆，不論打工或做生意，都有一定成就。

腰偏而性偏，腰部偏側的人思想和行為都容易偏離正軌，做事總以自己的角度或個人利益為出發點，不會考慮他人的立場，遇到不順心的事情，就會施展計謀，甚至不擇手段，以圖達到目的。他們的意志力

【井灶露竅，必困敗於中年。】

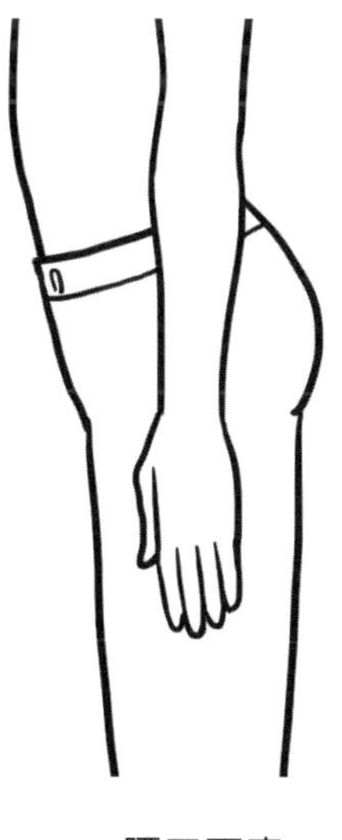

腰正而直

腰細而偏

比較薄弱，欠缺魄力、恆心和拼搏精神，容易虎頭蛇尾，馬虎了事，容易因少許挫折或障礙而裹足不前、半途而廢，所以一生成就不高。不論男女皆非用情專一之輩，婚前婚後縱使已有固定伴侶，也常心有旁鶩，容易鬧出感情三角糾紛。

腰之直彎

腰直而心直，腰部挺直的人為人正直無私，具有君子風範，對朋友真誠不虛偽，不說假話，不欺詐；具正義感，樂於扶助弱小；道德素養很高，待人處世能堅持自己的信念，不因利益或危難而改變原則。腰直是身體健康的表徵，他們一生沒有重大病痛；貴人運也好，人生運程起伏不大，順多逆少，加上實事求是的做事態度，注定能享富貴。人緣好，婚姻平淡但長久。

腰彎而心歪，腰部彎曲不直的人性格叛逆，討厭被規範和束縛，喜歡我行我素，總有一些讓一般人難以理解的習慣或行為，所以人緣不好，朋友很少；自我中心很強，為達目的而罔顧他人權利，處處使用手段，善於做作和偽裝內心的陰謀，常常運用心理戰術令對方跌入自己所設的陷阱。他們對感情霸道但不負責任，不容許伴侶與其他異性親近，自己卻不會專一地愛着對方，是典型的淫蕩卑劣之徒。

腰彎如蛇

腰之圓扁

不論體型肥瘦，腰宜圓潤，但腰圓不是指腰粗或腰上的一層層贅肉，更不等於肥胖，而是指腰間有肉包裹，而且肌肉結實。腰身圓潤是富貴的體相，其人品性仁慈、外向開朗、穩重踏實，做事有恆心、有耐性，遇挫折而不退縮，能夠刻苦耐勞，憑着奮鬥精神而在事業上取得成就，並贏得社會地位，中年有成，福祿不缺。他們是對感情認真，能讓伴侶有安全感；女性則比較強勢，婚後有妻奪夫權之嫌。

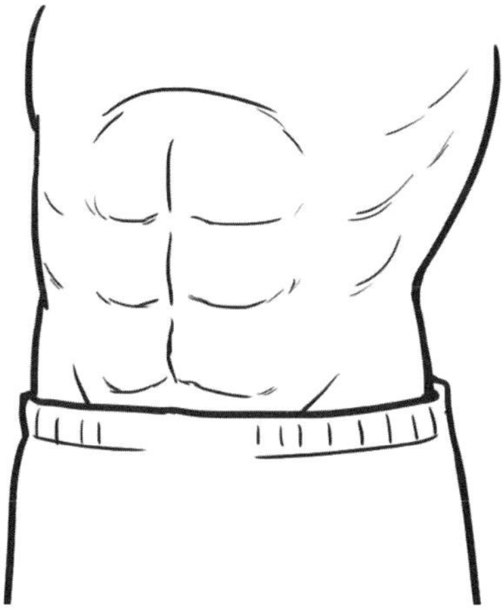

腰部扁平的人性格比較獨特，處世有宗旨、懂分寸，做事有耐心、有毅力，遇上困難仍能堅持目標，不會輕易放棄，所以大部分人都能夠在經歷波折後有所收穫。他們命中福分比較淺，無發大財的福氣，必須靠努力工作換取穩定生活，幸好他們凡事都愛親力親為，並不特別追求安逸享受，可謂天生勞碌命。女性婚後亦難享夫福，甚至會成為家中頂樑柱，賺錢支持家庭開支。

腰圓而厚

腰之厚薄（厚實／削薄）

腰部肌肉厚實的人老實可靠、講信用、有原則，對朋友有義氣；天生運氣比較好，在人生的重要關頭時都有貴人出現，及時給予幫助；事業方面多是身居要職或創業做老闆，頗有成就。他

【冷笑無情，機深莫測測。】

們對金錢不會斤斤計較，一生不愁吃穿；身體健康方面亦沒有甚麼大問題，除了偶爾有小毛病外，大致安康，並能享長壽。姻緣運穩定，女性有這樣的腰相除了旺夫之外，本身也十分好命，可嫁得依託終身的丈夫，婚姻幸福美滿。

腰部至臀肉皆削薄無肉的人天生福氣淺薄，一生運勢都不穩定，阻滯挫折多；工作奔波，出路難尋，事業難成；財富不聚，必須辛苦勞碌賺取生計，生活壓力大，不易擁有幸福人生。健康方面，一生病痛多，若不懂保養身體，更難免大病臥床。男性腰薄是魄力不足象徵，缺乏奮鬥精神和拼搏能力；女性腰肢削薄為下相，生育力弱，難受孕，故子女少。

腰之粗細（粗闊／細狹）

腰粗即腰部粗闊而肉厚，在相學上屬上等腰相，主福運重至，貴人多遇；健康運尤其理想，一生安康。腰粗氣粗，雖然有此體相的人並非斯文秀氣，反之說話和動作有點粗聲粗氣，但心胸廣闊，絕不小器；辦事能力極高，生活上很多事情都可以憑一己之力完成。他們天生就是領導他人的命，做事很有持久力和恆心，能夠承擔重任，不會輕易放棄目標，更不會推卸責任給別人，在崗位上聲望很高。人際

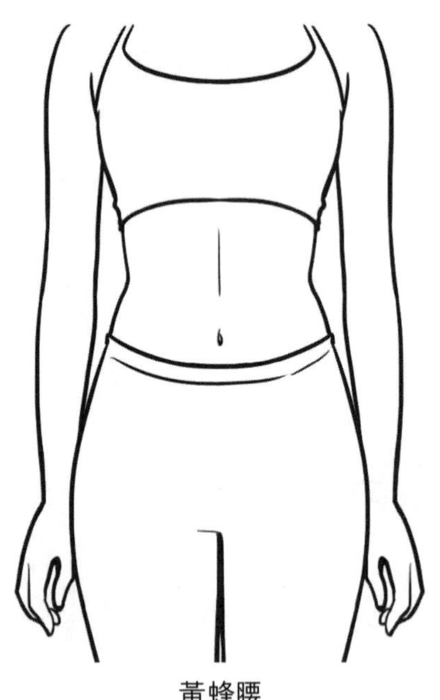

黃蜂腰

關係亦很好，是朋友圈中的中心人物，也是異性眼中可靠的伴侶。

曾幾何時，潮流竟然興起「A4腰」，女性展現「A4腰」的照片排山倒海般湧現在網絡上，並以此為傲。不過，在相學上來說，腰部細狹卻非吉相。明朝相學大家袁柳莊認為，腰太細者非厚福之相，何得有子？又謂：腰忌小，小則多淫。《何知歌》亦有訣：「何知人生命帶空？長腳蜂腰（黃蜂腰，即極幼細的腰肢）總一同」。這就是說，腰細是貧苦格局，是福薄命薄的象徵，人生動盪不安，工作辛苦勞碌，食不安閒；孤立無援，子嗣難養。男子腰細難創家業；女子腰細刑剋夫星，子息單薄。不論男女多是色慾心重、思想淫亂之徒。

腰之癦痣

相學論痣，基本理論是宜藏不宜露。腰上的痣一般屬於前者，所以單純從屬性來看是以吉論。但具體吉凶還要細分痣的位置，較顯著的地方所長的痣多屬次吉或不好的痣，愈隱密處所長的痣多屬好痣。

腰前近腹部處長痣

腰間靠近腹部位置（距肚臍約一公分）長痣稱為「是非痣」。有此痣相的人易犯口舌，事無大小，常與人發生矛盾爭執，不論對方是朋友、伴侶或兄弟姐妹，都會經常吵架；

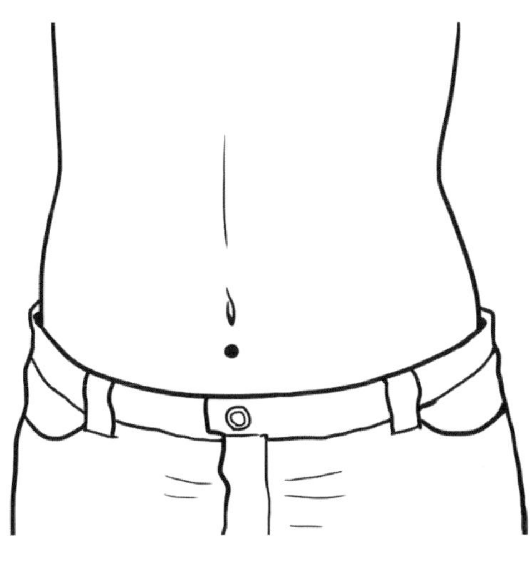

一旦理據在己或自己佔上風，更會得理不饒人，直至對方願意認輸，方肯罷休。此痣相亦是刑剋伴侶的象徵，伴侶身體比較虛弱，容易生病，宜多注意和關心。

左右腰側長痣

腰部左或右側長痣，位置大概在兩腎的周圍。

有此痣相的人思想獨立，自我定位及認知能力十分強，喜歡憑自己的力量解決問題；不論面對任何情況或環境，都能勇敢無畏，而這份積極拼搏的精神正好為他們創造更多發展機會和空間，從而贏得事業及財運上的美好收成。他們亦敢於擔當，待人處事責任心重；對朋友有義氣，有助人助己的精神，所以能夠擁有很好的人緣。

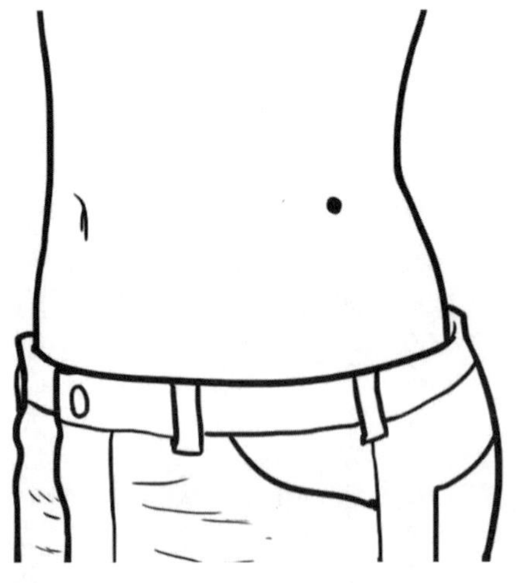

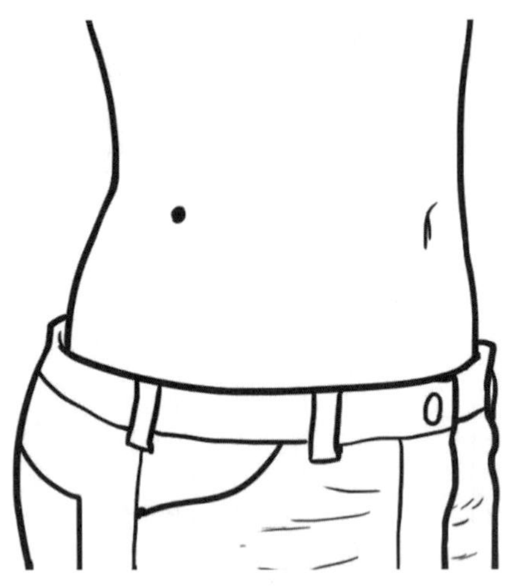

腰部肚臍正後方長痣

腰間有痣長於肚臍的正後方位置稱為「貴人痣」，象徵長壽及財富，是上好的吉痣。

有此痣相的人心善性慈，樂於助人而不求回報，而且學識豐富、見識廣博，所以很受身邊人的愛戴和敬重，人緣極好，人脈網絡廣闊。貴人運好，事業有助力，遇事有人幫，不論打工或做生意，都有很好的成就，可成為領袖人物或出色商家。一生運勢順遂，鮮少遇上大風浪、大挫折；命中福祿厚，年紀愈大愈有福，在家能得到晚輩、子女的尊重和孝順，晚運吉祥。

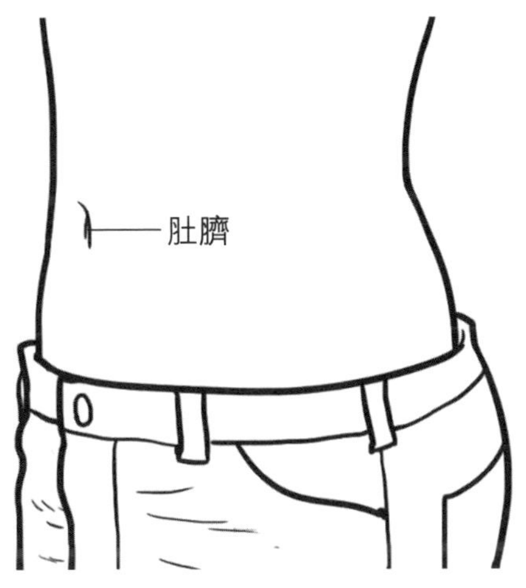

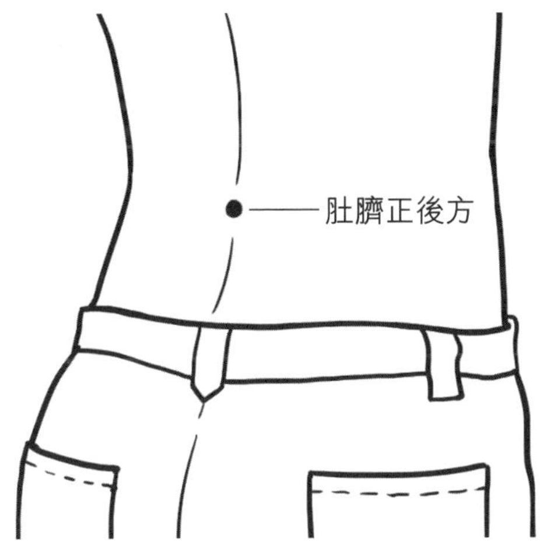

左右腰眼長痣

左或右腰眼位置（位於第四腰椎棘突之下，旁開約三寸半凹陷中）長痣，稱為「情孽痣」。

有此痣相的人精力旺盛，慾望強烈。他們擁有很好的異性緣，一生桃花多遇，男性獲女性傾慕，更有女性主動追求；女性亦不乏裙下之臣。可惜，所遇者皆非理想對象，大都是爛桃花，要不是對方已有伴侶、純粹玩弄感情，或使自己成為了第三者，就是對方條件不符自己要求，卻不斷糾纏追求，煩擾不休，所以他們一生中有大部分時間都要為感情之事而苦惱困擾。

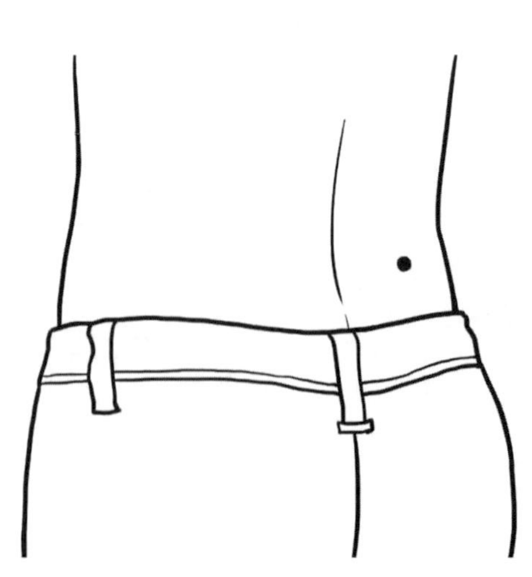

腰部左／右位置長痣

有痣長在腰間，既不近腹，也不在腰側或腰眼的話，則左／右位置各有所指。

腰部左邊有痣代表與伴侶情投意合，甚至是一見鍾情，二人鶼鶼情深，感情深厚，相處融洽，人人稱羨。

腰部右邊有痣則代表與伴侶志趣相投，二人有共同的愛好，雖然偶爾會因其他問題而起爭執，但無損感情關係。若腰部左右兩邊皆長痣，這是感情豐富的象徵，異性緣很好，男性受不同女性愛慕，女性身邊不乏追求者。

總括來說，在近腹或腰眼以外的位置長痣，都有利感情運勢，不論戀愛或婚姻都比較順利，令人羨慕。

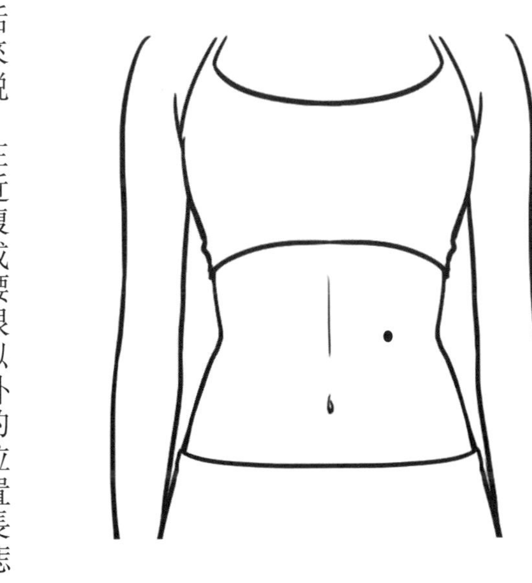

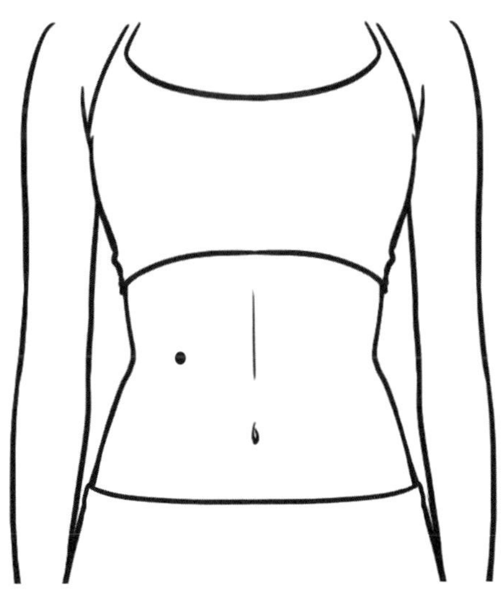

腰部相理總論

腰者，要也。腰部居於身體的中心位置，上接背，下接腿，連接着身體上下半部，並承擔了支撐上半身的任務，責任重大。事實上，從相學角度觀察腰部的特徵，可以預知一個人的吉凶運勢、福祿壽元、思想性格及事業發展等。腰部以端正、挺直、圓潤、厚實、粗闊為吉，是福祿雙全的象徵，生活和事業都較順遂如意；以偏側、彎曲、削薄、細狹為凶，是卑賤的象徵，人生各事都不易成功。

但習相者宜謹記「相不獨論」的原則，不可憑單一部分外觀的象徵而作全局推論；觀腰尤其要兼看背、臀等部位相理，互相參照，方能得到最準確的答案。

心性、健康、際遇

(1) 腰部前帶臍後通臀，是性命大關，對人生和健康都十分重要，理想的腰部特徵都是端正、挺直、內實而外隆，以圓潤和厚實為上吉之相，代表福祿豐厚；即使瘦人的腰部也不宜窄瘦，否則被視為下格，福祿有損。

(2) 腰部挺直的人忠誠可靠，待人處世誠懇、厚道、負責任，不會為了個人利益而傷害甚至出賣他人，故得人信任和愛戴，人際關係甚好，而且身體健康，能享高壽。

(3)腰部挺直者心地好，熱愛和平，為人正直，忠肝義膽，而且包容度高，不會事事斤斤計較，不會因他人的無心之失而耿耿於懷。

(4)腰部端正、筆挺是上好腰相，其人身體健壯、精神充沛，魄力非凡，能享高壽，老如松柏。

(5)腰正而厚的人厚德載福，運氣旺盛，人生波折較少，縱遇難可呈祥，若逢凶能化吉，福旺壽長。

(6)腰正而厚的人重親情，存義氣，對人有情有義，親人或朋友有難時，必會主動出錢出力幫忙。

(7)腰部內實外隆，即肥厚、圓潤、堅實者，貴人運甚好，人生順多逆少。木、火二形人腰瘦不忌，但要腰圓，才算吉相。

(8)腰部厚實的人心胸廣闊，器量大，即使有人在言語或行為上開罪了自己，也不會記恨記仇。

(9)腰部長得粗闊圓厚的人，不僅外表看來極有氣勢，而且一生運氣甚好，遇事遇難皆能逢凶化吉，生活平安喜樂。

(10)腰部粗圓者大多忽略飲食均衡的重要性，而且疏於運動，容易影響健康，宜認真改善不良飲食習慣。

(11) 腰圍直上直下、沒有曲線，其人心善性慈、寬厚善良，有憐憫之心，樂於扶助老弱貧苦人士，對弱勢社群特別關心。

(12) 腰圍細狹都是愛慕虛榮的人，喜歡追求物質享受，凡事向錢看，所以他們都不太受到朋友歡迎，人緣不好，難有貴人相助。

(13) 腰部細如柳條，上半身支撐力不足，身材既纖瘦單薄又體質孱弱，健康往往不如人意，壽命相對也較短。

(14) 相學有訣：「燕體蜂腰兮，性命如何不夭？」腰細如蜂腰絕非善相，多主貧賤且壽促。

(15) 「燕背蜂腰，六極何逃？」意思就是，黃蜂腰絕非善相，多主壽短，而且其人注定六極（凶、疾、憂、貧、惡、弱），必應驗其一。

(16) 腰圍過細、明顯地與整體身材不成比例，其人一生運勢都不穩定，遇事難成，求財難得，不論是生活、感情、事業或家庭，發展都不如人意。

(17) 「細腰多夭」，終非壽徵。此相福薄命薄，縱不應驗短命，也代表其人終生不得志，沒有任何成就。

(18) 腰圍太細的人體重必輕，體輕者體質多弱，其人不勝重任，不能吃苦，平生無大志，縱有目標也無能為力。

(19) 腰部細狹但圓渾有肉的話，運勢凶中藏吉。雖然早歲生活艱難，多遇困阻，但是命中會有貴人相扶，可省卻不少精神和氣力。

(20) 腰部細狹而圓渾有肉，其人中年以前阻滯較多，但身邊人助力不少，及至中年以後運勢穩步上升，生活壓力得以紓緩，縱不能大富大貴，也可保證衣食無憂。

(21) 腰細而扁塌無肉的人性格十分被動，缺乏主見和人生目標，隨波逐流，渾渾噩噩過一生。

(22) 腰圍細長而曲，不論站立、行走或坐下時，腰部從不伸直，其人性格叛逆，不願接受家庭約束或社會規範，凡事我行我素，更有一些讓一般人無法理解的習慣。

(23) 腰細而軟弱無力是福薄緣弱之相，命中無財無勢，無福可享；人際關係也差強人意，即使親如父母手足，也是情分淡薄。

(24) 腰細而背厚的人對自己要求很高，工作時會拼盡努力做到最好，做事注重細節，故能事半功倍，所以開運比他人早，少年可聞達，但因缺乏對身體的保養，至中年健康稍差，辛苦勞碌，事倍功半，宜多注意。

(25) 腰肢彎曲無力的人思想開放，喜歡標奇立異的打扮，女性更愛穿性感衣服，以展現身材的曲線。

(26) 腰彎如蛇的人陰沉孤僻不合群，工於心計，處處使用手段，善於做作和偽裝內心的陰謀，是不易對付的人物。

(27) 腰部偏歪不正的人意志力薄弱，缺乏自信，自卑感重，內向怕事，不敢坦然向他人表達自己的想法。

(28) 腰部偏歪代表腰椎不正，其人長期受腰瘦背痛的問題困擾，以至終日精神不振，不僅健康大受影響，而且無心工作拼搏，一生難有成就。

(29) 腰看中年，臀看晚年。腰陷而臀高者性格保守，不喜歡突然而來的變化，所以容易錯失良機；幸此相先苦後甜，晚年安逸。

(30) 若腰部略陷而臀部高翹，中年以前運氣稍弱，勞多獲少，生活漂泊；但隨着歲月推移，由中年漸漸步入晚年，事業運徐徐上升，可算是大器晚成的體相。

(31) 腰細而扁代表少壯年運差，即年輕時事多不順，逆境求存；但臀部有肉的話，則晚年運勢回順，否極泰來。

(32) 腰部寬厚而臀部細窄的人自小已甚有主見，不太願意接受他人對自己生活上的安排，所以與長輩關係並不融洽。

(33) 左右腰側長痣的人性格開朗外向，本身甚具魅力，只嫌有時脾氣比較急躁，難免跟人發生衝突。

事業、地位、財富

(1) 腰部端正挺直的人做事按部就班、謹慎認真，且能持之以恆，容易贏得他人信任，事業上必有一番作為。

(2) 腰部正直的人處事公正、黑白分明，並奉行「君子愛財，取之有道」的原則，不為金錢違背良心，不取不義之財。

(3) 腰部圓厚是富貴的格局，其人做事協調性和融通性甚高，事業發展穩定，縱使不能大富大貴，但財力能穩步增加，為自己為家庭打造豐裕生活。

(4) 腰粗而圓是領袖的體相，其人忍耐力和毅力都很高強，有利發展事業，可出人頭地，財運也旺盛，一生衣食無憂，過着富足的日子。

(5) 腰部粗闊是有福之相，但如果只是發福的虛肉，則純粹是衣食無憂的象徵，談不上事業或財力方面的成就。

(6) 腰圍細狹的人大都是做事懶散，所以除非是家庭背景富裕，否則單靠自己力量，必難以賺取足夠金錢支持優質生活。

(7) 「細似蜂腰臀股高，此人不必問雄豪」，腰細如蜂腰是福薄之相，男性有之多為「吃軟飯」的無恥之徒；女性有之易墮風塵，為娼為妓，以出賣肉體維生。

【何知其人發祿遲？鬢毛重厚迍邅隨。】

(8) 《何知歌》有訣：「何知人生命帶空？長腳蜂腰總一同」，意思是，擁有黃蜂腰的人注定一生一事無成，究其原因，就是性格上的缺陷使然。

(9) 腰細而扁、塌陷無肉的人命中無福可享，必須靠自己努力奮鬥建立穩定生活；若然胸露肋骨，情況更差，中年恐有破大財之虞。

(10) 「腰細而狹、薄而削，乃貧賤之徒也」，代表腰圍細狹、削薄的人福氣淺薄，一生無甚財運，必須辛苦努力付出，才能賺取一定財富以換取質素較佳的生活。

(11) 腰圍削薄扁塌，可謂腰無四兩肉，其人天生辛苦命，但天生福氣淺，生活壓力大，事業難成，求財難得，不易擁有幸福生活。

(12) 腰細而扁塌的人中年以前運勢疲弱，發展處處受制，事多不順；但臀部有肉的話，則中年過後事業回順，甚至能創業起家。

(13) 腰部塌陷是中年敗局之相，三十歲至五十五歲流年恐有破大財的危機，任何關於金錢的重大決定都要三思後行。

(14) 腰細而偏歪不正者，對金錢和物質都非常在意和執着，幾乎所有事情都以金錢衡量成敗，但其人一生財來財去財難聚，難享富貴。

(15) 腰長而彎的人十分自我，不喜歡與人打交道，協調性極低，做事不易成功，人生難有成就，生活大多漂浮不定。

(16) 背看少年，腰看中年；「有腰無背，初困中亨」。若腰部厚實而背部單薄的話，則是少年不順，家運不佳，學業難成，苦難疊至；但中年開始運勢上升，福氣漸濃，事業上可白手興家，發富發貴。

(17) 相學有訣：「無腰者不貴，無背者不富」，即腰直而圓，背厚而隆，兩者相配，必然運勢亨通，富貴並至。

(18) 「有背無腰，初富中貧」。腰背相連，若背厚而腰無肉的話，代表開運早，少年得志，年輕時發展順利，事多亨通，能夠發旺；但中年以後運勢蹇滯，起伏不定，人生逐漸走下坡，勞心勞力，恐見敗象，後半生的日子都不會過得輕巧。

(19) 腰看中年，臀看晚年。腰部厚實但臀陷無肉的人中年運勢亨通，事業旺盛，有勢有權，富貴雙全，能享受優裕生活；但步入晚年，恐有運程下滑之虞，物質匱乏，身體欠安，必須注意。

(20) 腰陷無肉而臀部高翹，其人中年運勢較多阻滯，東奔西走，出路難尋，幸能刻苦克勤，迎難而上，招財聚財，假以時日必能累積一定財富。踏入晚年運勢逐漸旺順，可享富足生活；年紀愈大，福氣愈厚。

(21) 白鴿腰（腰陷臀高）是由賤入富之相，人生中的事業黃金期多是窘迫不堪，所以最好在大機構打工，不可創業，否則行船屢遇打頭風，營營役役一場空。

【何知一世不生兒？三陽陷了色如脂。】

(22) 腰細而臀部飽滿的人，雖然一生辛苦奔波，但思想務實，懂得有所積蓄並調整自己的生活方式；中年時有機會實現轉機，晚年便可保衣食無憂。

(23) 腰中心有痣為大海，其人自少遠離家鄉，有生之年不再回到出生地；或常在被派往外地公幹，工作奔波，鮮少留在家中。

(24) 腰間有痣長於肚臍的正後方位置，是長壽及財富的象徵，代表年紀愈大愈有福，子女孝敬，生活優裕。

桃花、婚緣、子息

(1) 腰部前帶臍、後通腎，是性命大關卡，對人體十分重要；若腰圓而厚，則先天腎功能強壯，精力旺、生育力強，不僅本身福祿豐厚，後代也旺盛，子嗣繁衍。

(2) 腰部筆挺正直的人心地純正，戀愛專一，對婚姻忠誠，男性事業與家庭並重；女性持家有道，也可兼顧個人事業。

(3) 腰部粗圓厚實，既象徵福祿豐厚，也是後代繁衍的體相，其人開枝散葉，子息旺盛，子女孝義。

(4) 腰圓而厚的男士外形穩重，讓女性很有安全感，縱使樣貌一般，也能吸引異性垂青，桃花運十分不錯。

(5) 腰部圓厚的男士注定娶得美貌又賢淑的太太，婚後男主外、女主內，夫妻恩愛，家庭幸福。

(6) 腰部細如蜂腰的人子女運弱，孩子幼時體弱難養，必須加倍關心照料，否則孩子恐有早夭的劫數。

(7) 男性腰部過細，思想脱離現實，做事好大喜功，好高騖遠，作為丈夫照顧家庭不曉得從實際情況出發，以致難為了妻兒；女生選擇丈夫時宜避開此相的人。

(8) 腰細而偏歪不正者，兒女早見，但福分淺，總因不同原因而與兒女聚少離多，感情冷淡，難得與子女共享天倫。

(9) 腰部既扁又薄、塌陷無肉，其人性格偏歪，思想淫邪，女命更是刑夫剋子的格局。

(10) 腰彎無力的人冷酷無情、刻薄寡恩，面對親人也不例外，子息緣薄弱，難得子嗣，縱有下一代，彼此也會處於敵對位置，親情冷淡。

(11) 腰柔軟無力且彎，不論男女，皆是性格頑劣、不聽教誨之人，而且心思不正、貪色好淫，對感情不負責任，絕非理想對象。

(12) 腰肢彎曲不直的人心計很重，不願在任何情況下吃虧，即使談戀愛也不例外，常衡量究竟是自己還是對方付出較多，令感情大打折扣。

(13) 腰部扁陷是刑夫剋妻之相，婚姻運不理想，不宜早婚，早婚必離異，婚姻愈遲反愈長久。

(14) 腰陷的人本身性格和順，屬於賢夫慈父或賢妻良母型，只是戀愛波折多，婚姻大多不順，一婚恐難到老。

(15) 背看少年，腰看中年。有背無腰的人，不論男女，皆是早為人父或人母之命，兒女早見，但數目不多。

(16) 腰看中年，臀看晚年。腰陷臀高，其人婚緣較弱，拍拖遲，結婚遲；早婚必離異，婚姻愈遲反愈長久。

(17) 腰陷早運差，臀高晚福厚。腰陷而臀高的人多是子女見遲，女性是高齡產婦，男性則晚年得子。

(18) 腰厚而臀陷，其人性格十分強勢，對愛情霸道，不容伴侶對自己以外的異性假以辭色，否則必大動肝火。

(19) 相書有謂：「老來無臀，妻亡子喪，到處奔走，孤獨貧窮」。臀主晚運，腰部厚實但臀部低陷的話，是晚年無依之相，既無配偶也無子，一個人孤單過日子。

女性腰相命理專論

現代女性追求體態輕盈柔軟，蠻腰一捻，娜娜婷婷，認為細腰才是美觀。但在相學上則有不同看法，認為女性腰部雖比男性略細，但腰太細者體重必輕，體輕者必體弱多病，子嗣難求，亦難耐苦任事，終非壽徵；而且細腰女性多不重視貞操，故非善相。以下列出針對女性腰部的相法，讀者宜融會貫通，靈活運用。

(1) 腰圓女性命好福厚，能嫁得老實又勤奮的丈夫，但因本身比較強勢、賺錢能力也較丈夫高，所以婚後家庭開支難免落在自己身上。

(2) 女性長有蜥蜴腰（腰圍直上直下，沒有曲線），雖然外形不算吸引，但自然散發貴氣，可嫁得品性純良的丈夫，婚後旺夫益夫。

(3) 腰圍直上直下的女性，一生大多只拍拖一至兩次，甚至是第一次戀愛就會結婚，雖然姻緣平淡，但可細水長流。

(4) 擁有蜥蜴腰的女性子息運好，弄璋之喜，多得麟兒，兒子雖非絕頂聰明，但品格端正，心地善良，孝順父母。

(5) 女性腰部虛肉太多，可能會因懷孕而導致血壓飆升，故而要提前剖腹產子；懷孕期間亦需注意母子安全。

(6) 腰彎如蛇的女性很愛表現自我，即使已有固定伴侶，也常常刻意在異性面前搔手弄姿，有勾引男人的嫌疑，所以常被批評不守婦道。

(7) 蛇腰是福薄之相，女性即使嫁得有「財」郎，也難享夫福、夫財，仍要靠自己工作積聚財富。

(8) 女性腰部塌陷無肉，丈夫都是大男人主義者，而且性格固執，得理不饒人，婚姻算不上幸福美滿。

(9) 女性腰細如蜂腰（蜂類的身體都是中間部分比較細小，蜂腰是形容幼細的腰肢），好淫而刑夫剋子。

(10) 腰部細如蜂腰的女性早嘗禁果，若不做好防護措施，必是早為人母，但因本身體質較弱，故易有產厄，產後健康更有每況愈下的現象。

(11) 腰細而狹的女性多不重視貞操，本身工作能力又不高，故易墮風塵，以出賣肉體謀生，生活坎坷。

(12) 擁有黃蜂腰的女性走路姿態婀娜多姿，容易吸引狂蜂浪蝶；她們也是性愛的最佳夥伴，能在床上給予伴侶極大的滿足感，故性愛生活「多姿多采」。

(13) 有腰無背的女性在三十歲前受孕的話，懷孕初期孕吐嚴重，嚴重不適，必須小心調理，否則生產時亦有困難。

(14) 腰圓細而臀部豐潤有肉，此相的女性天生性慾強烈，若嫁得體魄強健的丈夫則夫妻魚水和諧；若伴侶體弱則難享受床笫之歡，難免感到婚姻有缺失。

(15) 女性腰圓臀窄或腰細臀窄，盆骨相對細小，生育時多有困難，容易出現難產情況；若能多行善事，加上現代科學昌明，選擇開刀產子或可避過劫數。

(16) 腰圓細而有肉的女性配合臀豐的體相，多是身體強健的人，可生育健康、容易帶養的孩子。

(17) 左右腰眼有痣的女性桃花運非常好，追求者眾，很容易脫單，但因所遇桃花皆非理想，所以不宜太早結婚，否則容易做錯決定，導致婚姻不幸或早婚早離。

第三章

背相看命運

內相故事三——情困半生終難愛

英才在兒時承蒙恩師黎峰華傳授相術，仍記得恩師曾說過「看相容易入相難」。經過英才四十年課堂觀人驗證，此說千真萬確。

話說在一個平常的上課日子，在課堂實例的環節上，學生推薦了一位實例嘉賓。從這位樣子標緻的女士口中，英才與一眾學員聽到了一個情深款款卻令人深感惋惜的愛情故事。

唐小姐斯文端莊，雙耳反廓、覆肝衝圓額，生性聰明，辦事能幹；春心眉配上一雙燕眼，心地善良、機智靈巧；錯配繼室鼻、皺紋口，一生命運軌迹差不多已呈現眼前。再細察唐小姐體相，背薄成坑、臀肉削薄、步履輕飄腳無根；面相方面，三停雖飽滿，但在英才眼中，亦不過是富貴浮雲、虛形假局之相矣，實在可惜。

坐在台上的唐小姐楚楚動人、情意溫柔、雙瞳剪水、明眸皓齒，眉梢眼角隱約流露出淡淡的憂鬱。

英才一眼看出，五十多歲的她在內心深處正埋藏着一份刻骨銘心的愛、情鎖半生的遺憾，於是劈頭入相第一句：「一份愛，困你半生，情何以堪！」

唐小姐聽後瞠目結舌，說不出話來。台下學員看到她的反應，知道英才一語中的，於是全場靜默；事實上，他們對於英才的鐵口批斷，早已習以為常。

「從額耳可見，唐小姐缺乏祖蔭，父母緣薄，與父母關係薄如紙、疏淡緣淺，養成獨立性格，而且知性早熟，用功書本，學業有成，得以早年開運顯赫，一生近貴；眉眼所示，踏入三十五歲流年，運改前程，放下一切，依心而行，委曲求全。」英才望向唐小姐，她邊聽邊點頭，臉色變得越來越蒼白。

英才繼續依相直說：「顴鼻顯示，三十五歲往後二十多年，夙興夜寐，所照顧的對象並非真心所愛之人，腦筋雖清醒，卻過着沒有靈魂、像行屍走肉的日子。」

唐小姐臉上流露出難以置信的神情，眼睛泛紅，淚水在眼眶內不停打轉。

「今年運行食祿流年，責任完成。但世間本無枷，心鎖困住人，儘管已恢復自由身，內心卻被一份『無愧之愛』封鎖着。這一切像是天意，感情的確是這世上最無法平衡的東西。」英才論相至此，唐小姐的眼淚已然奪眶而出，淚盈滿面，但儀態未失。若換轉是其他人，隱藏了多年的秘密一下子被道出來，怕已徹底崩潰了。

唐小姐肩膀顫動，靜靜地飲泣着。待她情緒慢慢平伏下來，英才以鼓勵的眼神看着她，唐小姐於是深深吸了一口氣，鼓起勇氣將自己帶回上世紀八十年代中……

「小時候的我，因父母離異而被棄養於孤兒院。但我沒有被不幸的命運所打倒，希望努力成為出色的人。我在孤兒院裏學到照顧自己，學到過團體生活，也學到如何照顧和領導年紀小的孩子。十八歲離開孤兒院後，我憑着助學金順利完成三年大學，再半工半讀唸畢經濟學碩士課程。」唐小姐將思緒一下子拉回到小時候。

唐小姐性格堅強，樣貌娟好，眉宇間隱隱透露一絲倔強，眼神驕傲，星眸微嗔。「畢業後，我在跨國銀行的特別部門中工作，負責管理富豪家族基金的投資，所以經常要與不同年紀的超級富豪打交道，但我跟他們只保持着工作上的關係。」她說得含蓄，但挑通眼眉的我深知這些富豪當中不乏垂涎她美色的男士，只是唐小姐公私分明，對於這些虎視眈眈的好色之徒，全不放在眼內而已。

「在三十一歲那年，我在某社交場合上認識了呂先生。他品性純樸，為人敦厚，器宇軒昂，自尊自重，身上散發着一股堅毅不屈的浩然正氣；他擁有碩士學位，工作勤奮，年輕有為，剛晉升為5A律師行的合夥人。」說到呂先生，唐小姐忍不住嘴角上揚，臉上泛起甜甜的笑容。

這次的相遇令兩個均以事業為重的年輕人墮入愛河。一個天生美人胚子，為客人管理過百億元的家族投資基金；一個英俊瀟灑，年紀輕輕便當上董事局內策劃人，俊男配美女，同時具備優秀條件，各方面都完全匹配，使他們成為眾人眼中的金童玉女、神仙美眷，三年戀情，羨煞旁人，並在他們各自圈中傳為佳話。

在唐小姐運行彩霞部位的流年，二人打算步入教堂，雙方親友都熱切期待他們的世紀婚禮。「就在我們籌備婚禮期間，呂先生的律師行發生了監守自盜的事件，其中一位合夥人擅自挪用五億元公款後銷聲匿跡，令律師樓陷入空前危機。他亦因為簽署相關文件而要負上刑事責任，極有可能被除牌甚至鋃鐺入獄。我提出借助我客人的影響力，或有轉圜餘地，但自尊心極重的他斷然拒絕，選擇頂罪，承擔一切。」說到這裏，唐小姐不禁神色黯然，強忍着淚水說下去：「一星期後，我當着親友面前，提出取消婚禮，並與呂先生分手。大家都議論紛紛，批評我在他大難臨頭時捨他而去。」

英才閱人無數，聽到她這個決定，已經猜到她的真正用意，問道：「你私底下請求客人幫忙嗎？」

唐小姐露出難過的表情，輕輕點頭。「是的。我捨不得他無辜受罪，便跑去我所認識的富豪客戶，逐一哀求他們幫呂先生度過此難關。一位七十多歲的單身富豪沉默片刻後便爽快答應。不過，五億港元在當年對一個超級富豪也不算小數目……」

英才為她把故事續下去：「客人提出了交換條件？」

「是的。他要求我放下香港所有一切人、情、事、物，陪他移民澳洲。我沒有其他辦法，只能含淚答允。但我十分清楚呂先生的性格，若困難順利解決，他必然知道是我暗中幫忙，我若不離開他，我倆的關係便無法中斷，我也無法遵守對富豪的承諾，所以才忍痛提出跟他分手。」說到傷心事，唐小姐終於忍不住潸然淚下。英才看在眼裏，內心陣陣酸痛，幸好久經世情的我並沒有將感受流於臉上，只是微握拳頭，在心裏感嘆：「何苦！」緣分不易掌握，若唐小姐當時能夠遇上我，必有更好方法處理眼前危機，無須枉過人生。

唐小姐不想讓呂先生知道她的犧牲，要求富豪秘密進行。在富豪的穿針引線下，呂先生最後得以脱離困境。問題解決後，唐小姐便在三十五歲時隨着這位隱形富豪移居澳洲，二十多年來一直堅守諾言，悉心照顧他的生活起居，直至他在九十六歲時安詳離世。她以自己的幸福換取呂先生的前途，終於告一段落。

【何知破敗且伶仃？看他兩腳如杖形。】

英才再問：「呂先生至今仍不清楚事情真相，是嗎？」

唐小姐搖搖頭，說：「他仍不知道。我離港不久後，聽說他與我的一位好友交往了一段短時間後便結婚，並誕下三個孩子，過着名成利就、甜蜜美滿的幸福日子；後來更投身政界，成為立法局議員，身份備受尊崇。」

唐小姐說畢往事。英才重新審視她的面相及體相，背薄、臀削、腳下無根，命中注定無兒無女；五官豐滿但虛形假局，物質富有卻精神空虛，故此不禁慨嘆，能夠遇上真愛已經不易，遇上了而主動放棄，甚至含冤受屈成全對方，獨自承受錐心之痛，並將傷心往事埋藏於心底。這才是真正考驗一個人「愛」的程度。英才劈頭第一句「一份愛，困你半生，情何以堪！」就是入相的深意！

英才半生與術數結伴，對於這類愛情故事，雖已司空見慣，但仍心痛難減。何謂「趨吉」？何謂「避凶」？唐小姐有此相形格，若在當年遇上李某，英才必能點化她以更好的方法處理當時的危機，而非選擇犧牲自己、犧牲一段難能可貴的感情，無奈事已至此，已然無法彌補，只能嘆一句：「緣分也！」

背譜

1. 背方而長

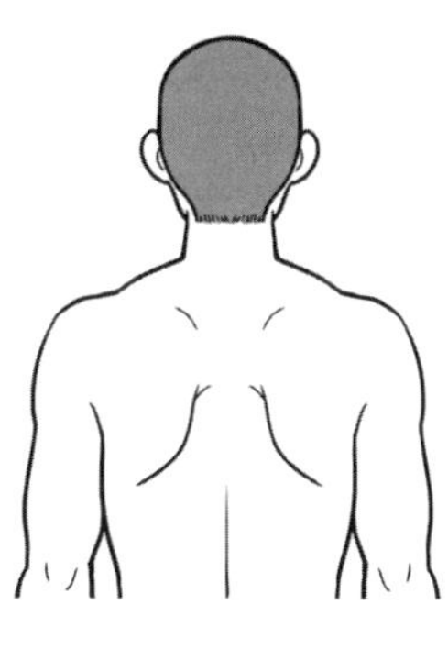

（P.199）

2. 背如團扇

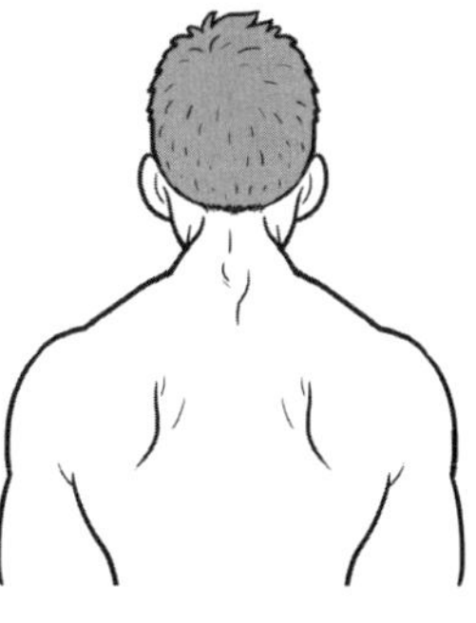

（P.202）

3. 背如伏龜

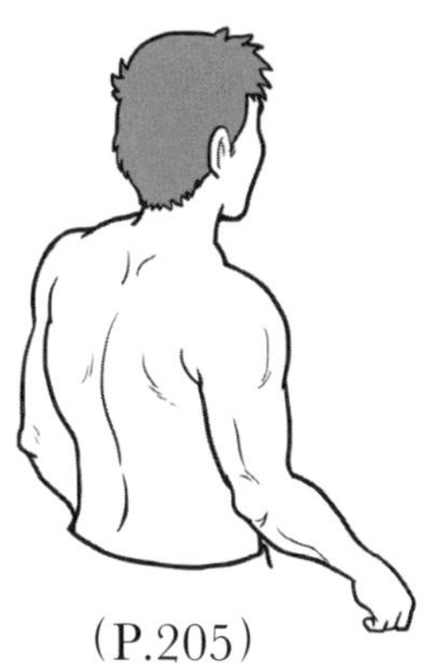

（P.205）

4. 背若屏風

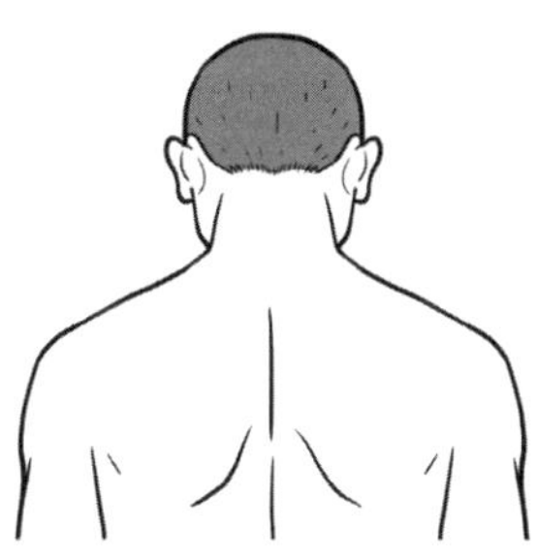

（P.208）

5. 背如負物

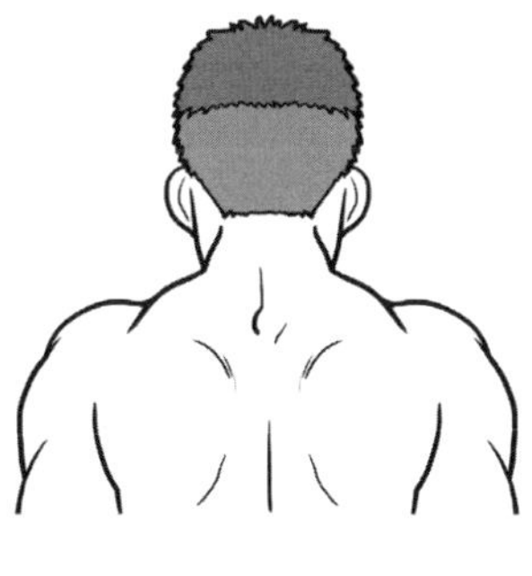

（P.211）

6. 背有三甲

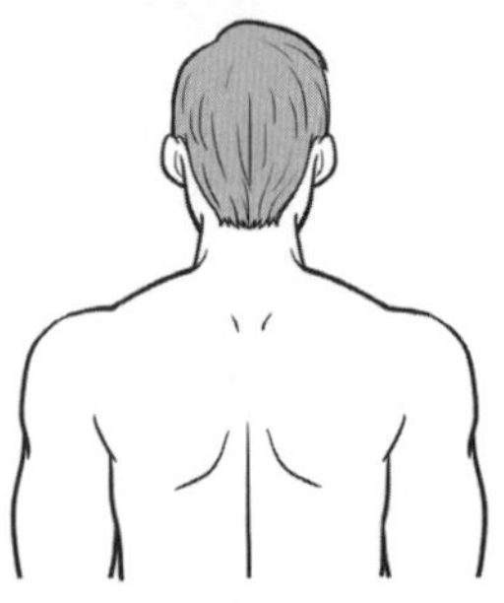

(P.214)

7. 背部狹薄

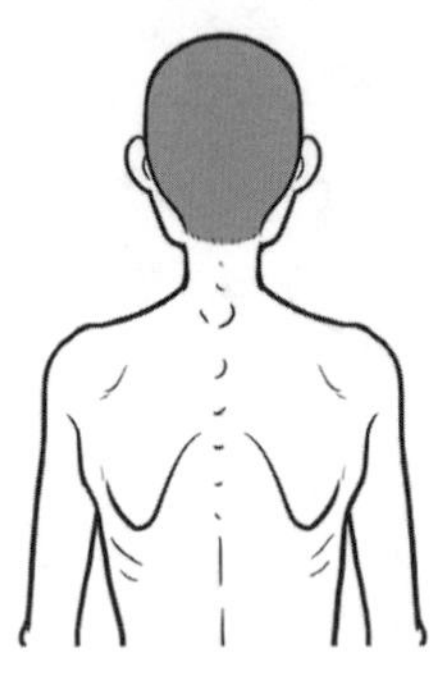

(P.217)

8. 背如彎弓

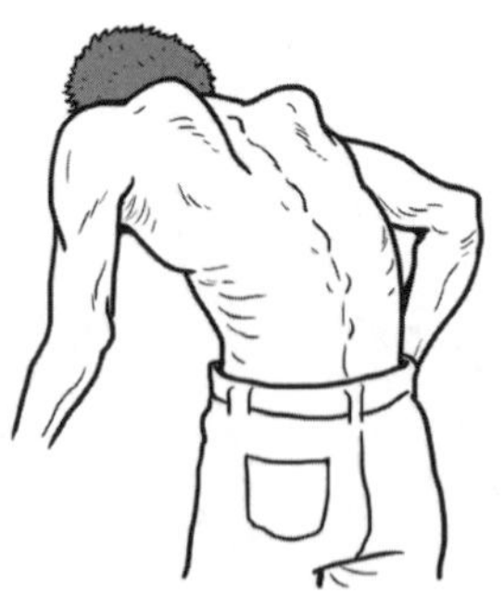

(P.221)

9. 背短而縮

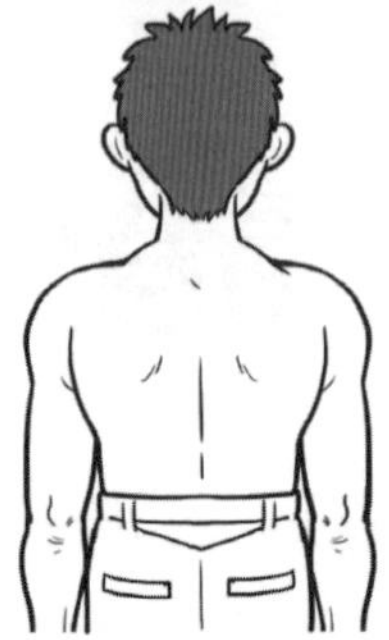

(P.224)

10. 背部偏斜

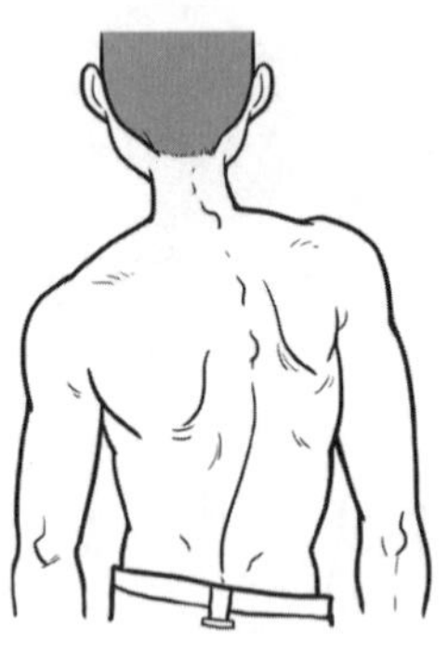

(P.227)

11. 背陷成坑

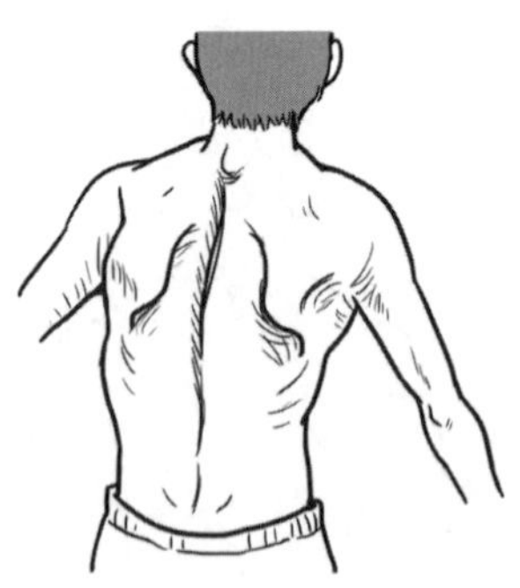

(P.230)

(1) 背方而長

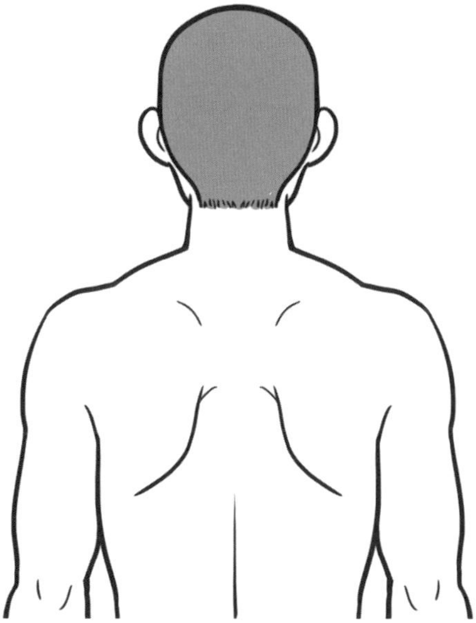

形態：背部長得厚實、方方正正，看上去呈長方形。

性情：

(1) 為人正氣，充滿正義感，忠肝義膽，嫉惡如仇，路見不平事，必會見義勇為，挺身而出維護被壓迫的一方。

(2) 誠實敦厚，説話坦率正直，行為踏實不虛偽，作事穩重謙恭，故深得親戚、朋友信賴和愛戴。

(3) 聰明敏鋭，觀察力及應變能力都很強，志氣高遠，行動積極，責任感重，做事有始有終，答應了要做的事，一定盡力做到最好。

(4) 自信心強，處事冷靜而小心，考慮周詳，身處惡劣環境時，能夠臨危不亂，以個人智慧和豐富知識應付人生各種境遇，為自己扭轉逆運。

【何知剋子又剋妻？面形恰似破孤兒。】

(5) 待人處世有自己一套原則，對未來很有規劃，對目標十分清晰，並能為之努力直至成功。

(6) 背部其中一個重要功能是保護脊椎及肺部，背部方正而長的話，脊椎骨得以平均發展，骨質堅硬，骨髓充滿，肺部亦不會被壓損，健康得到保障。

(7) 助人自助，福慧雙修，一生好運隨身，遇難逢貴人，化險為夷，轉危為安，福澤綿長。

事業：

(1) 工作態度認真，做事能按部就班，對於未來可能發生的境況或出現的變化，都會預先想好應付的方法，臨危時絕不會徬徨失措，所以在大部分時間都可以把事情辦得妥妥當當，是老闆的得力助手。

(2) 外表溫和、不與人爭，但對事業卻是頗有野心，配合其個人才幹、智慧及眼光，往往能在不知不覺間突破極限，成就大事。

(3) 心思縝密，分析力強，做生意有條有理，對任何開拓或發展計劃都會考慮周全；創業的話，不難賺到多桶金。

(4) 此相正直清廉，善於變通，從政或加入政府機構任職公務員，都能實事求是為市民謀求福利；從事創作或研究工作亦會有出色表現。

財帛：

(1) 不論出身富或貧，能夠憑着個人努力和睿智創造財富，兼且理財得宜，少有缺錢用的情況，可謂一生福祿隨身。

(2) 為人正直，奉行「君子愛財，取之有道，用之有道」的原則，決不貪不義之財，也不會多花無謂開支。

(3) 此相知足常樂，縱然有福有祿，但不會視財如命，而且能樂善好施，甚至樂意傾囊幫助遇難的朋友。

愛情婚姻：

(1) 男命一生異性緣厚，常得異性主動親近，婚前戀愛多姿采。婚後則對太太感情專一，是好丈夫，也是愛護孩子的好父親。

(2) 女命亦是一生感情運佳，雖能獲不少異性真誠愛慕，但不會胡亂「收兵」，玩弄感情；婚後更能忠於配偶，相夫教子，是丈夫的賢內助，也是愛護子女的好母親。

(3) 福德因緣具足，旺夫旺妻，女命能嫁得品行優秀的丈夫，男命能娶得溫婉嫻熟的太太，婚後運勢緩緩上升。

子息：

(1) 背部長得方正而長，主得貴子，兒子俊朗，女兒秀麗，健康聰明，幼承庭訓，孝父孝母孝老人。

(2) 子息福分厚，家族花果枝葉旺盛，子嗣繁衍興旺，幾代同堂。

【何知其人死相隨？初年即便身充肥。】

⑵背如團扇

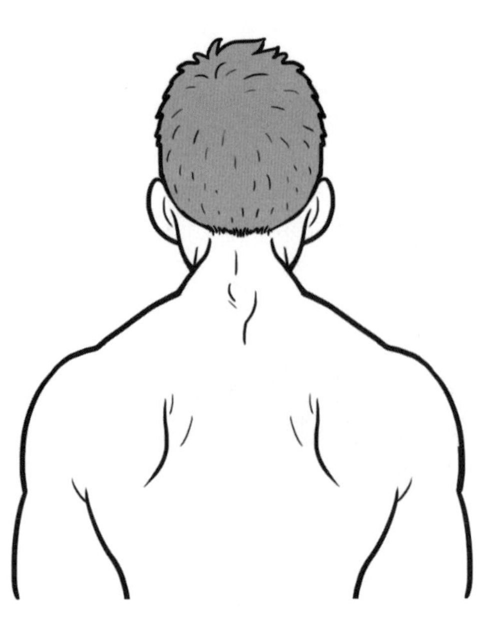

形態：背部肌肉圓厚，肩膊寬闊，腰部略窄，看上去形狀有如團扇（團扇又稱宮扇、紈扇，是扇子的一種），是大貴之相。

性情：

⑴ 外形健碩，內心溫柔，心地善良，熱愛和平，討厭欺負弱小之徒，遇到不平事必會挺身而出。

⑵ 重理重情有義氣，行事光明磊落，不會為私利出賣身邊的人，每當親友有難，定會傾力相幫。

⑶ 交遊廣闊，頗為好勝、愛面子，自信心很強，對自己要求極高，但不會以相同標準量度他人的行為，對人的寬容度甚大。

⑷ 頭腦靈活，精力充沛，極具氣魄及才幹，能夠憑個人實力、智慧及人際網絡為自己賺取大財富。

⑸ 思想務實，能與現實接軌，不會奢望上天

賜福，信奉「一分耕耘，一分收穫」的道理，認真工作，創造成就。

(6) 志氣高昂，勇氣可嘉，具備應付逆境的能耐，敢於面對困難和失敗，並以百折不撓的精神再接再厲。

(7) 論相口訣：「背如團扇，福壽雙全」。背肌圓厚能保護肺部不受壓迫，可禦風寒，肺好身體好，此相既有福蔭，也享高壽。

事業：

(1) 相學有訣：「背如團扇，現成基業」，意味着此相的人大多得到祖輩父輩福蔭，有祖業家業可承，並能發揚光大，可富可貴。

(2) 背主少年運，背部圓厚的人開運早，思想早熟，少年時代已懂得為自己規劃未來，清楚知道自己追求的事業目標，並得貴人相扶，邁向成功。

(3) 典型野心家，不甘在社會及事業上久居於人下，所以工作會異常努力，不達目的絕不罷休；而且創業意欲強盛，行動積極，善於經營的優勢使他們成為出色的生意人。

(4) 背如團扇是大貴之體相，不論做生意或打工，都能在社會上贏得較高地位，而且聲譽良好，受人敬仰。

財帛：

(1) 《相經》有「背方厚者福祿」之說，此相家道興隆，小時候已蒙祖蔭而能享受特別的財利，一生富貴隨身。

(2) 貴人運好，能夠接觸貴人的機會甚多，加上本身理財能力高，善於投資及管理錢財，四十歲前已能為自己累積到一定財富。

(3) 一生財帛無缺，對金錢不會看得太重或斤斤計較，雖然為人疏財仗義，但不會胡亂揮霍。

愛情婚姻：

(1) 男性背部圓厚是力量和氣概的象徵，能為異性帶來安全感，故能吸引女性注目，一生桃花運不錯。

(2) 古相書論背：凡女命背部圓厚而清秀（即皮膚潤澤，肌肉結實），必配良夫；女命背厚，可許貴郎。

(3) 不論男女皆是家庭觀念很重，婚後旺夫幫夫、旺妻蔭妻，不易受外界誘惑，故大多能一婚到老。

子息：

(1) 祖蔭殷厚，不僅自身受惠，更能聚福澤後，子嗣興旺賢孝，能享兒孫之福。

(2) 背厚是好父親、好母親之相，對生孩子之事順其自然，故而多生貴子，生產順利，多子多福。

形態：背部廣厚，脊柱骨隆然而起，看來微彎但不駝背，有如俯伏的烏龜背部，所以稱為「伏龜」。

性情：

(1) 性格安定而沉穩，態度嚴肅而認真，不怒而威；待人真心誠意、肝膽相照，是十分值得信賴的朋友，與之交往，必是良朋益友。

(2) 斯文大方、心慈性善、熱心助人，輕視階級觀念，即使對方是貧苦大眾小人物，也會心底無私，伸出援手。

(3) 性好山水，愛與大自然結伴，物欲很低，對物質要求不高，看重精神滿足多於物質享受。

(4) 毅力和幹勁十足，判斷力很強，善於發現和把握身邊的機遇，並採取適當行動，所以做任何事都比別人容易取得成功。

【何知幼小災厄故？但看鼻頭井灶露。】

(5) 思想冷靜而縝密，行事計劃周詳，絕不衝動、魯莽，作風務實，尊重客觀規律，堅持實事求是，脫離不切實際的幻想，所以容易贏得他人的認同。

(6) 做事認真負責又細心，有條不紊、穩打穩紮、按部就班，故能夠得到他人的信賴和推崇。

(7) 背若伏龜是多福多壽的體相，一生絕少遭大風險，即使偶然遇險，必能履險如夷；甚至陷於瀕死邊緣之際，也會出現奇迹變化。其人富不可言，享壽百歲，得其善終。

事業：

(1) 相學有訣：「背若伏龜，必有施為」，其人沉穩內斂，有泰山崩於眼前而色不變的氣概，做事不畏任何凶險和障礙，不達目標不罷休，其人必成大器，且主一生富貴雙全。

(2) 命格官祿顯貴，當官（加入政府機構）起碼可成為部門首長，領導下屬為市民為社會謀福祉。

(3) 投身商界的話，事業穩步向上發展，憑着個人眼光和才幹，三十五歲左右已在業內享負盛名。

(4)《神相水鏡集》論背：「背若伏龜，為儒早發」。此相的人若不從官或從商，則可從事學術研究工作，也能以文章傳世，以知識換美名。

財帛：

(1) 背如伏龜，肉豐骨隆，肉多福多，是上乘的背相，一生不愁衣食，既得良好的家世背景，本身創富力也很強，早年已發達，三十五歲後財運邁向高峰。

(2)《相理衡真》：「背後有骨隆然而起如伏龜者，食祿二千石」。此相的人官祿隨身，可享有豐厚俸祿，既富且貴。

(3)精明理智，在財富的表現十分突出，在投資理財方面會有突破，對金錢收支也有周詳的計劃，擁有一個富貴的人生。

愛情婚姻：

(1)對待感情十分認真，不會亂播愛的種子，且能控制個人情感，不會讓自己捲入不正常的愛情之中。

(2)一旦墮入愛河，對伴侶專一而真誠，絕對不會一腳踏兩船，故深得戀人喜愛，婚姻順利、幸福美滿。

(3)背若伏龜的體相能夠給人踏實、穩重的安全感，不論男女都能擁有穩定的感情，細水長流，相偕到老。

子息：

(1)非常愛錫子女，與子女緣分深厚。子女長大成家後，也能常常聚首，共享天倫。

(2)子女品格清高，健康長壽，心慈孝順，秉承慈訓，對父母及長輩敬愛有加，甚得人緣。

【何知作事倫序無？看他眉睫長而疏。】

(4) 背若屏風

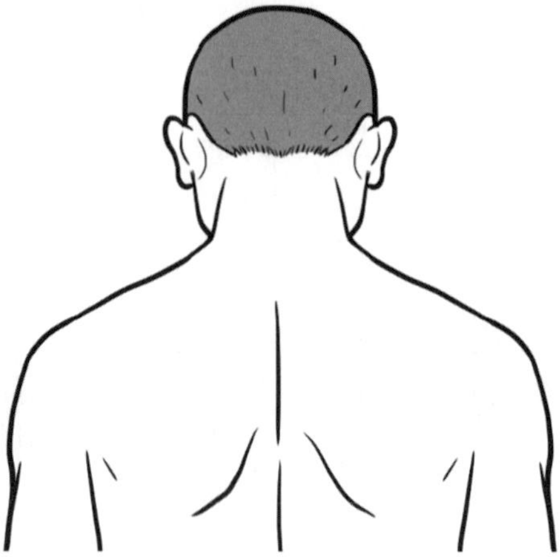

形態：背部平正而寬闊，形似屏風。

性情：

(1) 性格開朗，樂天達觀，不拘小節，幽默愛說笑，具正義感，樂於助人，很討朋友喜歡。

(2) 聰明有智慧，領悟力高，腦筋靈活，交涉能力強，善於處理棘手和複雜問題，容易捉到關鍵核心而使自己轉危為安。

(3) 剛強堅毅，意志堅定，不會因為少許挫折而灰心氣餒，擁有面對困難和應付逆境的勇氣和能耐。

(4) 志氣和野心遠大，有上進心，有抱負，行動具有爆發力，但做事常常不依章法，有時令人頗為頭痛。

(5) 做事專注、有耐心，敢作敢為，胸襟廣闊，能接納不同方面的意見，不拘泥傳統和古老規矩，故能實踐他人難以達到的目標。

(6) 人生態度積極，充滿正能量，不畏強權，面對不公平之事，勇於據理力爭，討回公道。

(7) 背若屏風是上佳的體相，一生運勢平穩順暢，沒有大風大浪的衝擊，少災少禍，人生比較圓滿。

事業：

(1) 背主少年運，背部平闊相理佳，開運早，貴人運好，加上個性強韌，辦事能力高，踏足社會不久已可平步青雲。

(2) 《相理衡真》賦曰：「背若屏風兮，蔭妻子而有謀謨」。背部平闊的人天生有謀略，行事英明果斷，是非常優秀的幕僚人才，建功立業，光耀門楣。

(3) 命中官運旺盛，具有指揮他人妥善完成任務的能力，可成為政府機關的領導級人物。

(4) 背部平闊是根基穩固的象徵，少年聞達，適宜創業，只要能堅持守成，必得貴人扶持，生意愈做愈大，成為業界代表，享有盛名。

財帛：

(1) 背部平闊的人一生運勢平穩上升，毋須為衣食住行等基本問題而擔憂，是富貴恆久之命格。

(2) 福澤厚長，雖然工作勞碌多憂，但可名利雙收、富貴兼得，少年發富，羨煞旁人。

(3) 具正義感，對金錢不會錙銖計較，凡有親友提出借貸或是尋求金錢幫助，不論親疏，只

【何知父母兄弟異？耳眼大小高低是。】

要是能力範圍所及，都會慷慨相幫。

愛情婚姻：

(1) 《神相水鏡集》論背：「若如屏風，必定封妻蔭子」，意思就是，此相的人得志為官，貴氣逼人，連帶太太也受到尊敬，在社會上享有一定地位，是旺妻之命。

(2) 男性擁有寬闊的背部總會給人帶來安全感，容易受到女性傾慕，戀愛對象選擇很多，但他們對感情十分負責，絕不會見一個愛一個，傷害他人。

(3) 女命官運旺盛，官者桃花也、丈夫也，婚前追求者眾，並能嫁予才幹好、成就高的丈夫，婚後夫妻恩愛，享受夫福。

子息：

(1) 相學有訣：「背若屏風，福蔭子孫」，不僅自身有福有祿，而福澤綿延後代，子孫亦能享富貴榮華。

(2) 子息緣分深厚，有兒有女，孩子健康成長，孝順懂事，而且在他們成長過程中能給予很大助力，到老仍可享子女之福。

(5)背如負物

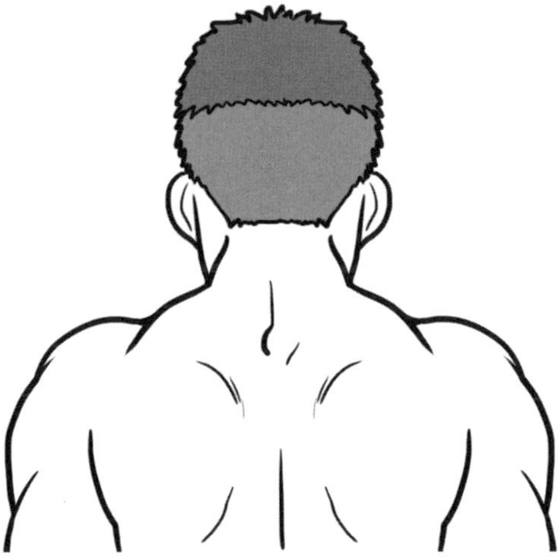

形態：背部肌肉豐厚隆起，從前面看好像背着東西，從後面看彷彿披上鎧甲。

性情：

(1) 性格平和、溫柔內斂，與人相處比較慢熱，面對初相識的朋友表現沉默，一旦成為好朋友後便會高談闊論、滔滔不絕。

(2) 品格高尚，心地善良，善惡分明，具有為他人打抱不平的正義感，遇上不公平的事情必會挺身而出，主持公道，是非常出色的領袖人物。

(3) 氣度恢宏，寬容大量，廣納人言，願意聽取他人的意見和批評，重信用守承諾，內心意志堅定，行為光明磊落。

(4) 人生態度樂觀而積極，充滿正能量，遇上挫折和挑戰，只會努力排除萬難，不會怨天尤人。

(5) 口才十分了得，雄辯滔滔，說話有很強的

【何知刑剋事招嫌？口下生鬚直到顴。】

說服力，具有過人智慧，能夠理智地考慮事情的正反面，能令人心悅誠服。

(6) 才能超卓，自信心強，做事有原則，能沉着冷靜審視客觀的形勢和條件，對一旦認定了的事情就會堅信不疑，絕少改變。

(7) 《靈山秘訣》云：「背若負重，貴壽而康」。背如負物不僅天然散發貴氣，更是長壽而身體安康之佳相。

事業：

(1) 背如負物的人氣度非凡，極具貴氣，古時是傑出人物、帝相之才，在現今社會縱使不是大公司、大機構的老闆，也是受到器重的高層管理人才。

(2) 相學有訣：「背如負物，邊陲將帥」，代表此相的人是將帥之才，任職紀律部隊的話，必是身居要職，擔負重任，領導下屬保家衛國護市民。

(3) 智勇雙全，運籌帷幄，是極佳的領袖人物，工作上遇到難題，絕不推卸責任，能挺身保護下屬；但若下屬敷衍塞責，則不會姑息。

(4) 處事八面玲瓏，能夠建立不朽的功業，成為行業裏的翹楚，擁有很高的社會地位，受到大眾的尊崇和敬仰，權傾一時。

財帛：

(1) 背好早運好、出身好，自小衣食豐足，加上六親得力，少年開運，工作如意，賺錢能力高，一生衣食無憂。

(2) 性格寬宏大量，工作上廣結人緣，加上其不世才幹，事業上可扶搖直上，職權發展一帆風順，富貴榮華自然而至。

(3) 一生財富豐足，但對金錢之事並不在意，遇上朋友陷於經濟困難，更會解囊相助，絕不計較。

愛情婚姻：

(1) 背如負物，步履穩重，能讓人覺得可以依靠和信賴，所以此相男性特別桃花旺，早拍拖，早婚也不礙。

(2) 女性雖缺乏嬌小體態和外形，但善良多福，對感情專一，能嫁得品格優良的丈夫，旺夫旺子。

(3) 不論男女皆是戀愛順利，婚後事業、家庭幸福兼得，夫妻恩愛和睦、白頭偕老。

子息：

(1) 《麻衣神相》評背如負物「豐厚凸起，主後福，又云多子孫」，子息福分厚，家族繁衍，多兒多女。

(2) 福壽雙全，晚運亨通，子孫性善賢孝，承歡膝下，生活愉快幸福，樂享天倫。

⑹背有三甲

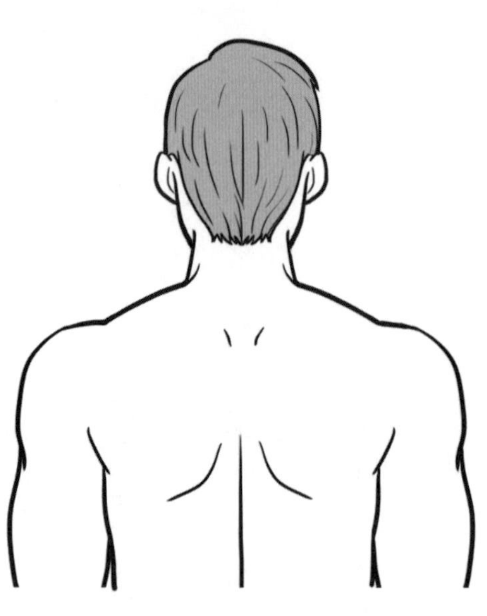

形態： 背部寬闊豐隆而平整，在相學上稱為三甲背。三甲合起來彷如「壘」字（「壘」始見於戰國時代，原始寫法是四個田即「畾」，演變至篆文時定形為三個田即「壘」），《說文解字》：「壘，軍壁也」，是古人打仗時用作防守的石牆；故以三甲形容背部肉緊、皮堅、骨壯，支撐力強，是上好的背相。

性情：

⑴ 外表豪邁剛烈，內心溫柔善良，充滿正義感，同情弱小或被欺凌的群眾，遇到不公之事願意挺身而出，救危扶小。

⑵ 自信滿滿，膽色過人，智勇仁義俱備，能挑戰他人不敢做的工作和事情，所以受到身邊人的擁護和愛戴。

⑶ 責任心重，「牙齒當金使」，信守承諾，答應了別人要做的事，必定盡力辦妥，不會給予自己任何做不到的藉口。

(4) 聰明機智，有極強的意志力，一旦訂下目標必全力以赴，貫徹始終，絕不會半途而廢。

(5) 光明磊落，具有不屈不撓精神，敢於面對困難，克服難關；遇上問題絕不推卸責任，勇於承擔過錯。

(6) 缺點是頗為執着、好勝，自我意識強烈，有時難免流於自視過高，一旦結果不符預期，就會後悔不已。

(7) 《神相全編》有詩：「腰背負物似甲形，行輕坐起直而平」，形容擁有三甲背的人走路時步履輕盈，坐立時背部挺直平整，也就是身強體壯的象徵；腰背相配，好運綿延，富貴且壽。

事業：

(1) 背有三甲，氣勢非凡，早年得志，三十歲前運程躍起，事業發展衝上雲霄，進步神速，名成利就。

(2) 領導力強大，胸襟廣闊，納言納諫，能包容他人的無心之失，讓同事或員工心悦誠服，所以人緣很好，事業上得到人和，也就容易成就大事。

(3) 《相理衡真》訣曰：「背有三甲，終久必發」。此相的人靈活能幹，辦事能力高，不論打工或創業，都能在業內揚名，受人仰望。

(4) 眼光獨到，事事都能早着先機，創業的話，必是出色大商家，風生水起，開創驚人成就，聲名甚至可遠揚海外。

【何知破祖閒事侵？額尖頭尖項後深。】

財帛：

(1) 相書論背：「背聳三山臂膊肥，家藏鏹寶任施為」，背聳三山即背有三甲，此相的人縱無祖業田產可承，也必能憑個人力量為自己創造財富。

(2) 相學有訣：「背有三甲，衣食無憂」；「背有三甲，豐衣足食」，擁有此體相的人一生富貴豐足，金錢、錦衣、美食無一或缺。

(3) 命格甚高，是上等富貴之相，家底豐厚，而且精於理財，投資膽大心細，財運亨通，名利雙收，但用錢大方，不會分毫計較。

愛情婚姻：

(1) 男性能文能武，女性性格率直；男女皆是行為落落大方，人緣甚佳，深受異性歡迎。

(2) 男性氣派非凡，深受女性歡迎，一生桃花不絕，婚緣亦佳，可娶得貌美及賢惠的太太。

(3) 女性性格自信好勝不服輸，宜配品格溫順或年紀比自己略小的丈夫，以免妻奪夫權，刑剋婚姻。

子息：

(1) 背有三甲，福德自隆，能庇護子孫，子息運相當好，不僅能與兒子、女兒、兒媳或女婿和睦相處，而且能將福蔭綿延至下一代。

(2) 家和萬事興，家運興隆，兒孫滿堂，對自己孝順和尊重，一生有福有祿亦有壽。

【何知兄弟皆不和？但看兩眉粗更多。】

(7) 背部狹薄

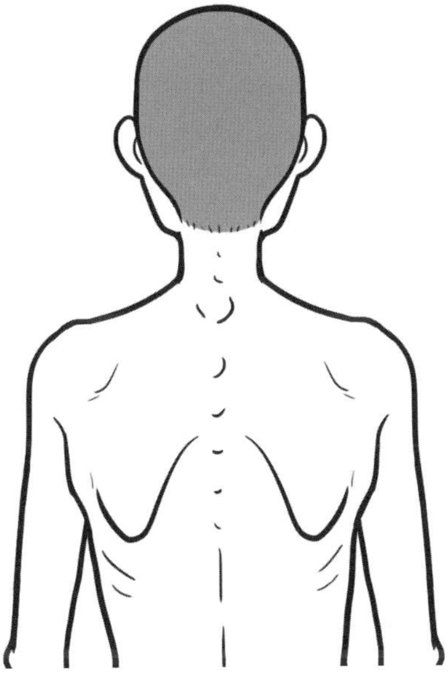

形態：背部狹窄、扁薄無肉。

性情：

(1) 幼時不讀書，懶於求學問，胸無點墨，心智不開，愚鈍不靈，長大後只追求食色性事，庸碌過一生。

(2) 長輩緣分薄，自小難得父母恩澤喜愛，自己對父母也少理睬。年紀很小時已是家中的問題孩子、學校裏的反叛兒童。

(3) 柔弱怯懦，膽小怕事，無事時裝腔作勢，遇事時退縮不前，一旦遇上強悍對手，更會選擇投降，不敢據理力爭。

(4) 意志力薄弱，缺乏耐性和毅力，作事虎頭蛇尾，常常半途而廢，難以貫徹始終，總是無法堅持把一件嚴肅的事情妥善完成。

(5) 思想混亂，優柔寡斷，對很多事情都作不了主，不僅令自己錯失很多良機，有時甚至會連累家人或朋友。

【何知享福又清閒？看他兩腳毛多生。】

(6) 決斷能力低，處事左搖右擺，缺乏周詳計劃，加上作事消極，欠堅忍精神，又略帶點神經質，故難肩大任，一生多敗少成。

(7) 相學有訣：「（背脊）莫教薄小損天年」；「背部薄窄不貧則折」。此相的人天生體弱多病，長期受疾病困擾，更可能身帶隱疾而不自知，屬於短壽之相。

事業：

(1) 背部代表根基和事業的推動力，背部狹薄者除了禁不起任何人生考驗之外，也缺乏發展事業的鬥心，故難以取得成就。

(2) 相學有訣云：「胸背脊薄，奴隸之相」，代表背部狹薄的人做事沒有毅力和恆心，難當大任，只能從事低下層工作，出賣勞力以換取金錢維持生計。

(3) 相書論背：「前相好而背負虧，虛名無壽」，前相是指一個人的正面相理。這裏的意思是，即使面相或體相的正面皆入吉相，但背部不佳，好運也不能持久，不僅名聲空虛不實，壽元也有損。

(4) 女性貞操觀念薄弱，加上工作能力低，故易墮風塵，為娼為妓，以出賣肉體謀生，生活坎坷。

財帛：

(1) 背薄是根基薄弱的象徵，此相之人大多出生於貧困低下家庭，雖不至於三餐不繼，但經濟絕不理想，且其人福祿淺薄，縱得一時享受，也是轉眼成空。

(2) 《麻衣神相》：「背欲長不欲短，欲厚不欲薄」，意思就是背部宜長不宜短，宜厚不宜薄。背短背薄者，注定是貧賤之命。

(3) 相學有六賤之說，胸背俱薄為其中之一；又有訣：「相貧賤，背薄」，經濟常處於動盪不穩之中，若不希望老來孤貧無依，宜及早養成儲蓄習慣，為晚年生活預早綢繆。

愛情婚姻：

(1) 生性懶散，好逸惡勞，縱使結了婚也不會對家庭有承擔，不單不會分擔家務，甚至連家庭基本開銷也不會負責。

(2) 六親緣薄，夫妻情短，婚姻運反覆，是比較容易離婚的背相，早婚早離，再婚也難到老，注定晚年貧寒孤獨。

(3) 女性在感情上優柔寡斷、拖泥帶水，容易戀上不該愛的男士，甘願成為第三者，但最終還是感情失敗，以分手作結局；即使結得正常婚姻，也得不到丈夫寵愛，無緣享夫福。

子息：

(1) 子息緣分薄，多是沒有子嗣之命；或兒女出生後與自己異地而居，聚少離多，有子等於無子。

(2) 女性背薄是剋夫剋子之相，身體虛弱，難以成孕，縱使成功懷胎十月，也恐生產困難，孩子不幸夭折。

(3) 不論男女，宜好好照顧自己身體，多注重營養攝取，並請教醫生進行適量運動，強健體魄，最重要多種善根，培養福德，則或有完婚之福，得一兒半女。

(8) 背如彎弓

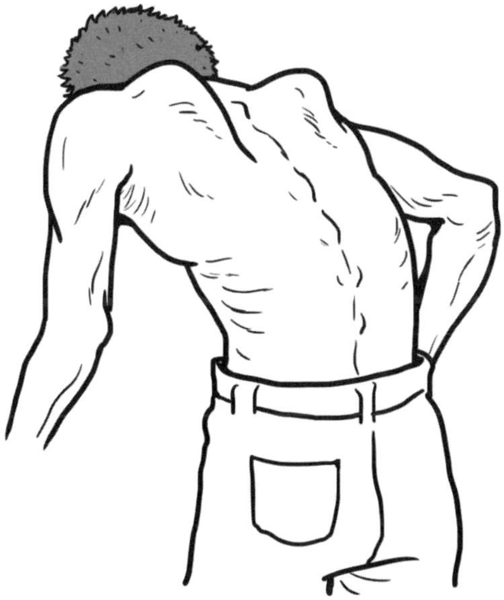

形態： 背部彎弓而露骨，成佝僂之狀。

性情：

(1) 內向膽小怕事，智慧不高，自尊心強，但自卑感大，自信心不足，不太敢於表達自己對人對事的看法。

(2) 意志力薄弱，是典型「跟着別人走」，凡事只會跟隨前人的腳步，隨波逐流，沒有個人創見和主張。

(3) 做事缺乏魄力，沒有奮鬥心和拼搏精神，容易因少許挫折或障礙而裹足不前、半途而廢，自然做任何事都做不好。

(4) 依賴性極強，人生態度消極，抗壓能力很低，遇到困難與阻滯時便會灰心喪志，退怯不前。

(5) 器量淺窄，疑心很大，終日疑神疑鬼，懷疑身邊的人看不起自己或在背後對自己挑剔，所以人生活得並不快樂。

【何知其人剋父娘？但看眉粗又更黃。】

(6) 十分情緒化，總是不自覺地亂發脾氣，凡事都按心情做決定，並要求身邊的人對自己諸般遷就，但卻又容易改變初衷，令人大感吃不消。

(7) 背部彎弓，肺部受脊椎骨壓迫，肺部健康受損，易受風寒或其他相關疾病，肺弱體弱，難得長壽。

(8) 一個人步人晚年時，因鈣質流失而背脊多彎曲傾前，這是正常生理現象，不在此相之列。若年紀尚青壯而早呈曲背，便是未老先衰的現象，多有災病纏身，縱非早夭之命，仍難免長臥病榻。

事業：

(1) 體弱多病，做事缺乏活力和精神，難以擔任正常的全職工作，所以只能從事性質簡單的短期或短時間兼職或替工，無法勝任任何要求體力勞動的工作。

(2) 對生活沒有高要求，只追求溫飽日子，缺乏人生目標及遠大志向推動自己向前，連一份固定工作也不易找到，更遑論事業上有任何成就。

(3) 適應力低，比較抗拒陌生環境，所以兩份工作之間的過渡期或待業期十分長，賦閒在家的日子很多，是名副其實的無業遊民。

財帛：

(1) 此相多是才智低劣、待役僕從的質素，一生須為金錢勞碌奔忙；即使因一時僥幸職顯位高，收入豐盛，也必轉眼成空。

(2) 背部彎弓，無福無祿，一生窮困，財源難聚，除了要克勤克儉外，更忌以賭博、盜竊為生，否則種下禍根，貽禍終身。

愛情婚姻：

(1) 一生事多拂逆，姻緣運弱，自信心不足，即使遇到喜歡的異性，也不敢主動向對方示好，害怕被拒絕。

(2) 六親緣薄，婚姻難就，縱使幸運地遇上結婚對象，組織了家庭，也恐婚後生活捉襟見肘，天天憂柴憂米。

(3) 背相彎弓是刑夫剋妻之相，婚後丈夫或太太健康或工作有損，運程由順轉逆，夫妻感情亦不好，配偶多有外遇，婚姻難到老。

子息：

(1) 背身現彎形，則肺部被脊骨所壓迫，而百病易起，難育子女，是老無所依、孤苦伶仃之體相。

(2) 《太清神鑒》：「曲背駝腰，子孫不超」，主其人刑剋子女，從得一兒半女，也是緣分淺薄，感情冷淡，有子等於無子。

(9)背短而縮

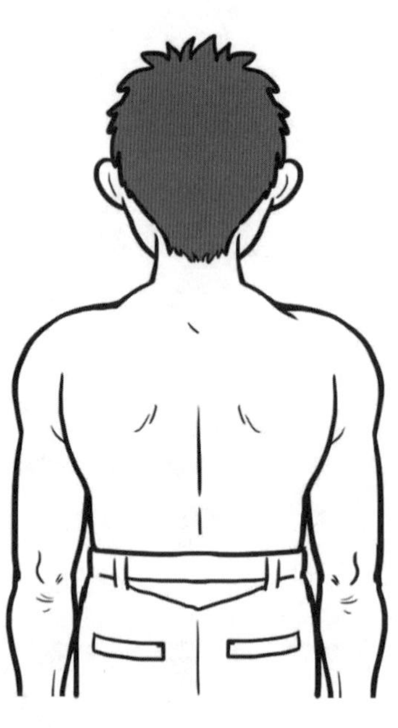

形態：背部短小，上身看似縮起來的樣子。

性情：

(1) 知識水平低，愚昧無知，善惡、好歹不分，又不願聆聽別人勸告，所以特別容易受騙，是祈福黨或非法直銷集團的目標對象。

(2) 頭腦愚鈍，反應遲緩，而且決斷力低、實踐力弱，做事總是虎頭蛇尾，結果甚麼也做不成。

(3) 自私自利、見利忘義，對得失看得甚重，凡事只顧個人利益，不肯吃虧，不理他人感受，所以人緣甚差，一生沒有幾個知己、好友。

(4) 妒忌心重，猜疑心大，自卑感強，因自知智慧、能力不如人，容易將事情往壞處想，所以一生大部分時間都活在不愉快當中。

(5) 脾氣差，容易為小事大發雷霆，作事拘泥小節、斤斤計較，所以難擔大任，難成大事。

(6) 人生在世，胸無大志，沒有理想和抱負，對生活要求也不高，欠缺推動自己向前的動力，優點是比較能安於現狀，缺點是蹉跎歲月浪費光陰。

(7) 背部其中一個重要功能是保護脊椎及肺部，背部短小的話，脊椎骨得不到平均發展，肺部也得不到充分保護，肺弱則體弱，難享高壽，背部肌肉削薄者更驗。

(8) 背短而縮是下賤、卑賤、貧困之相，晚景尤其淒苦，宜修善積德，望可稍減災劫。

事業：

(1) 生性懶散，好逸惡勞，做任何事都顯得沒神沒氣，上班望下班，下班望放假，從來不能在同一崗位上待得太久，若不是被老闆解僱，就是自己辭職不幹。

(2) 看風駛舵、以下犯上，又好搬弄是非，縱使有工作在身，也因性情惡劣而招人討厭。

(3) 《相理衡真》：「短而削薄而寒者貧賤」；此相乃貧賤之命，本身既缺乏智慧和上進心，不思進取，辨事能力又低，故只能從事出賣勞力的工作。

(4) 意志薄弱，不辨忠奸，容易被不法之徒利用，受金錢誘惑而進行非法活動，結果必是法網難逃，身陷牢獄。

財帛：

(1) 生性貪婪，視金錢如至寶，容易為金錢跟人翻臉，即使對方是父母或兄弟，也不例外。

(2) 背短而縮是貧賤之相，其人缺乏儲蓄觀念，一旦財政充裕時，就會任意揮霍，只顧追求眼前享樂，不作長遠生活打算。

(3) 《神相全編》論背：「偃而短者，無識而賤」，代表此相的人見識低劣，思想膚淺，賺錢能力低，一生大部分時間都活於窘逼日子之中，難享榮華富貴。

愛情婚姻：

(1) 生活難如願，人緣差，異性緣更弱，不易找到戀愛對象，但當遇上合拍的伴侶時，就會火速結婚。

(2) 妒忌心重，佔有欲很強，對於自己喜歡的異性，絕不想別人多看一眼；一旦伴侶與其他異性有接觸，便會大興問罪之師。

(3) 男性性格驕傲，婚前婚後皆十分霸道，宜娶年紀比自己小很多的太太，可減低離婚的危機。

子息：

(1) 先天肺弱體質差，男命難有子嗣繼承；女命難懷孕，有孕亦恐有流產之險。

(2) 子息運薄弱，命中多無子，縱有後代，只得女兒，但也聚少離多，感情冷淡，有女若無女，宜多做善事，積德積福，則上天喜悅，善報無窮。

(10) 背部偏斜

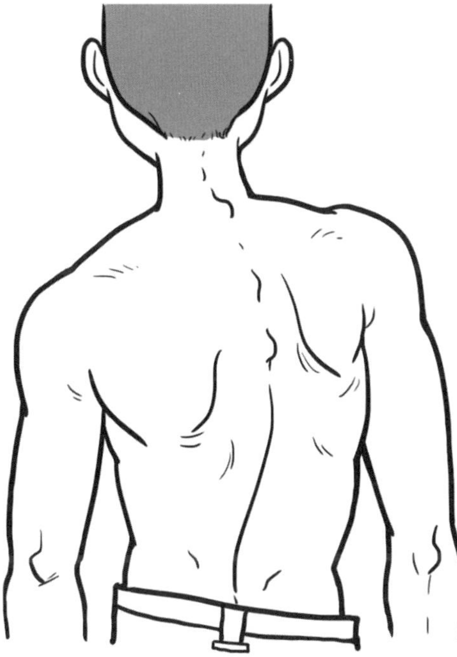

形態：脊椎偏歪不正，形成整個背部偏斜，是不吉之背相。

性情：

(1) 有小聰明，靈活度高，但思想和行為並不踏實，性格浮誇、大吹大擂、華而不實，說話虛偽不可信。

(2) 妒忌心和自私心皆重，器量淺窄，不講情義，從不讓人，故容易招惹恩怨糾纏，也必影響工作與生活。

(3) 常常無故惹是生非，甚至顛倒是非，說話、做事每每混淆視聽，不理事情真偽，指鹿為馬，誠信令人懷疑。

(4) 自卑感頗重，常常懷疑他人看不起自己，總覺得別人想算計自己，有點被害妄想。

(5) 偏激而貪婪，愛損人利己，自己得不到的東西，也不要落到別人手上。這類人絕對不適宜與之做朋友，的而且確，其人緣也差。

(6) 投機心頗重，愛賭上自己的運氣，常抱有以小博大的心態，很多賭徒都有這種背相。

(7) 背部偏斜是脊椎偏歪不正所致，在中醫學角度，脊椎視同鼻子，脊椎偏斜則鼻子亦歪，其人常感身體冰冷，並易患腰、肩、背痛及消化不良疾病。

(8) 一生多災少福，性格反覆無常，雖非大奸大惡之徒，但也說不上是好人。

事業：

(1) 生性自私，只關心個人利益，不理他人感受，工作上絕不肯吃虧，即使只是小事一樁，也不願意比別人多付一點時間和精神去完成，故一生事業平平，難有大成就。

(2) 背部是事業的推動力和支撐力，偏斜不正的話，代表根基淺薄，各方面的基礎都不是很好，只宜從事多勞多得的工種，或在大公司裏擔任普通職員，工作較穩定。

(3) 目光短淺，少有真才實學，做事拘泥小節，工作態度懶散，好逸惡勞，做事沒耐性，無法長時間待在同一崗位上，常常轉換工作，所以一生難有出頭日。

(4) 雖有小聰明，但缺乏謀略，判斷力亦差，故不宜創業經商，否則多敗少成，血本無歸。

財帛：

(1) 貪婪而愛佔人便宜，詭計多端，工於心計，表面與人友好，但內心暗藏奸計，更會諸多藉口向人借債，然後欠錢不還還躲債。

(2) 相書評背部偏斜是「貧寒孤獨」之命，其人愛走捷徑，縱使搏得一朝富貴，也是易成易敗，轉眼成空，難與財富長久結緣。

(3) 投資和理財能力都不強，而且財富難聚，除了要克勤克儉外，更要避免進行高風險投機活動，否則必遭滑鐵盧。

愛情婚姻：

(1) 性情多變，反覆無常，喜怒不定，叫人捉摸不透，故人緣不理想，異性緣也不佳。

(2) 這是剋妻剋夫之背相，男命婚後欺妻、虐妻，女命妻奪夫權或因配偶身喪而守寡；男女皆主婚姻不美，早婚早離，難免形單影隻到老。

(3) 脾氣很差，常常因一點小事就挑剔計較，甚至會對伴侶和孩子發牢騷，嚴重時可以演變至家暴。

子息：

(1) 相書論背：「背部偏斜，絕嗣貧夭」。此相的人自小健康不佳，難育子女，或是只得女兒沒有兒子；刑剋嚴重的話，甚至有子女夭折之險。

(2) 六親無緣，與父母情分淺淡，與子女也是緣分薄弱，縱得天賜麟兒，孩子出生後多與自己異地而居，聚少離多，有子等於無子。

(11) 背陷成坑

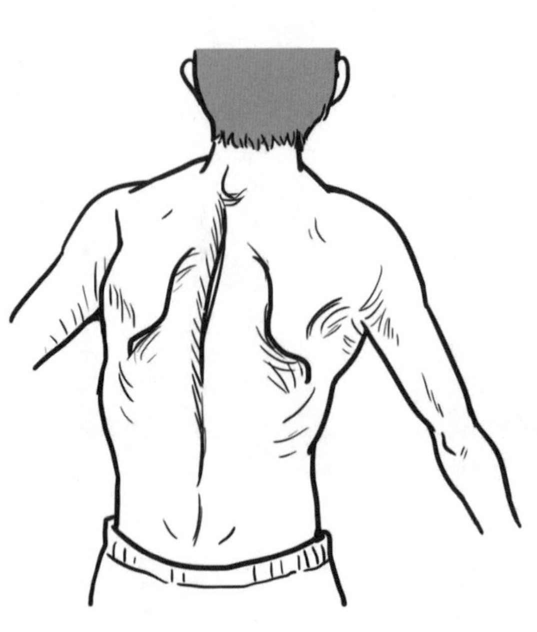

形態：背部骨多肉少而凹陷，形成一道深坑；或是脊椎骨特別往前，而肩胛骨往後，也會使背部出現深溝。

性情：

(1) 粗鄙庸俗，唯利是圖，自私自利，凡事只顧個人利益，自己喜歡的東西或人物，會不擇手段爭取到手，即使要犧牲最親密的人，也在所不計。

(2) 十分情緒化，總是不自覺地亂發脾氣，凡事都按心情做決定，並要求身邊的人對自己諸般遷就，但卻又容易改變初衷，令人大感吃不消。

(3) 説話刻薄，感情涼薄，行為陰險，作事欠光明磊落，給人鬼鬼祟祟的感覺，所以在一般人心中的形象頗差。

(4) 疑心重、器量淺，常常懷疑別人看不起自己，待人欠真誠，説話半真半假，所以真心朋友寥寥可數。

(5) 優柔寡斷、猶豫不決、左搖右擺、決斷力弱，處事因循苟且、馬虎了事，故難肩大任，一生也難有大發展。

(6) 人生路崎嶇不平，多遇挫折，多災多難，中年運勢停滯，風雨飄搖，事事不如意，處處受制肘。

(7) 背部骨多肉少代表五臟六腑保護有欠周全，器官容易受傷或產生病變，身體虛弱，影響健康，有損壽元，宜多注意營養攝取，鞏固根基。

事業：

(1) 「為何艱苦為何忙，背脊成坑不自量」，此相的人常常幻想自己可以幹一番偉大事業，無奈生性懶散，志大才疏，不自量力，所以注定一事無成。

(2) 《相理衡真》訣曰：「背脊成坑，勞苦艱難」；賦曰：「背脊成坑，終勞於賤役」。此相的人往往憑着一股蠻勁做事，加上本身學問不高，又缺乏領導能力，工作上只能以勞力賺取生計。

(3) 三十多至五十多歲中年時期運勢停滯，做事少成多敗，錢財漏洞百出，不知不覺就會把多年累積的成果消耗殆盡，故事業上宜知所進退，守而不攻，以減少損失。

(4) 格局稍高者身負才華，但背相不配，也是具本領而懷才不遇，有志難伸，事業受阻，功績不顯。

財帛：

(1) 背陷成坑，難以住財，「此是前生窮種子，可憐今世一空囊」，是貧賤孤苦之相，幼時家庭環境常處於動盪不穩之中，長大後也因為個人才智有限，賺錢能力低，故一生與富貴和快樂無緣。

(2)《麻衣神相》論背：「坑陷者，貧賤之人」；《靈山秘訣》云：「（背）坑陷，家少儲糧」。古今相學，背相忌凹陷成坑，注定是貧賤之命。

(3)《神相水鏡集》論背：「背脊成坑，虛花無壽」，代表此相的人理財能力弱，劫財力重，有錢時大手大腳、揮霍無度，沒錢時到處舉債，甚至求財求諸賭桌上，最終必是一貧如洗。

愛情婚姻：

(1) 背陷深坑是為夭壽和破敗之相，事業難成，姻緣難就，注定大半人生都是孤獨過生活。

(2) 背相口訣：「欲知貧賤人形貌，背陷成坑胸露骨」；「衣糧難度日，背脊是成坑」。背部成坑終究是貧賤之格局，婚後也難託賴配偶之福而有所改善，多是貧賤夫妻百事哀的例子。

(3) 女性背陷成坑是福薄之相，注定多配劣夫，婚後不單要為家庭操勞，更易受丈夫欺淩，嚴重者更會遭受家暴。

子息：

(1) 在相學上，背部有庇護子孫功能。若背陷成坑，代表難以庇蔭後代子息，或是沒有子嗣或是子孫多厄。

(2) 女性背部成坑，與背薄同論，都是剋夫剋子之相，不僅本身身體虛弱，不易受孕，縱使成功懷孕，也要提防過程中出現種種狀況，胎兒受損。

【何知平生多破財？土孛倉庫皆陷害。】

背相詳解

內相故事四——富與貧的差距

中國傳統相法，在英才眼中所看，一個人的五官之美，有如花開艷陽，直接而表面，乃基因遺傳而已；而人之精氣神之美，卻似暗香浮動，託於修養素質，須具豐富內涵和閱歷才得以呈現於外。世俗人的臉龐顏值、五官形貌，雖可透過美容修飾，但說到底仍難掩蓋其本性本質。不管如何整容裝偽，始終難逃相學法眼。臉上五官輪廓，總離不開眼、耳、口、鼻、眉之形態差異，再深入者亦不過是髮、額、顴、齒、舌，這些在筆者眼中，都只屬於表面層次而已。眾所周知，命理八字亦有天干、地支之分，天干為外，地支為內，論命關鍵都是以內為主要根據。

事實上，相學領域亦有外相和內相之別，儘管兩人五官相同，但只要內相有所差異，其命運便會截然不同。容貌有喜、怒、哀、樂的情緒表現，內相骨骼亦有級數區分。五官為相，骨骼為命。在腰、臍、腹、背等內相之中，以背相最甚最重，稱之為「大相」。

話說某天，英才因工作需要而親臨一位相識已久的客人的辦公室，為他的生活和事業問題排難解紛。

客人辦公室位處精英雲集的中環核心地段甲級商業大廈，高聳入雲，能飽覽維港的壯闊景致，是頂級寫字樓。眼前的客人是一位五十多歲的上市公司創辦人，企業市值八十多億港元，但以五官論相，誰也猜不到他的身家竟如此豐厚。客人兜風扇耳、額角偏斜、間斷眉、馬臉、馬眼，奇怪的是竟然長有一個猴鼻、鼠口，不懂相法的人，必以為這絕非富豪之相；可是，此等五官偏偏配上背如團扇、三甲豐隆，實乃富貴雙全之命。所以說，若只看五官輪廓而忽略其內相，

【何知末年敗郎當？看他決定無承漿。】

相信很多人都會走漏眼。

王先生（化名）小時候便與筆者結緣。八十年代時的他仍是十多歲的孩童，當年筆者機緣巧合，在王先生家中勘察風水時，已察覺此子雖然貌不驚人且無心向學，但筆者斷定他將來必然成就非凡，便建議王先生父親將他送往外國受教育，盡力栽培。筆者這個小小的提議，就改變了王先生的一生。

看相算命的工作，往往會跟不同人物建立微妙的緣分。王先生因性格反叛，到了外國仍對書本沒有興趣，卻鍾情於近年新興的比特幣、亞太幣等玩意，對這些虛擬貨幣買賣近乎癡迷。雖然他在三十多歲前仍一事無成，完全符合面相流年的順逆變化，但當他交接顴鼻運之後，比特幣的誕生讓他的人生踏上了星光大道，這亦正是他的背相給他帶來的福祉。王先生算是最早一批參與比特幣買賣的一小撮人，經過十多年打滾，加上敏銳的投資觸覺，他的財富以幾何級數增長，足以讓他下半生生活無憂。

筆者雖然認識王先生多年，但聯繫不算太緊密，每次接觸亦只關乎工作。當他遇上有重要決策的時候，總以重金邀請筆者親臨他的公司，為他拆解疑難。世俗人總以為富豪級的人沒有煩惱，但在英才眼中，貧富貴賤，還不是一樣？

王先生有過三段婚姻。常人總以為，女人多的男人一定很風流，哪知這想法並不適用於他。縱使他是大有錢人，但女人帶給他的只是説不盡的傷痛。當天在他的私人辦公室內，英才便耐心聽他細訴他的感情煩惱——

英才知道他要談自己的婚姻，忍不住脫口而出：「你真是處處留情，堪稱名士風流啊！」

「風流？師傅別開我玩笑了。記得當年你也曾提點過我，『富貴雖豐，但情感必損』，果然給師傅言中。此刻回望過去半生歲月，正如師傅也知道，我有過三段開口難言的婚姻，另外又跟一個女人有了一個兒子。在男女關係上，我的失敗經驗遠比在投資上多。」王先生苦笑。

英才點頭，表示理解。

「第一段婚姻維持了近七年，當時工作太忙，又遇上女兒不幸病逝，結果老婆就跟別人跑了。不久後，就在師傅所預言的那一年，我遇上了第二段姻緣，也結了婚；又記得師傅在新春為我看流年氣色時，曾警惕我會因『邪花入宅』而破壞婚姻。唉！色戒難逃貪嗔癡，我果真跟婚外的『邪花』有了孩子，所以第二段婚姻也完蛋了；而婚外的那個女人敲了我一大筆金錢，就跟我分手了。」王先生一臉無奈，但瞬間又露出微笑：「幸好上天待我不薄。一次我在飛機上睡着了，突然身體溫暖起來，張開眼睛，看到一張美麗面龐，原來是空中小姐為我蓋上被子。後來她就成為了我的第三任太太，直至現在。」

他說到現任太太，感情之事似乎應該接近尾聲，但英才相信，真正的故事才剛開始，所以仍然保持耐性，以眼神示意他繼續說下去。

「在表面看來，我的婚姻似乎穩定下來了，但實不相瞞，我的內心仍然被過去所牽絆，心情常常起伏不定。這次請師傅到來，希望師傅能為我解開感情枷鎖。坦白說，除了師傅之外，我身邊實在沒有可以坦誠訴說心底話的人。」

英才微微一笑，說：「人生就是如此。儘管相識遍天下，但能相信的人往往寥寥可數。」

王先生十分認同，繼續他的故事：「反覆思量，我受傷最深的，還是因為第一段婚姻。時至今天，心裏仍覺得欠她一份情。」然後把目光投到遠處：「結婚頭七年，我們育有一個女兒，生活過得頗為幸福。我的事業發展也十分順遂，積累了不少財富，算是夫妻同心創富。」

英才接着說：「糟糠之妻，風雨同路。這份愛，難免刻骨銘心。當年你來找我看新春氣色，我曾提醒你提防女兒有事，但你似乎不太上心，你還記得嗎？」

「當然記得！不幸的事終究發生了。當年女兒剛好五歲，某天突然昏倒地上，我們馬上把她送到醫院，料不到她竟在短短幾個小時內就去世了，死因是心漏病。我和太太彷彿晴天霹靂，根本接受不到這個事實，傷心程度難以形容。誰猜到她小小年紀會患上這個病呢？而且事前一點徵兆都沒有。」

筆者亦深感惋惜，輕嘆一句：「命也，上天注定焉！避也避不了。」

回憶當年悲劇，王先生忍不住淚水：「對於女兒幼年離世，太太非常哀傷。女兒去世那天是星期六，此後每逢星期六，她就會不由自主地哭泣。我做的是貿易投資生意，每年差不多有七個月時間要往外地公幹；但因為太太的緣故，在女兒過世後的一年多，我幾乎每個周末都會飛返香港，陪伴悲痛的太太。」

英才感嘆：「夫妻聚少離多，加上女兒病逝，恐怕會產生問題吧！」

「正是。」王先生馬上回應：「女兒離開後，在我出差的日子，她自己一個人常常胡思亂想，猜疑心越來越大。我在英國留得久了，她懷疑我在那邊有了女人；我去日本多了，她又認為我有了日本情婦……。不過，想不到的是，最後變心的，是她，而不是我。」王先生禁不住掩面嗚咽。

男子流淚是真情流露。英才完全明白他有多傷心，識趣地不發一言，給他時間和空間調整情緒。

過了十五分鐘，王先生逐漸冷靜下來，聲音也不再激動：「某個星期六，我從外地公幹回到家中，感覺十分不妥——太太不在，平時堆滿化妝品雜物的梳妝枱空無一物；打開她的衣櫃，空空如也。她竟離家出走了！致電她的手機，她關了機。」

「我非常惶惑，完全不知道發生了甚麼事。接着兩個晚上都沒睡好，胡思亂想，有賊入屋嗎？她出事了嗎？」

筆者對此事甚有印象，插口問：「當時你有來找我，氣急敗壞地表示要看氣色。我提醒你：提防第三者！」

「是的。到了星期一，我跑到她工作的地方——那公司正位於我公司對面的大廈，終於找到她！基於在公眾地方解決不了私人事，我便半拉半請要求她一起回家去。」

「回到家中，我問她究竟發生了何事，但她一直緊閉着嘴，不聲不吭，只是不斷地流淚，還拿起一瓶白蘭地酒不停灌進肚子。不管我說甚麼，始終都問不出個所以然來；她則越來越激動，

【何知子孫生災厄？準頭分上有青色。】

更二話不說抓起安眠藥就吞了，我嚇得揮手把藥掃了大半在地上。我估計她大概吃了三四十顆，馬上把她送往醫院。幸好經過急救，她沒有大礙。」他舒了一口氣。

「經過此役，她雖然願意搬回家中，但變得沉默寡言，悶悶不樂，臉上只掛着憂鬱。每當我在周末從外地回家，都看到她坐在客廳，滿地酒瓶。令我更傷心的是，某天她在半醉狀態時，聽到手機響起來，便衝到房間向在電話另一邊的人訴說當時的情況。我搶過手機，聽到一把熟悉的男士聲音──那是她的舊愛，也是我認識的朋友。她坦白告訴我，他們暗地相戀一段時間了，而她的心也早傾向他了。」說到這裏，王先生既傷心又無奈說：「雖然我的事業頗成功，也累積了不少財富，但感情卻是一敗塗地，算是運滯吧！」

英才慨嘆：「世事難盡如人意。感情得失與運氣無關，你只是疏忽照顧家中的她而已。」

王生繼續說：「在她向我坦白的那個晚上，我跟她相顧無言，大家都在喝酒，就這樣度過了彷如一個世紀的漫長幾小時。時間一分一秒地過去，她的眼淚沒有停下來，不斷哭泣；我的心情也越來越沉重──那種感覺，就像我在醫院等待臨終的女兒被急救時的心情一樣。而這次死亡的，是我和太太的感情。」

數十年來聽盡不少世間事，英才當然明白他的傷心處，輕嘆一句：「事業成功的人，代價往往就是疏忽照顧家庭和伴侶。」

王先生含淚說：「後來我控制不住，雙膝向太太一跪，淚水不住湧出，哀求她不要離開我。」

痛苦。

筆者心想，男子有淚不輕彈，只因未到傷心處。王先生淚如泉湧，可以想像，那時的他有多

「七年婚姻不是説捨就能捨，太太終於心軟地點了頭，並答應到我的公司上班，協助我處理業務。之後，我盡力討好她，用不同方法讓她忘記過去，希望她重新快樂起來，以彌補破裂的關係。」

「我不要再犯過去的錯了，我不想跟她再分開，於是每次到外地公幹，都帶她同行。她為了表示對這段婚姻的忠誠，便跟着我到處出差。我們就這樣過了大半年。老實説，四處為家的日子令人很累，而兩個人勉強去扯合一段不實在，甚至已逐漸消失的感情更累人。在那段時間，她一直沒忘記那個男人。一葉知秋，見微能知著。每當我看見她無緣無故地哭泣，我就知道她正在想念那個男人，我只是佯裝不知，希望時間可以改變一切。」

英才看透世事，搖頭説：「難矣！」

王先生神色黯然：「我的確想錯了。某次我跟她從外地回港，她踏上香港機場就開始流淚。後來我才知道，在同一時間，那男人正在機場的另一邊登機離港公幹。原來他們一直保持聯繫，時間沒有讓他們分開或疏遠。我開始認清一個殘酷的事實——我根本無法令變了心的她回頭。」

滿臉哀傷的他繼續説：「雖然內心充滿掙扎和矛盾，但我還是選擇面對現實。在一次駕車回公司上班途中，坐在我身邊的她看見那男人的車子出現在前面，忍不住又哭起來。我也按捺不住向她咆哮：『走吧！回他身邊去吧！』」

【何知不讀書與經？看他恰似青蠅聲。】

聽到這裏，英才對他終於釋懷感到十分欣慰：「的而且確，緣盡放手是最好的結局，勉強拖下去對任何一方都並非好事。」

王先生苦笑說：「第一段婚姻就這樣結束了。現在回想起來，最後的一年多時間只是在蹉跎歲月，也令我們白白忍受了一年多的痛苦。」

英才表示同意：「注定要發生的事，總是會發生的。注定你要經歷的事，既逃不開，也躲不掉。」

這時王先生臉上帶點不甘心，說：「她原本說離婚時不要我一分一毫，但最後還是拿了我一筆錢。雖然事情已經過了很久，但最近我總是無緣無故再次回憶起來，心裏很不舒服，所以才勞駕師傅到來，聽我訴訴苦，我亦想請教一些做人道理。」

雲淡風輕。英才微微一笑：「那筆錢對你來說根本微不足道，何必耿耿於懷、憤憤不平呢？」

王先生的故事就好像一闋怨曲。英才像一個心理醫生般，在整個下午，冷靜聆聽了一個財富豐盈但感情破產的故事。我的工作專業只能教他將過去的挫折轉成養分，然後堅強地重新站起來。工作上的困難可以找人協助，但夫妻事、家庭事、感情事，旁人根本愛莫能助。

相學與命理八字是兩種不同學問。前者論相，包含了中國古老文化思想及九流十家的核心價值；後者論命，純以生剋制化演算人的一生，既無靈魂，亦欠教育，命理學家亦只會叫客人跟從天干地支的順逆禍福行事。英才傳學四十年，在課堂中剖析人的際遇高低起伏時，總是從教育觀點出發，當中蘊含不少人生哲理——儒家思想，教人與人相處之道；佛家思想，教人與自己相處之道，放下執着；道家思想，教人與大自然相處之道，勿將自己放得無限大，應該回歸自然；法家思想，教人依法治國，法律行規；墨家思想，教人不論貧賤富貴，都要學懂平等博愛；雜家思想，教你以兼儒墨、合名法去處事待人……凡此種種，都是富貴以外的思想教育。

英才常言，中國術數博大精深，若運用之時只論禍福富貴之遇，而不言待人處世之道，縱使富貴滔天，亦只不過行屍走肉而已。王先生性格使然，看重成就得失、衣祿財富。筆者相信，在他以後的人生歲月，他還有很多機會與筆者交流。英才與術數結緣大半世紀，感受良多。原來，人的一生，最大的禍福，不是際遇，不是富貴，而是心境。

命雖則天定，但相可由心生。英才在工聯會社區教授八字命理班時經常提到兩句話：「福命由天不由我，我命由我不由天」。若人的一生際遇皆依出生日期所屬天干地支所安排而發生，我們就要在沒有選擇餘地的情況下度過無法自主的人生，這難道就是古人學習術數的意思所在？世人癡愚誤以為如此。

事實上，術數只是提點和教育人生的學問。昔日文學大家勞思光教授曾言，所有術數都是一門統計學，可是有一小撮利慾薰心或只注重得失的人，願意將自己的靈魂賣給魔鬼，才令坊間的術家洋洋自得，以國師、神人甚至真聖道人自居，混騙眾生以至斂財貪色。如是因，如是果，正如網騙一樣，受騙的人怪不了誰，說到底只是自己貪圖利益而掩蓋人性光輝而已。

「教育」才是術數的本質。相由心生，自有其道理。

背之基本意義

背者，指人體的背部，俗稱背脊。具體來說，背脊是背部大椎以下（頸項以下之凸骨）、腰部以上的統稱。語出《朱子語類》卷七十：「故於卦之三四爻發虎尾義，便是陰去躡他陽背脊後處。」

《中文大辭典》的解釋是：「背之中央由三十三塊短骨重疊而成者，稱為脊椎；在上七塊曰頸椎，次之十二塊曰背椎（亦稱胸椎），再次之五塊曰腰椎，腰椎之次五塊相合者曰薦椎（亦稱仙骨），尾端四塊發育不全者曰尾椎（或尾骨）。脊椎之全體數數彎曲，能分減重力，緩和震動，以保衛腦脊髓與臟腑之安全也。」

背部結構複雜，脊椎的組成讓人體可以大幅度彎曲，使活動的靈活度更高。由於背脊上半部有保護身體重要器官如心臟和肺部的功能，所以活動幅度比較小；而下半部則可以進行大幅度的前後彎弓及一定程度的旋轉，活動幅度比較大。

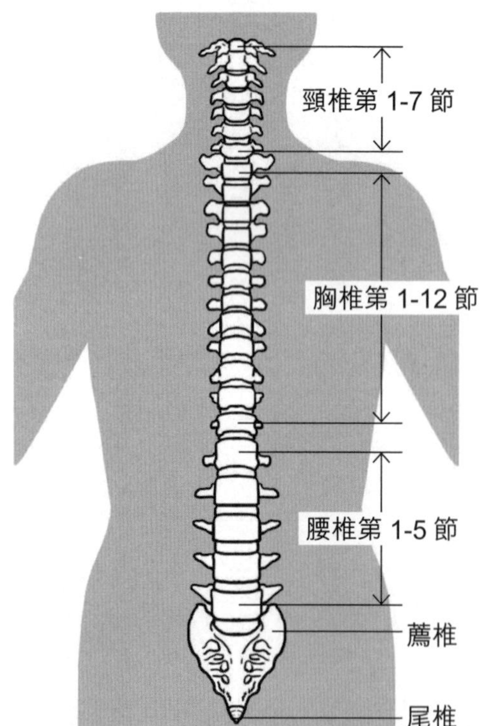

脊骨內藏脊髓，是人體的主幹，用以支撐整個身軀，而背部的一個重要功能就是保護脊骨，防禦外襲。中國古時的刑法律法，皆以鞭背為酷刑，故輕罪只可鞭臀，不可鞭背，因恐怕會傷及脊骨而對其人造成終身傷害。

醫學論背

在醫學上的定義，背部是指人體軀幹的後方，從肩膀一直向下延伸到臀部。背部的寬度取決於肋骨及肩胛骨。背部的長度則由脊椎決定，長度大約為胸椎加上腰椎，裏面包覆着脊髓。身體的胸腔除了下半部的一小塊區域以外，大部分都是由脊椎延伸出的胸腔肋骨保護的，胸腔又包覆着心臟和肺部，所以醫生可藉由背部進行肺部聽診。但腎臟位於胸腔最下方無肋骨保護的位置，鬆散地與腹膜連結，故此當背部下方遭遇重擊時，腎臟就可能會受損傷。

至於脊椎所容納的脊髓，更是人體最重要的中樞神經系統。它包含了無數的神經根系統，並且由三層腦膜覆蓋。神經系統從腦部開始，通過脊髓轉往神經根，再穿過椎間孔而分佈全身。大腦透過脊髓接收身體各部位神經系統的訊號，也經由脊髓傳遞協調及反射動作的訊息。當神經根受到壓迫時，一個人就會變得軟弱無力、身體痠痛或手腳麻痺，情況嚴重可導致全身癱瘓，故此保護脊椎健康是頭等大事。

相對於人體軀幹的其他部位，背部的皮膚較厚，末梢神經較少，毛髮也較胸部稀疏。

背部疾病以疼痛最為常見。背痛大多是因肌肉、肌腱或韌帶扭傷或勞損所引致的；一般來

【何知丈夫主有刑？請看此婦額不平。】

說，只要給予背部適當的按摩，讓背部肌肉得到鬆弛和休息，背痛就可以痊癒。脊椎問題是另一種導致背痛的根源，例如椎間盤凸出、椎間盤退化、退化性關節炎及骨質疏鬆等。西醫的治療方法包括脊柱外科手術、物理治療、藥物治療和類固醇硬膜外注射療法。

據中醫學說，背部痠軟不適、肌肉僵硬、有沉重感、背肌不自主跳動，都是背痛的徵狀。因背部經絡主要由督脈和足太陽膀胱經分佈，所以背痛大多時候都與這兩條經絡的病變有關，例如本身氣血虛弱以致流動緩滯；風、寒、濕或熱邪入侵引致氣血阻塞；外傷導致氣血凝滯等。治療方法則包括針灸、艾灸、中藥和推拿等，經絡得到疏通，通則不痛了。

從醫學定義可以歸納，健康的背部必須至少符合以下三個條件：

一、皮膚是抵禦外界風寒入侵人體的第一道屏障，背部皮膚堅緊潤厚，能有效阻擋寒氣，保障身體健康；若皮薄鬆弛，無法抵抗外來的侵襲，身體自然虛弱。

二、背部肌肉厚實，可以抵禦及緩和外來的衝擊，達到保護脊椎和內臟器官的目的；若肉硬不豐，肌肉力量不足，就會懶於活動，久而久之，就會變得行動遲緩，反應遲鈍。

三、背身平直，可以讓脊椎骨平均發展，使骨質堅硬，骨髓充滿；也可以讓肺部得到充分擴展，有助增加肺活量，從而向血液提供更多氧氣，使精力更充沛。有些人喜歡睡軟床，日子有功，導致背部彎曲，脊椎的骨節之間長出了肉芽，背部無法伸直，就要動手術切除肉芽了。

背在相學上的定義

古語說：「要穿貴人衣，須生貴人體」。在古代社會中，貴族與平民有明顯的區別，前者的身份和地位十分崇高，穿着華麗衣服是貴族身份的外在表現，更重要的是內在所代表的權勢、地位和責任。這句話的意思是，只有具備良好素養和條件的人穿上華麗衣服才有意義，否則只是虛有其表。這句話在相學上的意思就是，擁有良好體相的人才是富貴之命，才有機會穿上貴族衣服，擁有權位和名利。通過觀察人體不同部位的特徵，可以了解其人的貧富貴賤及運勢好壞，而背相就是體相中的重要部分。史籍中亦有不少以背相優劣定人榮辱壽夭的記載。

《史記・淮陰侯列傳》記載：「漢初策士蒯通曾言韓信：『相君之面，不過封侯，又危不安。相君之背，貴不可言。』」

《新唐書・袁天綱》曰：「馬君（馬周）伏犀貫腦，背若有負，貴驗也。近古君臣相遇未有及公者。然面澤赤而耳無根，後骨不隆，壽不長也。張（張行成）晚得官，終位宰相。」根據史籍記載，馬周終年四十八歲；張行成官至尚書右僕射。

南宋吳曾《能改齋漫錄》：「宋代奸相蔡京精通相術，曾因政事不和取笑其弟蔡卞：『弟骨相固佳，但背差薄。』」意思就是說蔡卞背相不佳，難有大貴。蔡京心胸狹窄，批評弟弟背相惡劣必主前途黯淡，雖然出於嫉妒，但從相學角度而言，其所言非差。

《古今圖書集成》引《黟縣誌》：「盧臣忠字仲信，登政和二年第。建炎初，由臨安府司理

【何知其人主路死？滿面白色恰如泥。】

累遷右正言，上欲大用，命相者視之曰：『有膺（胸）無背，官不過此』。後扈駕至靖康，敵使有逼近御舟者，臣忠叱退之，勢益迫，臣忠失足墜水中。」

從以上幾則歷史記載，可見體相在古代十分盛行，而相背的學問亦早見於漢初。古人認為，背為「身之基祉」，背相的優劣關乎一個人的貴賤壽夭，實有根據。

相典論背

背相就是指背脊之形態，在內相之中是為大相。背相能體現一個人的承載能力及負擔能力，觀其形態更可定人一生的安危及百年的貧富。以下摘錄部分相書記載，供讀者參考：

《相理衡真》論背：「夫背者，庇也，庇護於子孫也。故峙聳其後，有三山三甲之名。欲其峗峨而峻，豐厚而立。尤必觀其厚薄，詳其豐陷，以審其安危，可定貧富壽夭。豐厚隆起者富貴，薄陷者貧夭。背後有骨隆然而起如伏龜者，食祿二千石。背如負物者大貴。前見如仰，後見如俯，不貴則富。豐厚凸起者福祿，偏薄斜側者貧夭，平闊者多福少災。見骨成坑者，多厄而貧。三甲成者，貴而壽。方且長者，智而富。短而削薄而寒者貧賤。如團扇者至貴。窪深如溝渠者至貧。」

《神相全編》論背：「夫背之為質，觀其厚薄也，一身所恃之安危，詳其豐陷也，百歲可定之貧富。故平闊而豐者，一身少災而福。偏狹而陷者，一世多厄而貧。有骨隆然而起，如伏龜狀者，二千石祿。背三甲成者，貴而壽。豐厚凸起者，福多子孫。斜薄窪下者，貧寒孤獨。方而長者，有智而福。偃而短者，無識而賤。圓厚如團扇者主貴。窪深如溝渠者至貧。前見似仰，而後見似俯而前者，不貴則富矣。」簡而言之，背部的厚薄或豐陷反映一生運勢。背部平闊、豐厚，平生少災而多福；背部狹窄凹陷，一生艱難貧苦；背部有骨隆起狀若伏龜，能享高官厚祿；背呈疊字（三甲之狀），可顯貴得長壽。背部豐厚凸起，子孫繁衍。背部歪斜扁薄低陷，貧苦無依。背部方而長，為人聰明，福澤綿長。背部短縮，識見淺薄、困厄貧賤。背部圓厚寬闊如團扇，大貴之相。背脊凹陷成坑，極貧之相。背部前看如仰起來，後看如俯身向前，縱不顯貴也能發富。

又云：「背欲長不欲短，欲厚不欲薄。坑陷者貧賤之人。平闊豐厚，則安於一身矣。背如有負（如負物在背），豐厚凸起，主後福，又云，多子孫。偏薄則貧夭。」意思就是：背部宜長不宜短，宜厚不宜薄。背部凹陷成坑，貧賤之相。背部平闊豐厚，一生平安。背部隆起好像背着東西，晚福厚，多子多孫。背部歪斜扁薄，貧窮且短壽。

《神相水鏡集》論背：「背者，一身所恃其端厚也，詳其豐陷，定其吉凶。欲厚不欲薄，欲長不欲短。平闊豐厚，可安於一身矣。袁天綱曰：背若伏龜，為儒早發。背厚腰圓，九州威鎮。前仰後俯，不貴則富。胸凸背凹，不窮則夭。圓厚如團，富貴完全。窩深如溝，貧而且賤。曲背直腰，子孫不超。背厚胸闊，富貴兩足。有背無胸，晚年孤貧。背脊成坑，虛花無壽。女子背圓，必嫁秀士。鱉背龜胸，因此貧窮好色。若如屏風，必定封妻蔭子。」

《洞微玉鑑》曰：「須得豐隆不俗，如龜背而廣厚平闊。前看如昂，後看如俯者，福相也。」

張行簡《人倫大統賦》云：「夫背所貴者豐隆，身乃恃而安定。貧夭絕嗣者偏側欹斜，富貴有後者闊厚平正。勢若踞山之蹲虎，利賓於王。形如出水之伏龜，考終厥命。」其意：背喜豐隆飽滿，方能支撐身體之安定。背部偏側歪斜，其人根基薄弱，先後天皆有缺失，是為夭折短壽之相；而且壞樹難結美果，所以子孫質素不佳。背部寬厚隆起，氣概萬千，其人必有王佐之才，能輔助王者取天下。背部豐隆飽滿、形如伏龜，其人開運早，少年發達，事業暢順，人生少遇風浪，偶然遇險也能化險為夷，甚至瀕臨死亡邊緣，亦將轉危為安；縱使不能長壽，也必得善終。

背部的重要角色是保護脊椎、肺部和神經組織，脊椎是支撐人體的樑柱，所以背部關乎整個身軀的安危；身強體壯，才有福氣享受富貴與長壽。總結以上相典，好的背相宜長不宜短，宜厚不宜薄。背部平闊、豐厚、有勢，主一生少災，多福多壽、富貴安康；背部薄削、陷下、偏狹，主其人個性優柔寡斷，一生多厄，體弱貧困，運途蹇滯。

論背相詩賦

肩闊背厚，富足三代。背聳三山，富貴清閒。

背有三甲，終久必發。背脊成坑，勞苦艱難。

背狹肩削，一生貧薄。背如團扇，福壽雙全。

曲背直腰，子孫不超。有背無胸，晚年孤窮。

背厚胸闊，富貴兩足。胸凸背凹，不貧則夭。

前仰後俯，不貴即富。女子背圓，必嫁秀男。

背聳峙後兮，徵福澤之有無。號為三甲兮，作一身之匡扶。

長闊兮，身登宦途。豐厚兮，坐享田湖。
肩削背虧矣，實愚頑之鄙夫。
背陷肩寒兮，乃囊空而腸枯。
背若屏風兮，蔭妻子而有謀謨。
背脊成坑，終勞於賤役。
背若屏風福蔭子孫，背若伏龜必有施為。
背如負物邊陲將帥，背如團扇現成基業。
背部偏斜絕嗣貧夭，背部薄窄不貧則折。
背脊豐隆福自堅，莫教薄小損天年；宛如貝字真豪富，姬妾成行鬥色妍。
背平膊厚富盈餘，肥馬輕裘總自如；形體差池神不足，名為鄉原果無虛。
背聳三山臂膊肥，家藏鏹寶任施為；有胸有腹成壬甲，要得高官雨露滋。
為何艱苦為何忙，背脊成坑不自量；此是前生窮種子，可憐今世一空囊。
為人只怕背肩寒，寒了背肩事事難；經濟才高焉用世，吟風弄月把琴彈。
背脊豐隆福自堅，莫教偏薄損長年；不知三甲如何說，借問先生覓正傳。

背之外觀相理

有句老話說：「好面不如好背」，意思就是，一個人的背部相理好壞，比五官面相更加重要。背相的命理要義，大致以方長、寬闊、圓厚、平整、豐隆為吉相，以短縮、狹窄、削薄、偏歪、內陷為劣相。從長在背部的痣瘻位置也可以看人的財富、前程與健康。

背之方長短縮

《神相全編》：「背欲長不欲短」，背部方方正正，看似長方形，是有智慧、有福澤之相。其人聰明敏銳，充滿正義感，處事冷靜而周詳；身處惡劣環境時，能夠臨危不亂，以個人智慧和豐富知識應付人生各種境遇，為自己扭轉逆運；樂於幫助弱勢人士，助人自助，福慧雙修，一生好運隨身，遇難逢貴人，轉危為安，福澤綿長。

「(背)傴而短者，無識而賤」，背部短縮，則是缺乏知識、卑賤貧困之命。其人頭腦遲鈍，愚昧無知，善惡、好歹不分，自私自利，猜疑心大，自卑感重，脾

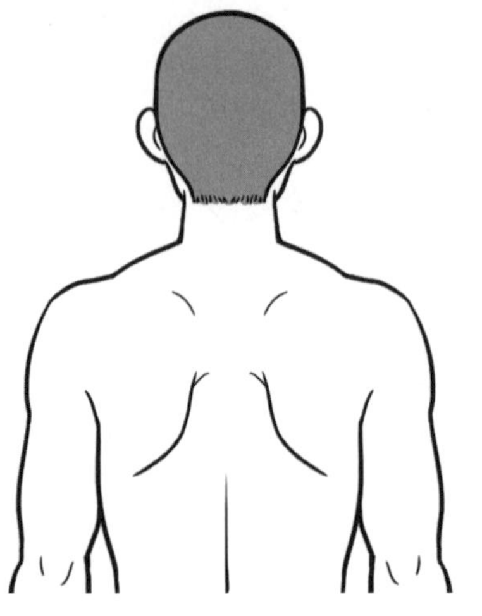

背短而縮　　背方而長

氣又差，事事斤斤計較；胸無大志，沒有理想和抱負，對生活要求也不高，欠缺推動自己向前的動力，蹉跎歲月浪費光陰；體弱多病，晚景尤其淒苦。

背之寬闊狹窄

《相理衡真》賦曰：「背若屏風兮，蔭妻子而有謀謨」，背部平闊如屏風，能給人帶來安全感，是福蔭妻子（在現代社會亦可解釋為配偶）、建功立業之相。其人有智有謀，力量強大，志氣高遠，有野心，有抱負，人生態度積極，少年聞達，官運旺盛，可成為政府部門的優秀幕僚，創業則可在業界揚名，名利兼得，福祿雙收，並可惠及伴侶和兒女。

「背部薄窄不貧則折」，背部狹窄則是貧困、折壽之命。其人心智不開，愚鈍不靈，有點神經質，性格因循，膽小怕事，思想消極，意志力薄弱，處事優柔寡斷；少年運差，路途艱難，福祿淺薄，兼且體弱多病，可能身帶隱疾而不自知，屬於短壽之相。

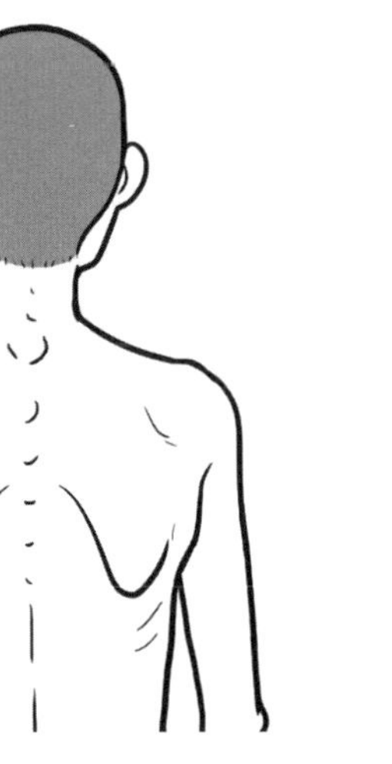
背部狹薄

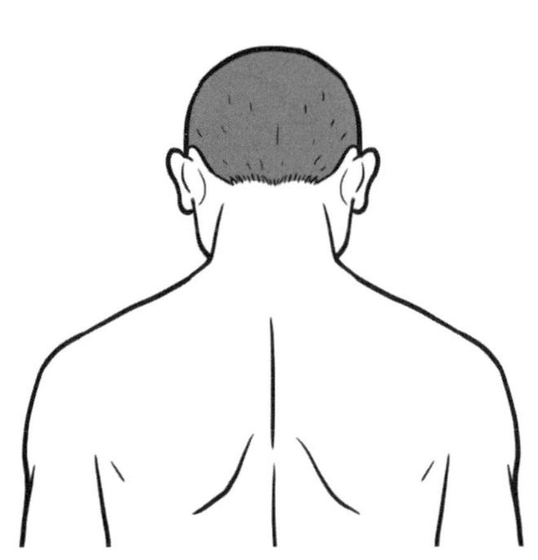
背闊如屏風

背之圓厚削薄

《麻衣神相》：「（背）欲厚不欲薄」；「豐厚突起者，福多子孫」。背厚在相學屬於富格及壽相格，是大貴的體相。其人頭腦靈活，精力充沛，志氣高昂，既有氣魄亦有才幹，具百折不撓的精神，行事光明磊落，待人有情有義；開運早，身體好，福分厚，可享高壽，子孫多而優秀。

相訣云：「（背）莫教薄小損天年」；「胸背脊薄，奴隸之相」；「相貧賤，背薄」，背薄則屬於相學中的六賤格及退格，是貧賤及勞役之相。其人柔弱怯懦，思想混亂，沒有主見，意志力低，缺乏毅力和恆心，難當大任，只能從事低下層工作，出賣勞力以換取金錢維持生計，一生多災少福，困厄貧窮，而且體弱多病，壽元受損。

背之平整偏歪

《相理衡真》詩曰：「背有三甲，終久必發」。三甲合起來彷如「壘」字（「壘」始見於戰國時代，原始寫法是四個田即「畾」，演變至篆文時定形為三個田即「壘」），《說文解字》：「壘，軍壁也」，是古人打仗時用作防守的石牆，故三甲背就是指背部平整厚實，彷如牆壁一樣，是發達之相。其人豪邁剛烈，智勇雙

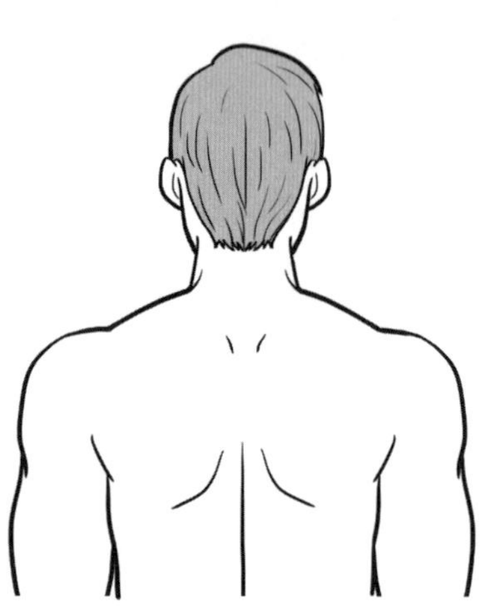

背有三甲

全，膽色過人，有極強的意志力，辦事必能貫徹始終，面對困難敢於克服障礙，遇上問題絕不推卸責任，三十歲前運程躍起，事業發展衝上雲霄，進步神速，名成利就，發富發貴。

「背部偏斜絕嗣貧夭」，背部偏斜不正，刑剋子嗣，貧寒孤獨，是不吉的背相。其人性格反覆無常，自私心重，器量淺窄，無故惹是生非，顛倒黑白，指鹿為馬，損人利己，投機心極重，常抱以小博大的心態；一生多災少福，難育子女，更是短壽之命。

背之豐隆內陷

《相理衡真》詩曰：「背脊豐隆福自堅」；「背若伏龜必有施為」；「背後有骨隆然而起如伏龜者，食祿二千石」，背部豐厚且脊柱骨隆然而起，有如俯伏的烏龜背部，在相學上稱為伏龜背。背如伏龜的人性格安定沉穩，思想冷靜縝密，待人真誠，幹勁與毅力十足，作風務實，尊重客觀規律，堅持實事求是，不僅事業有成，更且有福有祿，享壽百歲，得其善終。

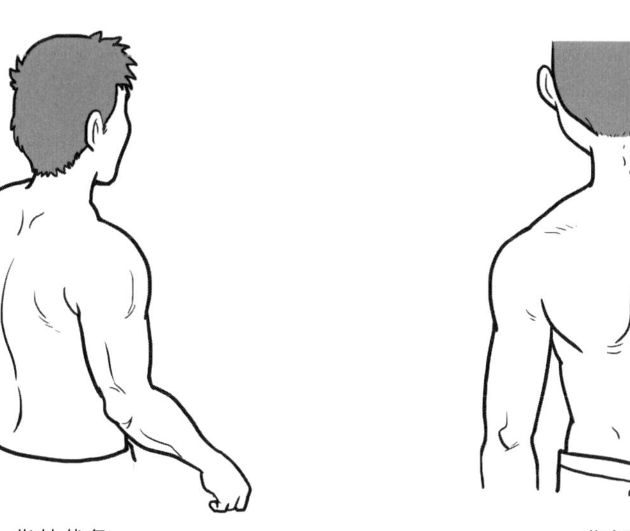
背若伏龜

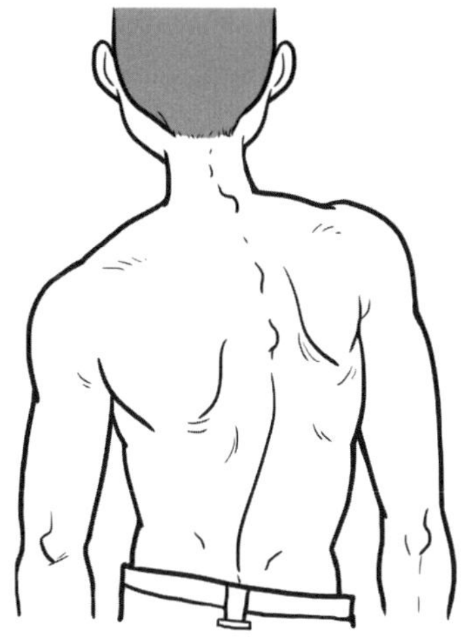
背部偏斜

「背脊成坑，終勞於賤役」，若背部骨多肉少而凹陷成坑，其人粗鄙庸俗，疑心重，器量淺，做事馬虎，猶豫不決，志大才疏，不自量力，人生多遇挫折，中年運勢停滯，風雨飄搖，注定一事無成，而且天生體弱，有損壽元。

背之癦痣

民間對人體背部長痣有一些說法：「痣背人吉，人背痣凶」；「有福之人痣背人，無福之人中背痣」，認為背上長痣的人人生非常累，做事常遇挫折，亦無貴人相扶，辛苦打拼但往往事倍功半，所以就有背部長痣為不吉的說法。

其實，背上的痣預示了命運的吉凶，但痣在背部的不同位置實有不同意義，下面逐一探討和解密。

肩胛骨長痣：田宅多進，口齒伶俐

肩胛骨在人體背部，雙手向後伸出可以輕易觸摸得到。長在肩胛骨的痣名為「田宅多進痣」，有此痣相的

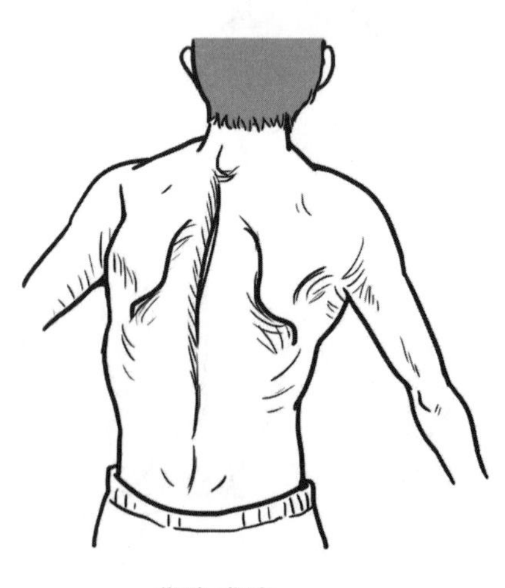
背陷成坑

肩胛骨長痣

人祖蔭殷厚，可繼承房屋、股票之類的不動產；而且性格圓滑，口齒伶俐，善於與人溝通，從而取得他人的信任和幫助，在社會上贏得頗高的地位，金錢進賬也大，人生比較順利。

右肩胛骨最下端長痣：富比石崇

石崇是西晉的巨賈，有說他的財富比晉朝開國皇帝司馬炎還要豐厚，可謂富可敵國。

右肩胛骨最下端靠近脊椎的位置長痣（見下右圖），名為「石崇巨富痣」，故名思義，其人富甲天下，必能以富聞名，擁有大量動產和不動產。

背部腰上位置長痣：聚財力強，性格沉穩

後背腰部以上位置長痣（見下左圖），其人性格沉穩，頭腦靈活，有智慧，自制力強，腳踏實地，對生活及工作充滿熱誠，而且眼光獨到，決斷力高，擅長管理財富，天生就是做生意的料子，能聚財富，揚名聲。

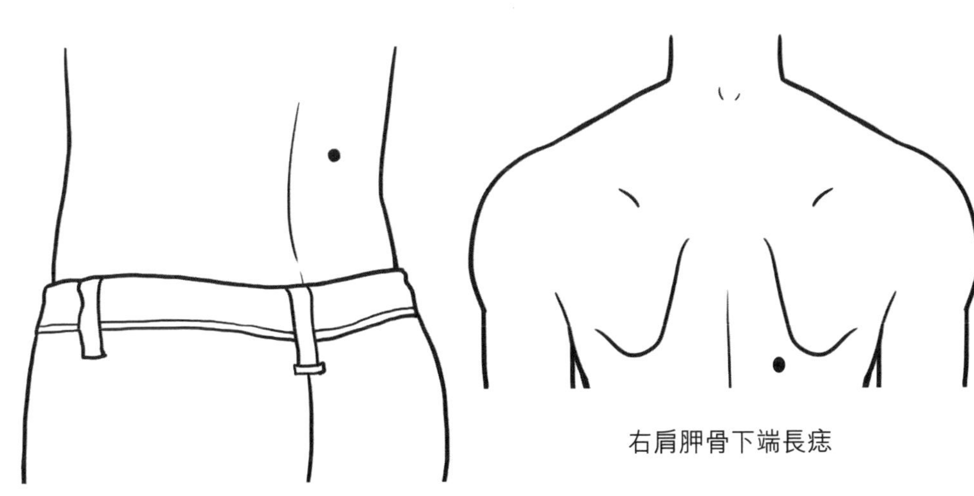

右肩胛骨下端長痣

肚臍正後方長痣：聰明智高，健康長壽

肚臍正中後背長痣（見下右圖），在《腰相詳解》已有論及，稱為「貴人痣」，象徵長壽及財富，是上好的吉痣。

由於這顆痣長於背部脊柱，所以亦有其他意義，其人心地善良，富同情心，樂於助人，聰明智慧高，識見甚廣，福蔭及伴侶與兒女，配偶賢良，子孫賢孝，受人尊敬，身體健康壽元高，愈老愈有福。

背脊骨正中間長痣：前途光明，健康長壽

背脊骨（十二節背椎）正中間位置有痣（見下左圖），既不偏上也不偏下，屬於富貴雙全的吉痣。

其人父母安康，有祖蔭家業可承，做事積極，領導力強，賺錢能力高，而且貴人運好，前程無限，晚年身體安康，兼享高壽，兒女孝義，子孫滿堂，所以這顆痣亦稱為「福如東海痣」。

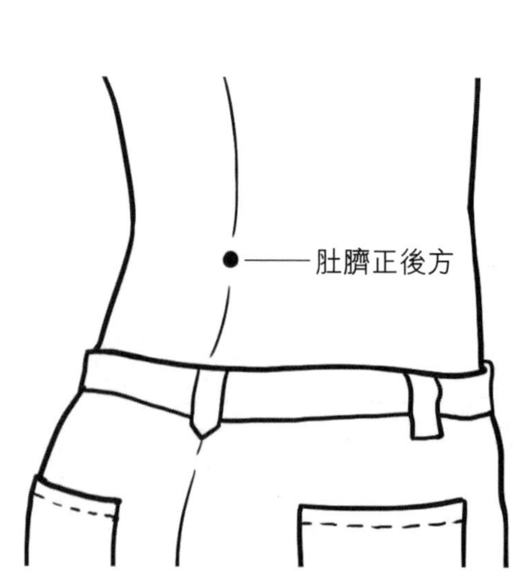

背脊骨上部長痣：抵抗力弱，呼吸毛病

背脊骨（十二節背椎）垂直分成上下兩部分，若有痣長於背脊骨上部（見下右圖），其人天生體弱，尤其呼吸系統如喉嚨、氣管、支氣管等特別敏感，天氣轉變時就會發作，而且病情反覆，時好時壞，過程漫長；康復後容易留下後遺症，更可能會長期受其他慢性病折磨。

背脊骨下部長痣：遭人誤解，消化毛病

背脊骨（十二節背椎）垂直分成上下兩部分，若有痣長於背脊骨下部（見下左圖），其人機靈敏銳、善解人意，但因不擅表達自己想法和意見，所以容易被他人誤解，導致常常心情納悶，情緒低落。事業方面，發展尚算順利；但異性緣不太好。身體方面，消化系統較弱，其他內臟器官亦易有毛病。

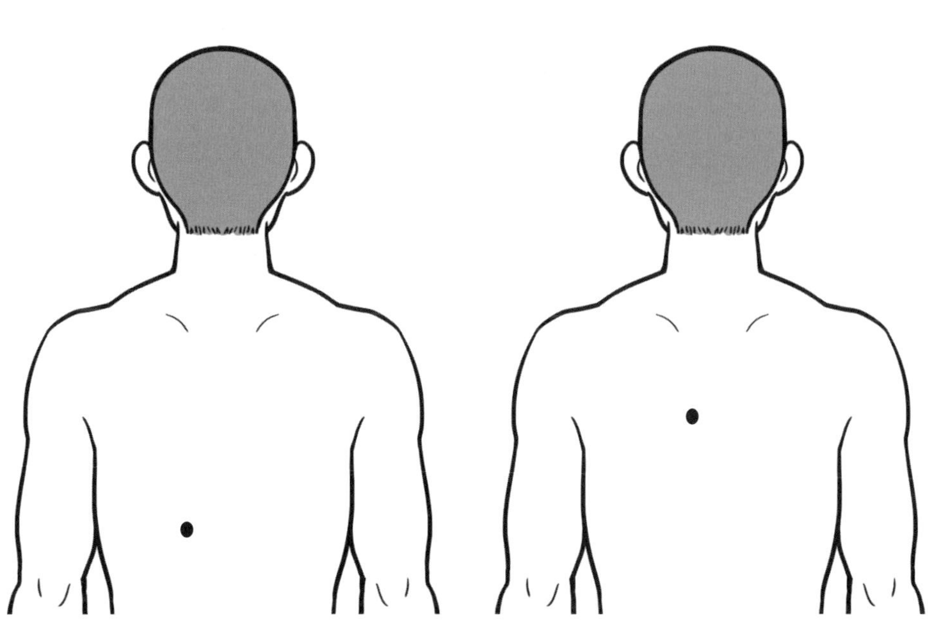

尾椎長痣：現成福祿，能文能武

尾椎上長痣，其人能夠繼承家業祖業，享受現成祖蔭，而且身體健壯，見識廣泛，學識淵博，能文能武，智慧過人，從事非文職工作發展順利，能把握發揮機會而攀升至極高位置；從事文字或文學研究事業的話，有機會成為知名作家或哲學家。

背部相理總論

背者脊也，在頸之下、腰之上，屬一身的主幹。背亦庇也，既是保護人體脊骨的重要部位，也有庇蔭子孫的相學意義。通過分析背部的形態，可判斷人生百歲的安危、富貧、壽夭、心性、婚緣及子息運等。

無論如何，筆者必須再次強調「相不獨論」的原則，習相者不可憑單背部相理判斷全局吉凶，否則只會流於瞎子摸象，存在偏見。相背宜兼看肩、腰以至臂膊等部位，互相參照，方能掌握體相的全貌與真正象徵意義。

心性、健康、際遇

(1) 論背相，背皮宜厚，可以禦風寒；背肉宜堅，可以防不測；背身宜豐，則脊骨得以平均發展；背身又宜直，則骨力堅強，不至壓抑肺部。此四宜皆屬上相，乃福祿之大相也。

(2) 背忌皮薄骨露，不能抵外來之侵襲，而身體弱矣；忌肉硬不豐，其人必憚於用力，是作事不敏矣；忌背身彎曲，則肺部被脊骨所壓迫，而百病易起；忌兩旁骨削，則骨力不堅，易成易敗之相。此四忌皆屬下相，其人必不得志，或早年夭折，或終生勞苦，或遇事多拂逆，欲求富貴長壽者，百無一也。

(3) 背部厚實且呈長方形的人，頭腦聰明有智慧，應變力強，待人處事圓滑，善於變通，人際關係十分好，一生福澤綿長。

(4) 背方而長為人正氣，充滿正義感，行為踏實不虛偽，自信心強，身處惡劣環境時，能夠臨危不亂，以個人智慧和豐富知識應付人生各種境遇，為自己扭轉逆運。

(5) 「背如團扇，福壽雙全」。背部肌肉圓厚，肩膊寬闊，腰部略窄，看上去形狀有如團扇，能保護肺部不受壓迫，可禦風寒，肺好身體好，此相既有福蔭，也享高壽。

(6) 背部脊柱隆起高聳，看來微彎但不駝背，有如俯伏的烏龜背部，其人性格沉穩，做事認真負責，十分可靠，值得信賴。

(7) 背如伏龜是多福多壽的體相，一生少災少禍，即使偶然遇險，必能履險如夷；甚至陷於瀕死邊緣之際，也會出現奇迹變化。其人享壽百歲，得其善終。

(8) 背部平闊而厚實的人，生活和事業都比較平穩，既沒有飛躍式上升，也沒有斷崖式下降；他們的人生圓滿而有福氣，少災少禍，衣食無憂。

(9) 背部平正而寬闊，狀似屏風，是上佳的體相，一生運勢平穩順暢，沒有大風大浪的衝擊，少災少禍，人生比較圓滿。

(10) 背身平直，脊椎骨得以平均發展，骨質堅硬，骨髓充滿，肺部也得到充分保護，肺強則體強，多屬高壽之人。

(11) 背部豐滿厚實且向上凸起，配上寬厚的肩膊，是大吉的體相，其人做事認真和努力，遇挫折勇於承擔責任，遇困難敢於面對克服；健康方面，身強體壯；晚運安康吉祥。

(12) 背部肌肉豐厚隆起，從前面看好像背着東西，從後面看彷彿披上鎧甲，有此背相的人品格高尚，氣度恢宏，不僅天然散發貴氣，更是長壽而身體安康之命。

(13) 背部寬闊豐隆而平整，在相學上稱為三甲背。「腰背負物似甲形，行輕坐起直而平」，形容擁有三甲背的人走路時步履輕盈，坐立時背部挺直平整，也就是身強體壯的象徵；腰背相配，好運綿延，榮貴壽長。

(14) 肚臍正中後背長痣，位於背部脊柱，其人聰明智慧高，識見甚廣，福蔭及伴侶與兒女，受人尊敬，身體健康壽元高，愈老愈有福。

(15) 背脊骨（十二節背椎）正中間位置有痣，既不偏上也不偏下，是富貴雙全的吉痣，代表父母安康，有祖蔭家業可承，貴人運好，前程無限，晚年身體安康，兼享高壽。

(16) 背部狹窄而削薄的人，意志力薄弱，做人缺乏主見，隨波逐流，人生道路崎嶇坎坷，運勢反覆不定，容易惹事招災，禍事接踵而來。

(17) 「（背脊）莫教薄小損天年」；「背部薄窄不貧則折」。背薄而窄的人天生體弱多病，長期受疾病困擾，更可能身帶隱疾而不自知，屬於短壽之相。

(18) 背部彎曲，肺部受壓而易生毛病，損害健康，影響壽元。人生路上，事多拂逆，有志難伸，有願難償。

(19) 背如彎弓的人內向膽小怕事，智慧不高，自尊心強，但自卑感大，終日懷疑身邊的人看不起自己或在背後對自己挑剔，所以人生活得並不快樂。

(20) 背部短縮的人自卑感重、識見淺薄、愚昧無知，善惡、好歹不分，判斷能力低，任何事都做不成。

(21) 背短而縮是下賤、卑賤、貧困之相，晚景尤其淒苦，若不修善積德，人生必然多災多劫。

(22) 背部偏斜是脊椎偏歪不正所致，在中醫學角度，脊椎視同鼻子，脊椎偏斜則鼻子亦歪，其人常感身體冰冷，並易患腰、肩、背痛及消化不良疾病。

(23) 背部骨多肉少、低陷成坑者，個性優柔寡斷，決斷力弱。人生路崎嶇不平，挫折多遇，小人阻撓，坎坷不順。

(24) 有痣長於背脊骨上部，代表天生體弱，尤其呼吸系統特別敏感，而且病情反覆，康復後容易留下後遺症，更可能會長期受其他慢性病折磨。

(25) 有痣長於背脊骨下部，其人易因不善表達個人感受而被他人誤解，事業發展尚算順利，但異性緣不太好。身體方面，消化系統較弱，其他內臟器官亦易有毛病。

事業、地位、財富

(1) 背部方而長的人對未來很有規劃，十分清楚自己追求的生活模式，而且會朝着目標努力，並取得成功，兼且理財得宜，少有缺錢用的情況，可謂一生福祿隨身。

(2) 背部肌肉圓厚，肩膊寬闊，腰部略窄（即背如團扇），是大貴之相。其人重理重情有義氣，行事光明磊落，工作認真而努力，既得到他人敬重和信服，事業上也能獲得重大成就。

(3)「背如團扇，現成基業」，此相的人大多得到祖輩父輩福蔭，有祖業家業可承，並能發揚光大，在社會上贏得較高地位，而且聲譽良好，受人敬仰，可富可貴。

(4)「背若伏龜，必有施為」。背如伏龜天生是領導人物，判斷力強，善於發現和把握身邊的機遇，故事業順遂，營商有道，廣納四方財以至富甲天下；為官的話，官運亨通，可達司局長職級，既得富貴，也享長壽。

(5)「背若伏龜，為儒早發」。此相的人若不從官或從商，則可從事學術研究工作，也能以文章傳世，以知識換美名。

(6)「背若屏風兮，蔭妻子而有謀謨」，背部平闊的人天生有謀略，行事英明果斷，是非常優秀的幕僚人才，不僅自身能建功立業，光耀門楣，更能蔭及配偶。

(7) 背若屏風，官運旺盛，具有指揮他人妥善完成任務的能力，可成為政府機關的領導級人物。

(8) 相書謂：「前仰後俯，不貴則富」，人前看去背部好像仰起來，從後看去背部彷似俯下向前，其人縱不顯貴，也是富有之命。

(9)「背如負物，邊陲將帥」，背部肌肉豐厚隆起如披上鎧甲，有統領三軍護國之才，武職大貴。

(10)「背有三甲，終久必發」，是大吉的體相，其人外表氣勢非凡，早年得志，三十歲前運程躍起，事業發展衝上雲霄，進步神速，名成利就，四海揚名，富貴無比。背上有三顆紅痣，也可以三甲背同論。

(11)「背聳三山臂膊肥，家藏鎰寶任施為」，背聳三山即背有三甲，其人縱無祖業田產可承，也必能憑個人力量為自己創造財富。

(12) 右肩胛骨最下端靠近脊椎的位置長痣，名為「石崇巨富痣」，必能以富聞名，擁有大量動產和不動產。

(13) 後背腰部以上位置長痣，其人眼光獨到，聚財力強，決斷力高，擅長管理財富，天生就是做生意的料子。

(14) 尾椎上長痣的人能夠繼承家業祖業，享受現成祖蔭。打工的話，從事非文職工作發展順利，能攀升至極高位置；從事文字或文學研究事業的話，可成為知名作家或哲學家。

(15)「胸背脊薄，奴隸之相」。背部狹薄的人做事沒有毅力和恆心，難當大任，只能從事低下層工作，出賣勞力以換取金錢維持生計

(16)「背欲長不欲短，欲厚不欲薄」，意思就是背部宜長不宜短，宜厚不宜薄。背短背薄者，注定是貧賤之命。

(17)相學有訣：「相貧賤，背薄」。背薄無肉、皮乾如柴，這是根基薄弱的象徵，注定是貧賤之命，其人一生勞苦，無福可享。

(18)背部彎曲向前傾，俗稱貓背，多見於老年人。若在青壯之年而呈貓背，便是未老先衰的徵兆，其人天資亦差，多是才智低劣、侍役僕從之輩；即使僥幸而職顯位高財足，一旦貓背顯露，也就是權勢財運瀕臨破滅邊緣了。

(19)背部彎弓，無福無祿，一生窮困，財源難聚，除了要克勤克儉外，更忌以賭博、盜竊為生，否則種下禍根，貽禍終身。

(20)背部短而縮的人思想遲緩，反應遲鈍，做事缺乏上進心，一生事業沒有成就，生活窘困。

(21)「(背)短而削薄而寒者貧賤」；背部短、薄而無肉乃貧賤之相，本身既缺乏智慧和上進心，不思進取，辦事能力又低，故只能從事出賣勞力的工作

(22)相書論命，背斜心斜，有此相者貪婪而愛佔人便宜，詭計多端，工於心計，表面與人友好，但內心暗藏奸計，企圖詐騙錢財。

【何知生女不生兒？眉間但看兩頭垂。】

(23) 脊椎偏歪不正，形成整個背部歪斜偏側，是不吉之背相，其人愛走捷徑，縱使搏得一朝富貴，也是易成易敗，轉眼成空，注定一生貧寒。

(24) 「背脊成坑，勞苦艱難」；「背脊成坑，終勞於賤役」。背部骨多肉少而凹陷，形成一道深坑，在相學上是為凶相，其人終身不開運，事業艱難，只能從事勞動性質工作，有錢虛花，無錢苦惱。

(25) 背陷成坑，難以住財。三十多至五十多歲中年時期運勢停滯，做事少成多敗，錢財漏洞百出，不知不覺就會把多年累積的成果消耗殆盡，若然不知進退，必陷重大損失。

桃花、婚緣、子息

(1) 背部長得方正而長，福德因緣具足，旺夫旺妻，女命能嫁得品行優秀的丈夫，男命能娶得溫婉嫻熟的太太，兼得貴子。

(2) 男性背部圓厚是力量和氣概的象徵，能為異性帶來安全感，故能吸引女性注目，一生桃花運不錯。

(3) 背如團扇，祖蔭殷厚，不僅自身受惠，更能聚福澤後，子嗣興旺賢孝。

(4) 背若伏龜的體相能夠給人踏實、穩重的安全感，不論男女都能擁有穩定的感情，細水長流，相偕到老。

(5)「背若屏風，福蔭子孫」，背部平正而寬闊，形似屏風，不僅自身有福有祿，而福澤綿延後代，子孫亦能享富貴榮華。

(6)「(背)若如屏風，必定封妻蔭子」，背若屏風的人得志為官，貴氣逼人，連帶配偶也受到尊敬，在社會上享有一定地位，是旺妻或旺夫之命。

(7)背寬厚實，不僅象徵父母之遺傳優良，同時象徵祖德深厚，可享祖蔭，身體健康，子孫繁衍。

(8)男性背部圓厚是力量和氣概的象徵，能為異性帶來安全感，故能吸引女性注目，一生桃花運不錯。

(9)《麻衣神相》評背如負物「豐厚凸起，主後福，又云多子孫」，子息福分厚，家族繁衍，多兒多女。

(10)背有三甲，福德自隆，能庇護子孫，子息運相當好，不僅能與兒子、女兒、兒媳或女婿和睦相處，而且能將福蔭綿延至下一代。

(11)背部狹薄，六親緣薄，夫妻情短，婚姻運反覆，是比較容易離婚的背相，早婚早離，再婚也難到老，注定晚年貧寒孤獨。

(12)背部彎弓是刑夫剋妻之相，婚後丈夫或太太健康或工作有損，運程由順轉逆，夫妻感情亦不好，配偶多有外遇，婚姻難到老。

(13) 《太清神鑑》：「曲背駝腰，子孫不超」，其人刑剋子女，從得一兒半女，也是緣分淺薄，感情冷淡，有子若無子。

(14) 背短而縮，先天肺弱體質差，男命難有子嗣繼承；女命難懷孕，有孕亦恐有流產之險。

(15) 「背部偏斜，絕嗣貧夭」。背部偏歪不正的人自小健康不佳，難育子女，或是只得女兒沒有兒子；刑剋嚴重的話，甚至有子女夭折之險。

(16) 背陷深坑是大破敗之相，事業難成，姻緣難就，子孫難養，注定大半人生都是孤獨過生活。

(17) 在相學上，背部有庇護子孫功能。若背陷成坑，代表難以庇蔭後代子息，或是沒有子嗣或是子孫多厄。

女性背相命理專論

俗語說：「好頭不如好面，好面不如好身」，有關女性的一生運勢，可以從她的身材體貌略窺一二。前面說過，背部是體相中的大相，舉足輕重，絕對不能忽略。男女生理結構有別，就背部而言，男性肌肉含量比女性多，而女性背部線條較柔和。但在相學上，男性與女性的背相看法大抵相同，但仍有少數相法是女性專屬。以下列出針對女性背部的相法，供習相者參考。

(1) 古相書論背：凡女命背部圓厚而清秀（即皮膚潤澤，肌肉結實），必配良夫；女命背厚，可許貴郎，託付終身。

(2) 女性背若屏風，官運旺盛，可發展個人事業，取得成功，並且易得男性幫助而致富。

(3) 女性背如負物，雖缺乏嬌小體態和外形，但善良多福，對感情專一，能嫁得品格優良的丈夫，旺夫旺子。

(4) 女性背有三甲，性格自信好勝不服輸，宜配品格溫順或年紀比自己略小的丈夫，以免妻奪夫權，刑剋婚姻。背上有三顆紅痣，亦以三甲背同論。

(5) 女性背薄，在感情上優柔寡斷、拖泥帶水，容易戀上不該愛的男士，甘願成為第三者，但最終還是感情失敗，以分手作結局；即使結得正常婚姻，也得不到丈夫寵愛，無緣享夫福。

【何知人家竹林旺？山根氣色遶周黃。】

(6) 女性背部削薄，貞操觀念薄弱，加上工作能力低，故易墮風塵，為娼為妓，以出賣肉體謀生，生活坎坷。

(7) 女性背薄是剋夫剋子之相，身體虛弱，難以成孕，縱使成功懷胎十月，也恐生產困難，孩子不幸夭折。

(8) 女性背陷成坑是福薄之相，注定多配劣夫，婚後不單要為家庭操勞，更易受丈夫欺凌，嚴重者更會遭受家暴。

(9) 女性背部成坑，與背薄同論，皆是剋夫剋子之相，不僅本身身體虛弱，不易受孕，縱使成功懷孕，也要提防過程中出現種種狀況，胎兒受損。

第四章

胸相看命運

內相故事五——桃花劫數難逃

在相學上，內相的結構比面相複雜，內相的解讀難度也比面相高，原因就是前者「級數」比後者高得多。五官面相是一個人基本際遇和性格的表現，而內相則有將際遇和性格「升級」或「降格」的作用，也就是人生過程的催化器。舉例，兩個人皆是五官端正、眉清目秀，但一位胸廣寬長而另一位胸狹而長，兩者的人生就有南轅北轍的差異了。

男子輕清眉、鴿眼、酒糟鼻、馬口、人中短、前額偏斜及耳朵低垂，若配上胸骨單薄，豈無桃花之劫？黃先生就是屬於這種相格。

黃先生是英才教室裏一名專攻短期課程及講座的學生，他性格急於求成，不願長時間浸淫學習相法，而是希望以極快速度把握相人技術，所以最熱衷於英才設計的八節專題課程及只佔一兩堂時間的講座班，這全因他在課後馬上可以「學以致用」。他以這種模式斷斷續續學習了三四年時間。英才有教無類，自然不當是一回事，只把他作為一般學生看待，對他也不特別了解。

直至有一次在專題課堂上，英才談及「桃花劫」的相格組合，而黃先生正好符合相關條件。他坦言自己的確曾有此劫數，也不介意將前塵往事和盤托出，與班上同學一起印證英才所言不虛。

「我的『劫數』是從一把溫柔聲音開始：『我經驗不足，請黃經理以後多多指導。』」這位翠兒是我當時的下屬，她第一天上班向我報到，說話時聲音很輕，並帶點羞澀，好像小學生跟老師講話般誠惶誠恐。」黃先生回憶當時情境，臉上仍忍不住泛起微笑。「作為上司的我當然要履行指導她的職責，除了表示歡迎她加入公司，亦着她遇上困難時隨時找我幫忙。她點頭回應，眼神充滿敬意。」

黃先生坦言：「她的態度令我有高高在上的感覺，讓我十分高興。不瞞師傅，我教育程度不高，只唸到中學畢業，英語能力也不強，只是因為在集團工作了長時間，成為最資深員工，實戰經驗豐富，才被總公司選中代替突然辭職的分公司經理一職。我知道集團對高級員工的學歷有一定要求，沒有大學學位根本不可能坐上經理的位置，既然這個千載難逢的機會降臨我身上，面對着連部分下屬的學歷都比自己高的情況，我當然要全力以赴，把工作做到最好。我心裏明白，一旦犯下過失，便會被他人取代，所以每天都抱着戰戰兢兢的心情上班，而且在潛意識裏，我對下屬都充滿戒心，擔心他們有一天會搶走我的職位。」黃先生毫不掩飾自己的小心眼性格，令英才頗為欣賞。

「翠兒的加入提升了你的安全感？」英才問。

「是的。她在任何時候都對我畢恭畢敬，在公司裏，事無大小都先徵求我的意見和看法，完全把我當成工作上的導師，有時甚至顯得過分依賴，要求我代她完成某些比較複雜的工作。」黃先生表示對此並不介意，因為他喜歡擔當導師的角色，而翠兒對他的信賴更讓他得到極大滿足感。畢竟，其他下屬都曾經和他平起平坐，學歷又比他高，不容易打從心底敬重他；雖然翠兒擁有大學學位，但她是在他升任經理後才入職，從開始便是他的下屬，所以黃先生對她特別關照。

集團規定，每年分公司經理都要填寫下屬的工作表現報告，作為評估加薪及晉升的參考。

「每次我都給予她很高的評價。實不相瞞，有時候我甚至會將其他下屬的努力歸功於她；不出三年，她便被擢升至副經理位置。」

「閒言閒語也就由此而起吧！」英才看透世情，也深明男人心態，自然知道將會發生何事。

「正是。其他同事嫉妒她的成就，謠言也就傳開來了，內容當然是我跟她有着工作以外的親密關係。當年的我年過四十，有太太和一個十歲的女兒。翠兒則三十歲出頭，沒誰聽過她有親密男朋友，有些同事想追求她，卻給她很技巧地拒絕了。聽說她會有意無意地向追求者表達她對我的忠心和仰慕，讓他們知難而退。」黃先生神情頗為得意，繼續說：「也有人指翠兒的衣著跟我很合襯，我穿西裝上班，她則經常穿着與我的衣服顏色相近的行政人員套裝。流言蜚語愈演愈烈，甚至有人謠傳我倆在下班後一起乘船往澳門、駕車駛進九龍塘的時鐘酒店……」

黃先生停頓了一下，看着英才，滿臉認真地說：「這些都是無中生有的指控。」

英才點頭：「我自然知道。」

「不過，謠言並不止於智者。有女同事向翠兒試探她跟我的關係，她聽後委屈得哭起來，並發誓跟我純粹是上司和下屬的關係，她絕不會跟有婦之夫發展不正常感情。有男同事意圖在我身上套取情報，但我只是微笑不語，既不承認也沒有否認。事實上，我根本不介意他們說的話。」

黃先生說得大方，英才回他一句：「你不僅不介意，更感到有點得意吧！」

英才一語說穿，黃先生尷尬地解釋：「那些傳言完全沒有事實根據。我與翠兒的關係其實很簡單，跟一般同事沒有分別。我們之間最親密的動作只是禮貌上的身體接觸，例如我送她乘的士時輕輕搭過她的肩膊，或工作上給予她鼓勵時輕輕拍過她的手臂而已。」

以相論相，黃先生雖然沒有色膽，但英才仍要挑戰他：「除這些外，還有其他吧？」

黃先生臉色不禁微紅：「沒錯。工作上，她常常與我共同進退，我倆相望時眼神頗有默契，所以令人誤會吧！」

英才帶點責怪的語氣說：「這就不能怪他人風言風語了。誤會是你們兩人有意造成的，你們彷彿在合演一場曖昧的戲，只是對外各有不同反應。你不置可否、模棱兩可，好像默認了關係。」

「我不否認，儘管這不是事實，但讓人感覺我擁有一個比自己年輕的情人，我很享受這份虛榮。」他認為，有人生經驗的人應該看得出傳言是無中生有，但他同時感到奇怪，為甚麼翠兒會配合他一起「演戲」。

很快，這場戲終於有了大結局，黃先生的謎團亦得以解開。

集團的分區經理到了退休年齡，按照慣例將由資深分公司經理升任。黃先生是年資最高的員工，也是經驗最豐富的分公司經理，故認為自己接任分區經理是順理成章的事，他甚至在一家高級餐廳訂了位子，準備在集團宣佈新的人事任命那天跟太太、女兒和幾個老朋友慶祝。

豈料人算不如天算，集團總經理在會議上宣佈任命翠兒為分區經理，職位在黃先生之上，結果令他呆若木雞。會議完畢，他連午飯也吃不下，馬上到總公司求見總經理，詢問自己落選的原因。

總經理嚴肅地跟他說：「翠兒曾經向我求助，訴説這幾年來你不斷追求她，導致分公司裏謠言不絕，愈傳愈過分，令她感到十分難堪，要求我為她調職。我向其他同事了解過，他們都證明確有其事。黃先生，你的私事我管不到，但你是有婦之夫，在公司裏亂搞男女關係似乎不太好，私德有虧實在難以服眾。過去的事我也不再追究了，希望你日後好自為之。根據你填寫的下屬工作表現報告，翠兒工作能力極高，又具備不錯的學歷，應可勝任分區經理一職。」

黃先生回憶，當時自己臉上的肌肉都僵硬了，他無話可説，只能點頭回應。他知道自己遇上了最強的弱者，但最冤枉的是，他從未對翠兒有過任何不軌的行為，對於自己遭遇這場「桃花劫」，實在心有不甘。

英才認真地告訴他：「若你真的跟她發展了任何不正當關係，你的『劫數』將會放大十倍，絕非單純不能升職這等小事，而是官非纏身，禍及家庭。」

黃先生聽後抹一把汗，沉默不語，似是想像當時可能發生在自己身上的嚴重後果。

一步錯，步步皆錯。有些事情不能只看表面，有時弱者往往就是強者的化身。看相就是看一些人們容易忽略的小處，而非單純只看面相五官特徵。黃先生的故事令班上同學深刻地體會「內相」的深層意義和五官組合的互動變化，這亦是英才喜歡以實例授學的原因。

胸譜

1. 前胸平正

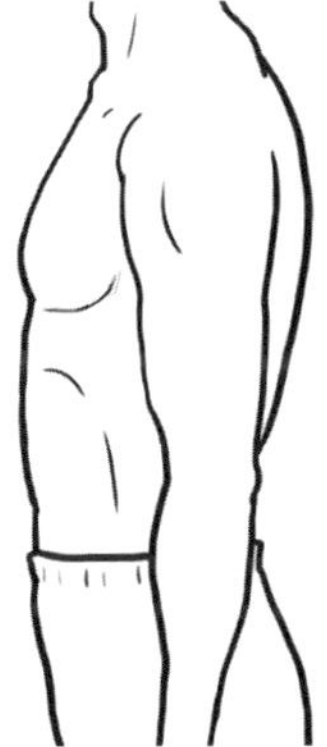

(P.281)

2. 胸寬而長

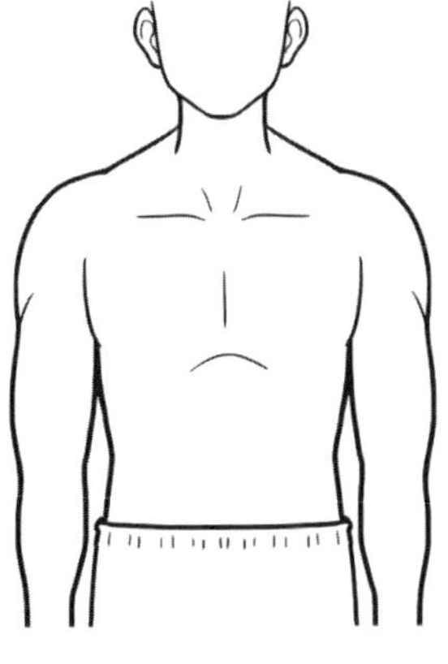

(P.284)

3. 前胸厚實

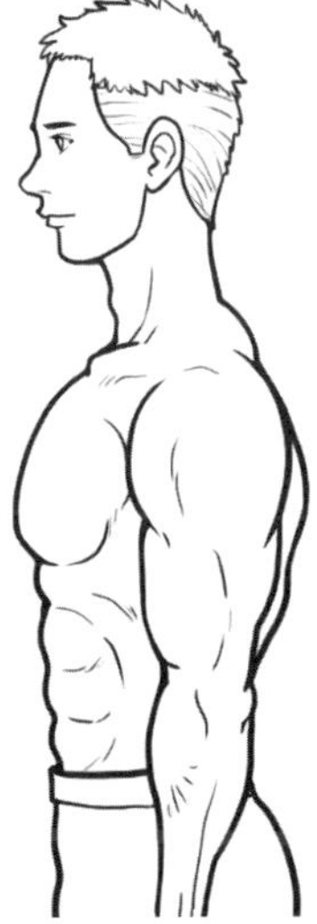

(P.287)

4. 前胸削薄

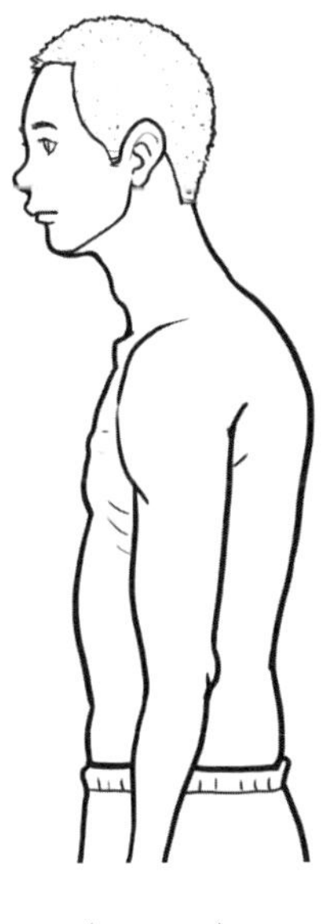

(P.290)

5. 胸凸

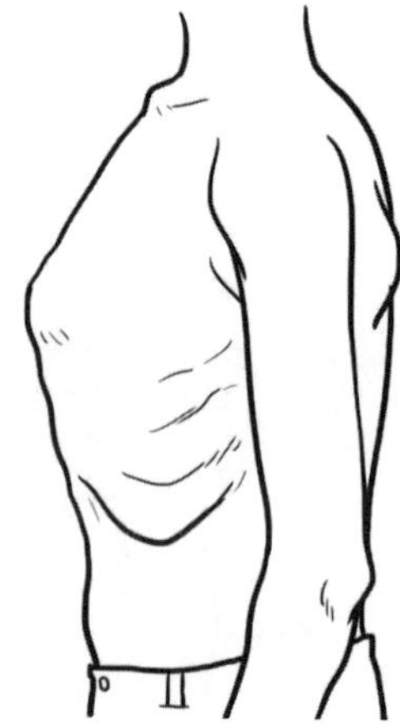

（P.293）

6. 胸凹

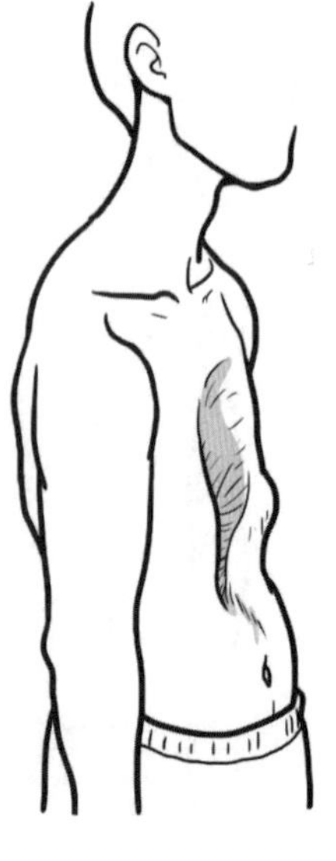

（P.296）

7. 胸狹而長

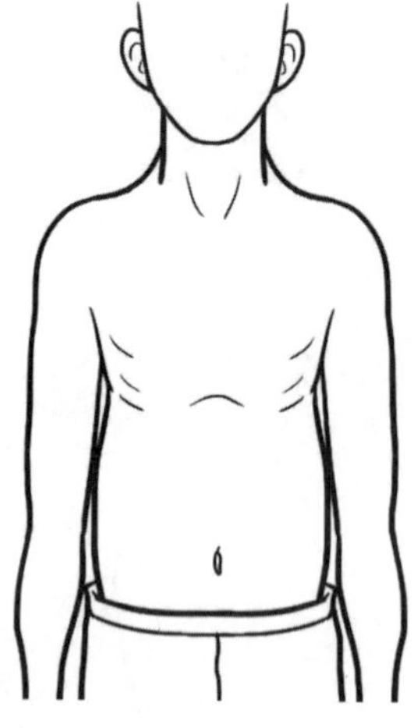

（P.300）

8. 胸狹而短

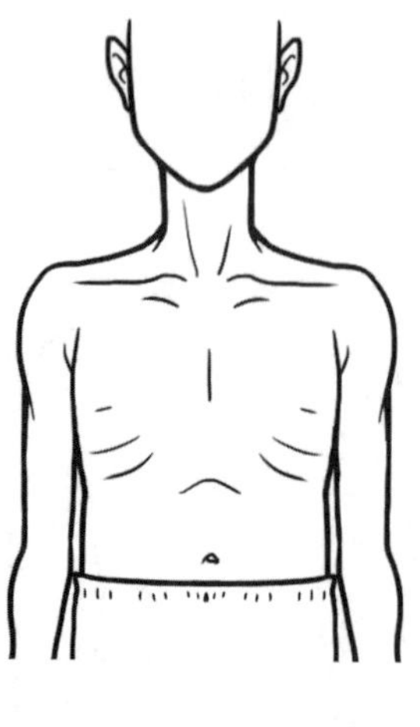

（P.303）

(1) 前胸平正

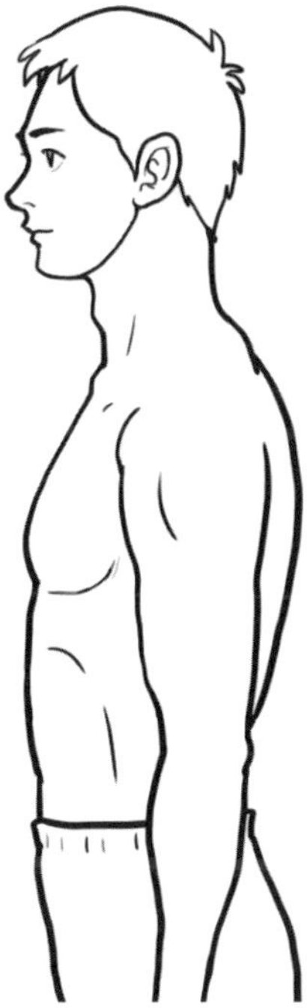

形態：胸膛平滿方正，骨肉勻稱，不偏不倚。

性情：

(1) 耿直豁達，心直赤誠，心地善良，充滿智慧，樂觀開朗，真誠坦率，不拘小節，脾氣又好，極討人喜歡，所以朋友很多。

(2) 興趣廣泛，領悟力高，腦筋非常靈活，對於新事物、新科技的接受能力很強，故能吸收很多新知識，甚有才華。

(3) 重情義、守信用，不管男女，皆有「大丈夫言出必行」的氣概，答應了別人的事情，務必盡力實踐，故深得朋友信賴。

(4) 重理性，善惡及黑白分明，極富正義感，遇上不公平的事，必定為受欺壓一方出頭，是傑出的領袖。

(5) 為人厚道正直，包容性強，願意聆聽和接受他人意見，不會一意孤行，故能獲得他人尊重。

【何知兄弟生同胞？必是眉頭有旋毛。】

(6) 觀察力強，志氣高遠，思想周密而行動積極，做事能貫徹始終，下了決心要做的事，一定盡力做到最好。

(7) 《相理衡真》賦曰：「胸平正而長闊兮，斯福智之駢臻」，代表胸部平正又寬長的人吉祥聰敏，一生與好運、福氣與智慧結緣。

事業：

(1) 思慮周密，做事認真，能冷靜分析當前局面的優勢和劣勢，以籌謀對策及進退之道，在事業上容易取得成就。

(2) 聰明睿智，願意吃苦，努力上進，善於把握時機，故能白手起家，而且在短時間內便可做出不錯的成績。

(3) 此相多博學之人，學問極高，事業上必能文貴顯達，可以文章成名，致貴致富，四海揚名。

財帛：

(1) 《相理衡真》曰：「胸均平滿，貲財必廣」；《神相水鏡集》則云：「胸平闊厚，錢財穩足」。胸部平正多生於中上家庭，物質豐足，若然胸平又闊厚，更是大富之命，一生不愁衣食。

(2) 胸平正義，奉行「君子愛財，取之有道，用之有道」的原則，不貪不義之財，所賺的一分一毫都來得光磊落。

(3) 人緣好，早歲已得貴人指路，年輕得志，中年顯達，中晚年財祿豐盈，晚景興隆、福祿綿綿；若加上背部平滿，必能飛黃騰達。

愛情婚姻：

(1) 雖非俊男美女，但自然散發一股懾人的正義和高貴氣派，配合性格上的優點，故能吸引異性垂青眼。

(2) 男性前胸平正，異性緣甚佳，對伴侶愛護有加，但須注意不可到處留情，以免惹下桃花孽債，誤己傷人。

(3) 女性前胸平滿，身型雖非婀娜多姿，卻是旺夫相格，婚後可一方面打理家務，另一方面扶助丈夫發展事業。

子息：

(1) 思路清晰，眼光看得遠，教導子女別有方法，子女受益不淺，長大後思想獨立，工作有出息。

(2) 沒有階級觀念，對待貧富貴賤、男女長幼皆一視同仁，與子女相處不會擺出高高在上的父母長輩氣焰，視子女如朋友般溝通及關懷，無所不談，故能贏得子女尊重和敬愛。

(2) 胸寬而長

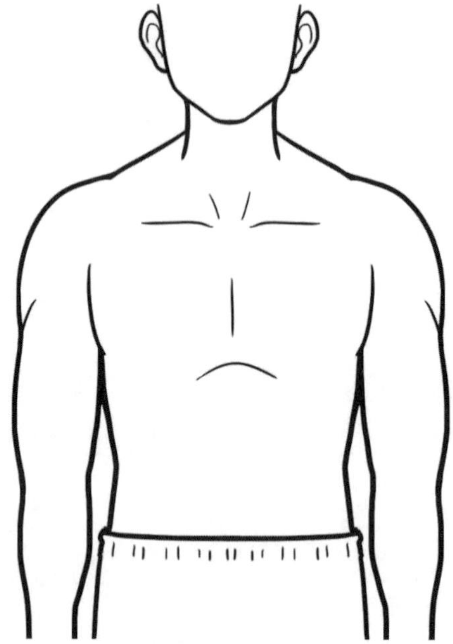

形態：肩膊至腰的前胸部位廣闊而長，豐厚有肉。

性情：

(1) 相學詩訣：「胸膛廣闊性聰明」，此相的人極具智慧，領悟力強，學習能力甚高，克紹書香，才華出眾。

(2) 心善性慈，充滿溫情，言語坦率正直，行為踏實不虛偽，對朋友真心，有兩脇插刀的氣概，故頗得人望。

(3) 胸襟廣闊氣量大，既能包容與自己意見不同的人，也能對開罪自己的人懷寬恕之心，甚具領袖風範。

(4) 志氣遠大，有抱負，腦筋靈活多變，不拘泥傳統或固有規矩，故能發揮天賦的創新精神，打造美麗新氣象。

(5) 思路清晰，計劃力強，做事能按部就班，也善於把握機會，借助他人之力，令自己毋須事事兼顧勞心。

(6) 具正義感，重理性，能分辨忠奸、是非，但也懂得圓滑處事，八面玲瓏，不會讓他人感到不安。

(7) 《相理衡真》賦曰：「胸平正而長闊兮，斯福智之駢臻」，代表胸部寬長的人吉祥聰敏，一生與好運、福氣與智慧結緣。

事業：

(1) 人緣好，貴人亦多，縱遇麻煩也得貴人相幫，化險為夷，所以事業發展總是較別人順利。

(2) 《相理衡真》：「胸廣相長，主得公王」。胸部寬廣而長的人志氣高昂，懂得把握機會，建功立業，光耀門楣。

(3) 胸相有詩：「胸長豐厚福無量，早步雲梯意氣揚；試看君心宏物大，滿懷都是好文章。」此相的人開運早，從事寫作可以文章傳世，從事藝術行業也可在業界揚名，創造非凡成就。

(4) 《麻衣神相》：「（胸）平闊如砥者，英豪。」有此體相的人不論文職、武職，皆能手握重權，成就卓越；在現今社會適宜從事警界、懲教或其他紀律部隊工作。

財帛：

(1) 一生貴人運好，且懂得表現個人長處，博取老闆和上司賞識。不論打工或創業，皆能努力不懈，中年可發越，富貴兩全。

(2) 思想能與現實接軌，不會奢望天降橫財，信奉「一分耕耘，一分收穫」的道理，能認真工作，為自己賺取財富。

(3) 理財能力高，善於投資及管理錢財，為自己累積財富，但不會從事高風險投機活動。

愛情婚姻：

(1) 性格溫順平和，容易相處，甚得人緣，異性緣也很好，所以愛情路上不會太寂寞，婚姻亦比較順利。

(2) 結婚年齡不會太早，也不會太遲。男性在自己事業穩定後，便會考慮成家立室；女性遇上合適對象後，便會在適婚年齡時步入教堂。

(3) 男性得賢妻，太太氣質溫和，相夫教子，是典型賢內助。女性婚姻運佳，能嫁心地善良、事業有成的丈夫。

子息：

(1) 胸部寬長是妻賢子孝之體相，其人子女早見，而且子女孝順，兩代緣分好，相處和睦。

(2) 子嗣運好，子女心地善良、聰穎健康、有愛心，工作頗有出息，能創業興家，不會依賴父母照顧。

(3)前胸厚實

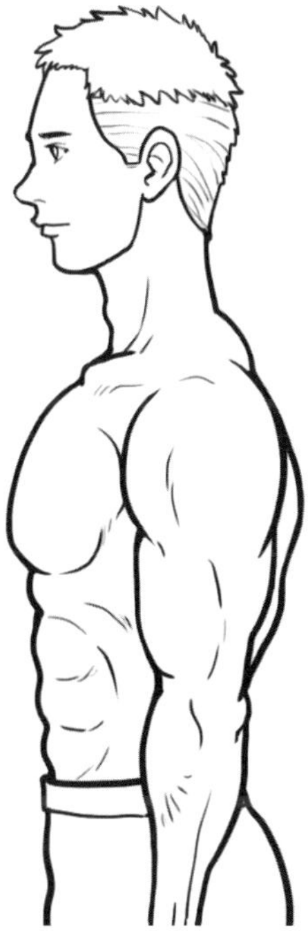

形態：肩膊至腰的前胸部位長度標準，豐厚扎實有肉。

性情：

(1) 《相理衡真》賦訣：「肉博厚而寬廣兮，懷蓋世之經綸」，代表前胸厚實的人學習及吸收能力強，領悟力高，多才多藝，擁有極大智慧，壓倒同儕。

(2) 心地善良，具仁慈憐憫之心，樂善好施，樂於服務社會大眾，關注弱勢社群，扶助老弱貧困。

(3) 老實正直，說話坦率，行為踏實不虛偽，作事穩重謙恭，故深得親戚、朋友信賴和愛戴。

(4) 性格豪邁，氣量大，能包容與自己意見不的人，也願意聆聽和接受告誡之言，故能與人融洽相處；對朋友更是有情有義，朋友有難，必定盡力幫忙。

【何知壽年八十二？但看法令低垂是。】

(5) 忠誠敦厚，信守承諾，言出必行，一旦答應了他人要做的事情，必全力以赴，絕不為自己編造任何反悔的藉口。

(6) 粗中帶細，表面看來做事粗魯又隨便，但卻是經過審慎和仔細考量，行事過程毫不馬虎。

(7) 前胸厚實，身體重要器官得到良好保護，體魄壯健精神好，一生病痛少，故能享高壽。

事業：

(1) 天生聰穎，家庭背景好，開運早，事業上得到家人支持，與同齡的人相比，較易取得成就。

(2) 工作上努力拼搏，處事面面俱圓，做事認真細致，急處從寬，揮攞自如，能逐步攀升社會地位，成為社會賢達。

(3) 工作魄力大，聰明知慧高，富有商業頭腦和經商才能，可開創個人事業，籌謀經營，莫不順利成功。

(4) 《相理衡真》：「胸長豐厚福無量，早步雲梯意氣揚；試看君心宏物大，滿懷都是好文章。」與胸長相若，此相的人從事寫作可以文章傳世，從事藝術行業也可在業界揚名，創造非凡成就。

財帛：

(1) 生命力旺盛，人生態度積極上進，好運隨身，命中注定不富則貴，衣食豐足，一生少憂。

(2) 出生家境良好，但懂得勤儉節約，不會因為財富豐足而豪花買享受，故能繼承家業、祖蔭，添福添樂。

(3) 善於理財，能掌握收入與支出的平衡，一生錢財不缺，衣食無憂，中年生活幸福美滿，晚運亨通、健康吉祥。

愛情婚姻：

(1) 本性平和，容易與人相處，甚得人緣，不羨慕驚天動地的愛情，只追求細水長流的關係。

(2) 一生感情運穩定，戀愛順利而甜蜜，婚後對伴侶體貼入微，夫妻感情細膩，早婚不忌，遲婚亦可。

(3) 男性得賢妻，太太氣質溫和。女性婚姻運佳，能嫁得佳婿，婚後夫妻恩愛，家庭美滿又溫馨。

子息：

(1) 子息運佳，子女自幼健康聰明，性格溫順善良。自己與子女的感情甚佳，子女對自己亦是孝順有加。

(2) 女性子女運好，容易受孕，生產也順利，可自然分娩，不須受一刀之痛。

(4) 前胸削薄

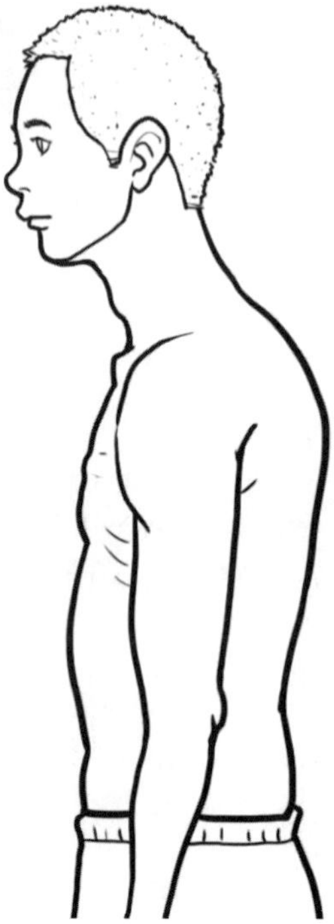

形態： 肩膊至腰的前胸部位削薄無肉。

性情：

(1) 性格孤獨，待人冷漠，不喜與人溝通，大部分時間只活在自我的世界之中，所以朋友不多。

(2) 性格偏執、複雜多變、陰晴不定、喜怒無常，一會兒歡天喜地，一會兒板着臉孔，情緒變化很大，令人難以捉摸。

(3) 缺乏責任感，多不實在，少了人情味，喜歡播弄是非，伶牙俐齒。通常會有不夠厚道之處，但做事爽快，能言善變，喜歡獨來獨往。

(4) 心態悲觀，總覺得發生在自己身上的事十之八九皆不如意，所以認為人生在世都是痛苦多於快樂。

(5) 柔弱怯懦，思想混亂，沒有主見，意志力低，缺乏毅力和恆心，一生多災少福，難得享樂。

(6) 缺乏人生目標，做人沒有方向，工作不肯努力，胡胡混混度日，不單對社會沒有貢獻，身體其他相理亦差的話，恐為禍世間，橫死街頭。

(7) 前胸削薄，根基薄弱，身體重要器官得不到適當保護，先後天皆有缺失，多主體弱多病，短壽之命。

事業：

(1) 相學有訣云：「胸背脊薄，奴隸之相」，代表胸部削薄的人做事沒有毅力和恆心，缺乏發展事業的鬥心，難當大任，只能從事低下層工作，出賣勞力以換取金錢維持生計。

(2) 為人不思進取，工作懶散，五官得配的話或有祖業承繼，但終因怠惰而使生意每況愈下，最終祖業破敗，晚運堪憂。

(3) 一生多惹是非或小人，不管走到哪裏都難得人和，也不願聆聽批評和意見，更不甘於屈居人下，在任何聽命於人的崗位都待不長久。

財帛：

(1)《神相水鏡集》論胸：「皮薄無肉，衣食不足」；《神相全編》謂：「（胸）狹而薄者，乃是神露貧薄之人也」。意思就是，前胸削薄無肉終非吉相，一生衣食不足，總是貧賤命薄人。

(2) 胸薄福薄，前胸削薄是薄弱的表徵，此相之人一生少福祿，縱得一時享受，也是轉眼成空；縱得一時富貴，也不長久。

(3) 命主困厄貧窮，一生財運不佳，常常無故漏財、破財，縱使這一刻獲得財福，但很容易因種種原因而耗掉，錢財總是守不住。

愛情婚姻：

(1) 胸薄情薄，雖然命中桃花旺極，但卻是花心薄倖之人，常常出爾反爾，推翻對伴侶作出的承諾。

(2) 胸薄緣薄，六親緣淡，婚姻受沖，夫妻情短，婚姻運反覆，是比較容易離婚的胸相，早婚早離，再婚也難到老，注定晚年貧寒孤獨。

子息：

(1) 女性前胸削薄是刑夫剋子之相，懷孕防流產，生產防孩子夭折；縱然順利產子，也防兒女天生身體弱，或性格反叛與母不和。

(2) 壞樹難結美果，子息緣分薄，也不得力。命中或有一兒，卻因遭遇意外或其他原因而致兒子不能常伴身旁，子孫質素也不佳。

(5) 胸凸

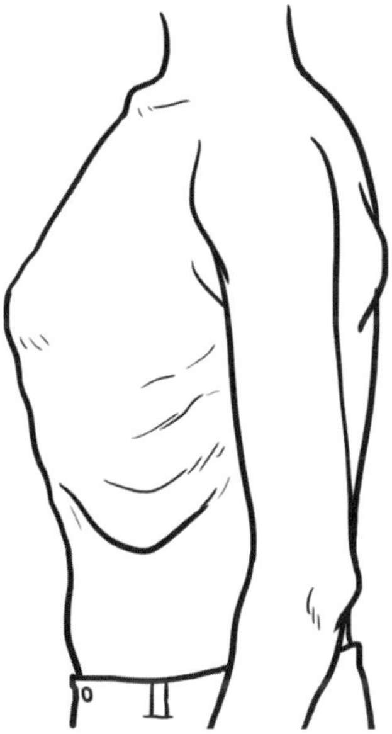

形態：肩膊至腰的前胸部位凸起，瘦骨嶙峋，有如雞胸，故相學上名為雞胸。

性情：

(1) 性格執着，容易衝動，行事急躁而魯莽，缺乏深思熟慮，對很多未經詳細思考的重要事情貿然行動，所以經常犯錯。

(2) 惰性極重，終日無所事事，游手好閒，奢望可以不勞而獲，坐收漁人之利，常常抱着一種僥倖的心態，祈求會天賜橫財。

(3) 具多種劣根性，缺乏對人和事的基本尊重，只愛挑剔他人缺點而不懂欣賞他人長處，造謠生事中傷他人，煽風點火挑撥離間。

(4) 自私自利、見利忘義，對得失看得甚重，凡事只顧個人利益，不肯吃虧，不理他人感受，所以人緣甚差，一生沒有幾個知己、好友。

(5) 思想混亂而遲鈍，缺乏理性和獨立思考問題

【何知有文章？牙細口唇方。】

的能力，分不清是非曲直，容易被事物的外表迷惑和蒙蔽。

(6) 理解能力差，做事不夠專心，無法集中注意力於一件事情，弄不清較複雜的問題，也抓不住他人說話的重點。

(7) 胸凸，肺部容量亦大，健康大致正常，疾病也不多，雖然難享富貴，但總算身體平安，得以享壽。

事業：

(1) 胸相詩曰：「雞胸骨挺最貧窮，作事慌忙沒始終；朝暮營求無下落，勸君只可伴豪雄。」此相的人大多好逸惡勞，好吃懶做；雖有少數人願意辛勤工作，但可惜注定營營役役，作事難成，極其量只能成為輔助他人成功的副手。

(2) 一生易犯桃花，不論男女，皆容易沉溺於情愛之中，以致無心工作，難望有何作為。

(3) 嫉妒心很重，遇到比自己出色的同事或後輩，不是思考如何合作，而是想盡辦法排擠對方，故在職場上難以得到人和。

財帛：

(1) 《麻衣神相》：「（胸）骨起如柴者，貧苦」；《相理衡真》：「瘦如雞胸，一世孤窮」。意思就是，胸部瘦骨嶙峋、骨瘦如柴的人，注定一生貧窮。

(2) 此相注定難與財富結緣，加上性格缺憾而無所作為，一生沒出頭之日，故必須遠離賭博、投機活動，否則金錢付流水，三餐飽暖也不保。

(3) 理財能力極差，年輕時好娛樂，有錢時揮霍，沒錢時舉債，故經常處於財政不穩的狀態。

愛情婚姻：

(1) 好色、好淫，只注重肉體接觸，輕視感情交流，經常更換身邊伴侶，以滿足個人色慾之心。

(2) 一生在情、色之中打轉，面對異性時，縱使對方不是心中所愛，也會亂拋媚眼，作出種種挑逗行為，因而惹出很多感情糾紛。

(3) 女性對愛情十分主動，若遇上心儀之異性，則不管對方是單身或是有伴侶之人，都會千方百計讓對方成為囊中物。

子息：

(1) 《相理衡真》賦曰：「似雞胸分害六親」。雞胸是剋害六親的體相，不論男女皆易因沉醉色慾而精力消耗過度，多是子嗣難求，或流產，或在生產過程時孩子夭亡。

(2) 胸部瘦削的男性，天生陽氣不足，縱有子嗣也是女多男少，不可強求。

(6) 胸凹

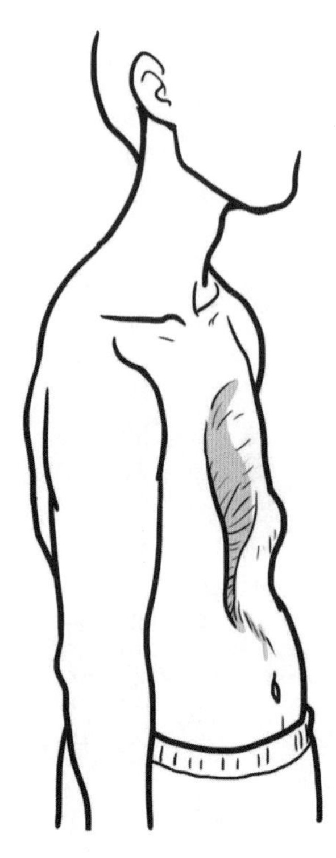

形態：肩膊至腰的前胸部位凹落如槽（蓄水池），是為凶相。

性情：

(1) 自幼不愛讀書，懶於尋求學問，胸無點墨，心智不開，愚鈍不靈，長大後只追求食色性事，一生庸碌過活。

(2) 生性懶散，好逸惡勞，守株待兔，一生游手好閒，不務正業，不思進取。既無學歷，也欠技能，賺錢能力極低。

(3) 性格嚴重偏差，外表沉默寡言，但內心狠毒，有如蛇蠍，奸詐陰險，即使對方是至親或相識已久，也絕無慈悲、憐憫之心。

(4) 思想糊塗昏亂，缺乏邏輯思考，分不清是非曲直，容易被事物的外表迷惑和蒙蔽，以致常常作出錯誤的判斷。

(5) 胸凹氣量淺，不能容納他人意見，一旦受到批評，就會感覺受辱，懷恨在心，並會想辦法在日後報復。

(6) 嫉妒心重，貪慕虛榮，不切實際，愛以奢侈品包裝自己的外表，博取他人的奉承，並會時刻計算如何奪人財富。

(7) 優柔寡斷，缺乏主見，逃避責任，做事沒有堅定立場，一旦遭遇失敗和挫折，便會諉過於人，或選擇逃避。

(8) 信口開河，輕諾寡信，答應了別人的事情不會堅持實踐，認為不守信用沒有大不了，以致令朋友日漸厭棄。

(9) 胸膛坑陷，內臟必難得舒展，其人體質必大有問題，身體孱弱，一生病痛多，壽元亦不高。

事業：

(1) 《太清神鑑》論胸：「形之不足者，胸坑陷」，代表胸凹的人多有虛損性疾病，體魄虛弱、易感疲勞，故難成就大事。

(2) 見風駛舵、過橋拆板、以下犯上，又好搬弄是非，縱使有工作在身，也因性情惡劣而招人討厭，工作必不長久。

(3) 胡混一生，守株待兔，工作懶散，必無所成，容易誤入歧途，甚至會淪為流氓、盜賊，從事非法勾當，危害社會。

財帛：

(1) 《神相全編》論胸：「凹落如槽者，窮毒」，意謂此相之人剋害六親、無情無義之輩，一旦牽涉利益衝突，更是六親不認，父母兄弟也視作陌路人，但終究是貧窮之命。

(2) 心胸狹窄、語言歹毒、忘恩負義，常妒忌工作比自己出色、生活比自己富裕的人，所以會不惜一切侵佔別人的財產。

(3) 一生難與富貴結緣，若不勤奮工作，難保三餐飽暖，更忌以賭博、盜竊為生，種下禍根，貽禍晚年。

愛情婚姻：

(1) 不論男女，皆十分感性，容易傾慕他人，讓自己陷於感情困擾之中；處理感情時亦顯得猶豫不決、拖泥帶水，要不錯失良緣，要不藕斷絲連、剪不斷理還亂。

(2) 男性縱情酒色，虛情假義，對感情不負責任，對伴侶冷漠無情，拍拖只為滿足個人色慾，所以戀愛和婚姻關係都不會長久。

(3) 女性容易戀上不該愛的男士，甘願成為第三者，但緣來緣去，最終還是感情失敗，分手告終。

子息：

(1) 命中刑剋兒女，有孩子夭折的情況。若希望身後能有子嗣相承，必須及早發善心，行善事，洗滌邪惡的性格。

(2) 若得天賜麟兒，孩子幼時體弱難養，必須加倍關心照料。雖可將孩子交託可信賴的親友照顧，以減少自己與子女之間的刑剋，但也削弱了與孩子之間的感情。

【何知此人病在心？兩眉鎖皺山根細，氣色青黑暗三陽，心痛心憂愁鬱際。】

【何知此人病在肝？兩眼睛紅頸筋粗，氣色乾燥金傷木，定然東怒氣嘈嘈。】

(7)胸狹而長

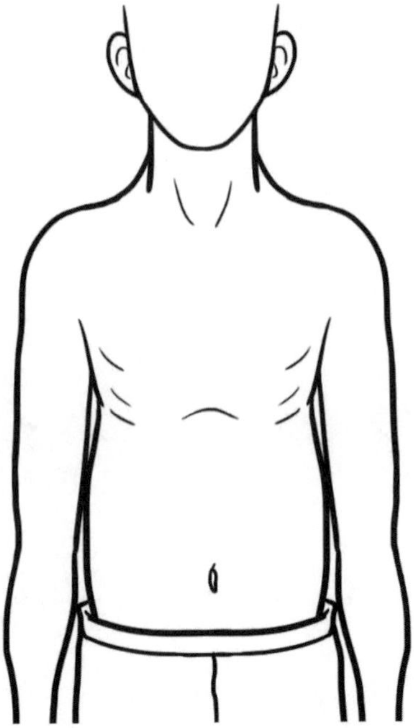

形態：肩膊至腰的前胸部位狹窄而長。

性情：

(1) 內向而多憂，不擅辭令，沉默寡言，猜疑心重，但處事小心謹慎，對於細微的小節也不會馬虎苟且。

(2) 情緒不穩定，容易出現焦慮、憤怒和抑鬱等情緒，且有點神經質，很容易被他人的說話或行為擾亂自己的心情。

(3) 思想自相矛盾，希望能成為受人愛戴的人，但缺乏度量，時常不自禁地表現小器、斤斤計較，使自己陷於困擾之中。

(4) 心無奸詐，對朋友亦頗重義氣，朋友有難時都願意挺身幫忙，但好拗執己見，又喜歡駕馭及指揮他人，故有時難免令身邊人吃不消。

(5) 做事有原則、有目標，但恒心、毅力和幹勁不足，容易半途而廢，失敗後又不懂自我檢討，以致最後一事無成。

(6) 思想紛亂，常常不由自主地胡思亂想，注意力不集中，急躁不安，難以長時間專注於同一件事情上。

(7) 前胸雖長但狹窄，代表肺部容量小，故天生體弱多病，身體不健旺，長期受疾病困擾，更可能身帶隱疾而不自知，須注意養生之道，否則晚年恐會長臥病榻。

事業：

(1) 《神相全編》謂：「胸狹而長者，謀難成」；許負相法論胸：「胸狹而長，不可求望」。胸長是貴相，但胸狹破局。其人雖有野心和志向，希望成就一番事業，無奈有心無力或時不我予，求謀難遂，終究只是一介平庸。

(2) 喜好文學和藝術，頗具才氣，可以循這方面發展事業，但缺點是野心大但實踐力弱，幻想多但容易流於空想，所以極其量只能有小成小就。

(3) 性格拙於言辭，亦不善與人相處，所以並不適合從事公關、零售推銷、業務推廣及客戶服務等工作。

財帛：

(1) 為人頗有節氣，對物質要求不算太高，而且重名多於重利，可惜性格缺憾以致願望難以實踐。

(2) 相書謂胸狹而長者人多貧困，一生財祿不厚，縱使少年衣食無缺，自立後仍難得富貴。

【何知此人病在脾？滿面青黃瘦不支，神衰唇白難運食，成濕成痰定必宜。】

(3) 思想欠清晰、不集中，行事猶豫不決，不能當機立斷，所以最忌在投資市場打滾，否則浪費了時間和精力，把自己弄得焦頭爛額，卻得不到成正比的收益。

愛情婚姻：

(1) 桃花運不錯，不論男女，皆易吸引異性目光，感情路上並不寂寞，而且年輕時已墮入愛河。

(2) 格帶刑剋，男性宜娶年紀比自己大五歲以上的太太，女性宜嫁年紀比自己小五歲以上的丈夫，望可減少離異的危機。

(3) 嫉妒心重，對感情十分霸道，若伴侶對自己以外的異性過從太密，必大吃乾醋，大發脾氣，引發爭執。

子息：

(1) 胸狹而長，格局相沖，只是下格之命，而子嗣運受制。此相注定女多男少，或只有女兒，沒有兒子。

(2) 相格刑剋，縱有兒女，也只是尋常之輩，而且性格受父母影響，容易有憤世嫉俗的表現。

(8)胸狹而短

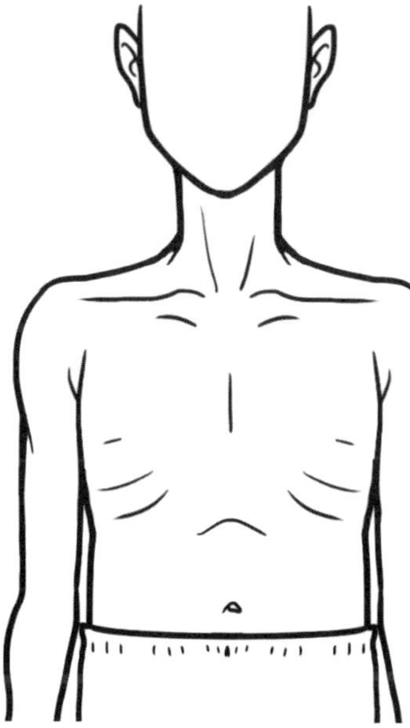

形態：肩膊至腰的前胸部位狹窄而短，削薄無肉。

性情：

(1) 個性強悍、極具破壞力，思想偏於邪惡，心狠手辣，做事只憑一己喜惡，不顧後果。

(2) 頑劣不仁、冷酷無情，做人處事不留情面，行事強蠻狠毒，內心恨多於愛，不論大小事情都可以借題發揮，大發雷霆，認為整個世界及身邊的人都虧欠於他。

(3) 自私自利，為了個人小利，甚至連至親都可以犧牲，是為達目的而不擇手段的典型人物。

(4) 器量小、心胸狹窄、不容異己，報復心極重，有寧我負人勿人負我的心理，是極難相處亦不易與人相處的人。

(5) 妒忌心重，好勝好強，不甘認輸，但因本身料子有限，只是強裝強大，實際是外強中乾、外實內虛。

【何知此人病在腎？耳黑額黑面烏暗，補水制火節欲心，眼睛昏暗房勞禁。】

【何知此人盅脹亡？山根低小面黑黃，縱有病人面略白，眼深鼻斷象孤寒。】

(6) 好管閒事，常常無故惹事生非；更甚者顛倒黑白，說話、做事每每混淆視聽，不理事情真偽，指鹿為馬，誠信令人懷疑。

(7) 詭計多端，假仁假義，工於心計，表面與人友好，但內心暗藏奸計，常常思量如何佔人便宜或奪人錢財。

(8) 胸部狹短而薄，心臟、肺部等重要器官受保護力低，故天生體弱多病，長期受疾病困擾，更可能身帶隱疾而不自知，屬於短壽之相。

事業：

(1) 胸部狹短而薄的人口蜜腹劍，狡猾奸詐，做事不負責任，工作上遇上問題必將麻煩和過錯往他人身上推，與其共事必須慎防「黑狗得食，白狗當災」。

(2) 相學有訣云：「胸背脊薄，奴隸之相」，代表胸部狹薄的人做事沒有毅力和恆心，缺乏發展事業的鬥心，只能從事低下層工作，出賣勞力以換取金錢維持生計。

(3) 一生受性格所累，親者反疏，恩者成仇，眾叛親離，工作上難獲扶持，也難與同事和上司協調，所以每份工作都只能維持一段很短時間。

財帛：

(1) 《神相全編》謂：「（胸）狹而薄者，乃是神露貧薄之人也」，意思就是，前胸狹窄又無肉終非吉相，必是貧賤命薄人。

⑵ 前胸削薄是根基薄弱的表徵，此相之人一生少福祿，縱得一時享受，也是轉眼成空；縱得一時富貴，也不長久。

⑶ 性格奸佞貪婪，對金錢和物質非常在意，認為金錢就是一切，幾乎所有事情都以金錢衡量好壞，但其人一生難享富貴。

⑷ 心胸狹窄，常常妒忌生活得比自己好的人，甚至會使計詐騙別人的金錢、財產。

愛情婚姻：

⑴ 感情非常自私，只顧自己滿足自己慾望，不理伴侶感受，所以不論拍拖或婚姻，難享和諧的感情生活。

⑵ 前胸狹短是刑剋伴侶之相，男性婚後欺妻虐妻，女性妻奪夫權，一旦對婚姻稍有不滿，就會有婚外情的行為。

⑶ 六親緣薄，夫妻情短，婚姻運反覆，是比較容易離婚的胸相，早婚早離，再婚也難到老，注定晚年貧寒孤獨。

子息：

⑴ 子嗣緣分薄，多是沒有兒女之命；或兒女出生後與自己異地而居，聚少離多，有子等於無子。

⑵ 女性前胸削薄是刑夫剋子之相，懷孕防流產，生產防孩子夭折；縱然順利產子，也防兒

【何知此人手足傷？山根一斷氣難揚，腎虧筋弱殊火爍，跌撲傷病鼻骨殃。】

女天生身體弱，或性格反叛與母不和。

(3) 不論男女，宜好好照顧自己身體，多注重營養攝取，並請教醫生進行適量運動，強健體魄，最重要多種善根，培養福德，則或有完婚之福，得一兒半女。

胸相詳解

【何知此人主長寒？面有垢神色暗黃，黑是寒兼黃是熱，有痰宜辨眼睛黃。】

內相故事六——愛與痛的糾纏

心態（思想）左右行為，行為養成習慣，習慣培養性格，性格影響命運。有人認為性格創造際遇，亦有人認為際遇可以改變性格。事實上，人生在世，先有性格，後有命運，故此，命運的真正意義就是，在同一際遇下，不同人的思想和態度形成了性格，從而影響了選擇，導致禍福吉凶的「命運」。每一個人都是如此。

以下是一個典型例子，故事主角劉先生陷入糾纏不清的煩惱，這些際遇全因他的個人性格影響了他的抉擇。

劉先生是英才教室中一位實例嘉賓，命造「己卯年，癸酉月，乙卯日，己卯時」；外相前額窄陷、眉骨低凹、魚眼混濁、猿鼻肉薄、馬口配榴子齒；內相胸凹骨陷。劉先生年少喪父，過去曾向一位自稱居士的「能人」問命，這位居士批他：「必定三次婚姻皆敗，人生一事無成，一切都是命中注定，即使性格經過調校，也無法改變宿命之數。」

世所知庸醫害人，殊不知一個對術數薄有認識、自稱「大師」累人更深。這位江湖術士略具算命經驗，卻大肆宣揚自詡為世外居士，道機天意，而劉先生問命時因處於迷惘當中，根本無從得知「大師」功力深淺高低，唯有對其言聽計從，結果被誤導人生，陷於無盡苦惱之中。事實上，五術各門各派何其多，尤其行術者的質素更是參差不齊，劉先生誤入邪門，實在難怪。

英才在課堂中，聽罷劉先生道出其際遇的來龍去脈後，語帶輕鬆地對他說：「你也許沒聽過吧！在歐洲的傳說中，老鼠是一種怪可憐的動物。由十六世紀開始，就有了『鼠王』（Rat King）的故事。」

甚麼是鼠王呢？就是多隻老鼠尾巴交纏在一起的現象，這現象出現的原因可能是牠們的窩太小，尾巴太長，活動時大家的尾巴打了結後，就再也解不開；又或者是因為身體佈滿骯髒的東西而使不同老鼠尾巴黏連起來，以致難解難分。無論原因是甚麼，結果都是一樣，就是互相難以調協活動，行走時只有你拉扯着我，我拉扯着你，除了一起承受痛苦，甚麼也做不成，故一般都以夭折收場。現在歐洲有好幾十家博物館，都收藏這類鼠王的標本。鼠王被看成是不祥的預兆。

英才提出鼠王現象，實因劉先生的性格就像傳說中的鼠王一樣，他的際遇既不歸因其命格，也不歸因其相格，一切都源自於他的選擇，源自於他的思想態度。

以下就是劉先生在英才教室中慢慢道出了的故事……

「我在二十歲出頭就結婚了，婚姻初期與太太感情如膠似漆，每天下班後第一時間回家，誇張點說，真是一日不見如隔三秋。不久後更與太太生了兩個女兒，感情再進一步，一家四口樂也融融，生活十分愉快。可是，這段婚姻維持了八、九年之後，我倆的感情日漸趨於平淡，見面時沒有太多溝通，兩人相對，除了談孩子的事，再也找不到其他話題。」劉先生露出無奈的表情。

接着，他的臉色突然變得溫柔，說：「就在這段時間，我遇上了她……姑且叫她R小姐。她跟我同齡，也是三十歲，是典型職業女性，對工作、對將來都充滿熱情和憧憬，性格獨立、辦事能幹、有魄力、有毅力，自資經營一間護膚品公司。她對許多事情包括政治、經濟、社會問題都

【何知此人主狂痰？眼突睛黃下白現，殺重性剛主狂顛，痰生肺火胸中戰。】

有自己的獨特見解和看法，並不像我的太太，除了孩子和柴米油鹽，對其他事情都不關心。」

他愈說愈雀躍：「我們的興趣也很相近。跟她相處時，我們總有說不完的話題，上至天文，下至地理，天南地北，無所不談，讓我感覺世界變大了，整個人變積極了，而且充滿活力。」

英才心想，天下男兒皆如此，便插了一句嘴：「就像回到青年時代？」

劉先生連忙點頭，繼續說：「我們一直保持純友誼關係，直至某天晚上，我們相約下班後一起吃晚飯，飯後到酒吧快樂時光繼續聊天。她提到過去一段戀情，頗有感觸，忍不住哭了；在旁的我當然要安慰她，陪着她愈喝愈多。當天晚上，我們自然地上了床發生了關係。」

聽到這裏，英才內心暗嘆一口氣，劉先生終於難逃桃花劫數。

「第二天早上，她問我如何處理跟她這段關係。我心感悔疚，正苦思如何是好，她馬上表示：『放心，我不會要求你離婚。經歷了過去的創傷，我才不要跟男人一起生活。』」

「自此以後，我們開始了秘密情人的關係，每個星期總會相聚兩、三次。起初兩年的確十分浪漫，相處甜蜜，互相激勵，互相信任，互相尊重，各自有獨立空間和生活。當時的我覺得，這就是最理想的男女關係了——兩人在人生路上並肩同行，互相扶持，一起進步，人生變得更積極，更有意義。」

劉先生與R小姐的關係，大概就是現代人所謂的「性伴侶」吧！

「R小姐害怕吃避孕藥會有變胖、性冷感等副作用，所以我們採取計算安全期來避孕。豈料

【何知此人遺精症？皮色青黃色木[illegible]，有時紅艷如脂抹，相火虛痰亦洩精。】

千算萬算，有一次終於算錯了，她意外懷了孕。我們經過仔細商量，決定把孩子打掉。沒想到的是，不到三個月，她又再懷孕，這次她不願再做手術，說自己已經三十三歲了，再不生孩子以後就要變『高齡產婦』，『你不養，我自己養好了』。看着她滿臉悲傷，我也就不再反對了。」

數月後，R小姐終於把孩子生下來，是個男孩。原本只有兩個女兒的劉先生自然萬分高興，但他的噩夢亦隨着兒子的誕生而正式開始……

「我們的關係發生了變化。她好像變了另一個人，性格善怒無常，情緒變得很敏感，疑心很大，擔心我會否跟其他女孩子約會，幾乎分分秒秒都要掌握我的行蹤，又要求我向她交代我公司和私人的財政狀況；她甚至跑去我家向我太太『攤牌』，要她跟我離婚。我太太對於我在外面跟其他女人有了孩子感到十分震驚，也很傷心，但為了兩個女兒也為了她自己（她一向沒工作），下不了決心跟我離婚。」劉先生的神情既苦惱又哀傷。「如是者，我們三個人度過了非常痛苦的三年。這段期間，R小姐不斷騷擾我太太說，我已不再愛她，她不應勉強留住婚姻；她又對我太太動之以利，若我太太願意離婚，她願意付她一大筆金錢。」

「R小姐的性情愈變愈差，變得十分歇斯底里。我跟她見面時，她常常大吵大鬧，有時甚至不讓我進她的家。她知道我很在乎兒子，便要脅我說，她的精神快崩潰了，難保不會抱着兒子跳樓輕生……。」

英才接下去：「她最後得償所願了罷。」

劉先生苦笑回應：「是的。R小姐終於得逞了，我太太跟我辦了離婚手續。我亦跟她正式開

【何知此人痛心病？頭低眉皺山根青，兼印多紋抑鬱重，精舍暗黑痛難勝。】

始一起生活。」

「可是，跟她生活的日子完全不是我從前所想像的。她的神經質不僅沒有改善，而且疑心越來越重。有時我因工作忙碌而晚回家，她就質問我是否去了會前妻或跟其他女性約會。我留着從前一家四口的生活照，給她發現了，她又說我忘不了前妻，嚷着要生要死。我快被她弄瘋了！命中注定我要墮進無盡痛苦的深淵，我已無法回頭了。」劉先生忍不住將臉埋在雙手中，並隱約透出微弱的哭聲。

英才聽完他的故事，無奈搖頭，並慢慢道出我用傳說中的「鼠王」作開場白的原因：「劉先生陷入愛與痛的糾纏當中，就好像鼠王尾巴互相交纏在一起，不知打了多少個結。故事中的三個人各有自己的人生方向，但每向前走一步都會扯痛對方；過去曾經有過的甜蜜相處和歲月並不是美好的回憶，而是令那些結打得更緊的原因。」

心：藏着心性。性：藏着性命。命：藏着命運。運：藏着運氣。
氣：藏着氣色。色：藏着色相。相：藏着相貌。貌：藏着心性。

古籍說得好：「心者貌之根，審心而善惡自見。」世人研習術數，只求準確對錯；誰又會洞悉際遇吉凶實在源自人的選擇、人的心態？若術數只求結果，不問原由，既沒有學習糾正錯誤的教育過程，也沒有撥亂反正的自醒覺悟，則術數又有何幫助？術數又有何教育？這難道就是古人鑽研術數的初心？人之禍福，說到底，始作俑者還是「心態」作祟。坊間流行的奇門遁甲又或太乙神數等，都是教客人如何功利，如何維護自己的利益，而從不教育正知、正見。禍福利害真的是算出來嗎？

英才深信，劉先生的故事並非孤例，有相似經歷者應該不計其數。他的一個決定換來半生煎熬；更不幸的是，他遇上一位自稱居士的道機仙人，被告知人的一切都是命中注定，自自然然覺得自己的際遇也是宿命，根本與性格無關，即使性格改了也改變不了以後的人生。這樣的人，英才在四十年教學生涯中屢見不鮮，早已見怪不怪了。

【何知此人主長寒？鬚濃困口不分清，黑更須防餐飯少，老來噎食定優驚。】

胸之基本意義

胸部，就是頸項以下、腹部以上的身體部位，俗稱胸膛，又稱胸廓。人的胸膛，就像房子的正廳，是核心地帶。在生理學上，胸膛是胸椎、胸骨和肋骨所圍成的胸腔，上口狹小而下口寬廣；胸腔內有人體的重要器官如心臟和肺臟等。一般來說，男性比女性的胸廓寬厚，而兒童的胸膛則是短而廣。

《中國醫學大辭典》解釋：「胸骨有三塊連合為一，位於身體前部中央，兩側與肋骨相接，構成體腔。男子此骨大者好勇。」醫典描述，胸廓由十二對肋骨上下排列於左右，各肋骨之後端骨乃固定於脊柱之胸椎。胸椎藉關節、韌帶連接而成為胸部骨質支架。胸廓狀似圓錐形的籠子，上窄而下闊，橫徑大於前後徑，與人體直立姿勢相適應。胸廓的內腔稱為胸腔，容納着心臟、肺部、大血管、氣管和食

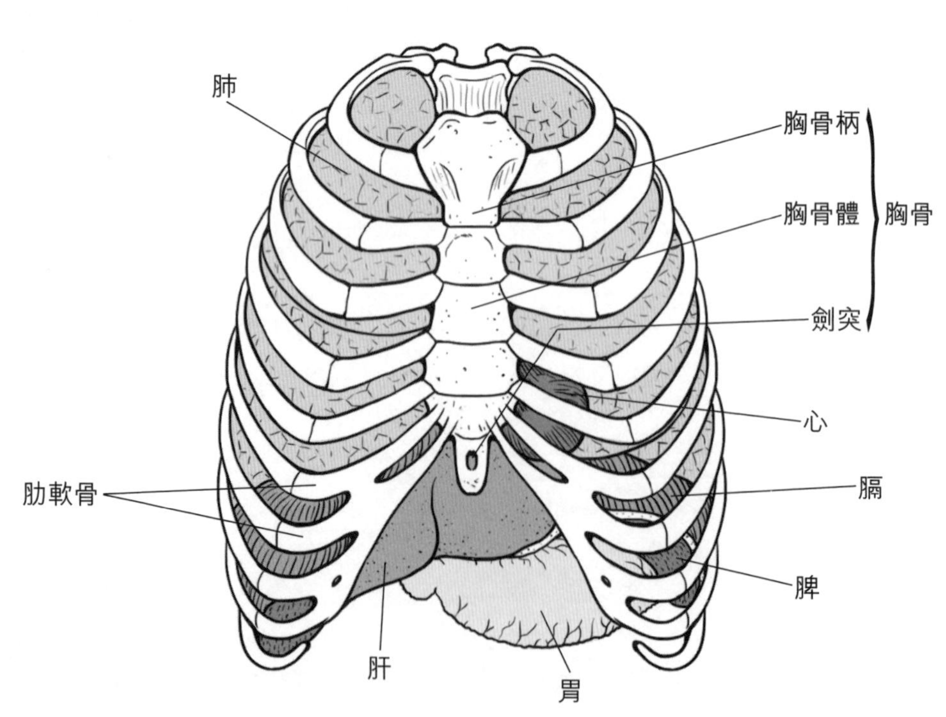

【何知此人必吐血？山粗露骨瘦且小，面青骨赤血必防，縱然不吐瘡衄照。】

道等重要器官，胸腔對這些器官有重要的支持和保護作用。胸的周界長度名叫胸圍。正常的胸腔微呈凹陷，但過度凹陷則非相宜。

這裏要特別強調，本章所討論的胸相，專指頸項以下、腹部以上的胸膛部位，男女同論，與女性乳房完全無關（乳房體相將在往後出版的新書作深入探討），讀者必須留意。

解剖學論胸

《人體解剖學》指出，胸部由胸壁和它包藏的內臟、神經及血管等組成。胸壁的骨骼由後方的胸椎、兩側的肋骨和前方的胸骨藉着骨連接構成骨性胸廓，肋骨間有肌肉充填於肋間隙內。肌肉收縮時，肋骨產生上舉或下降的運動，以及胸肌向前或向後的移動，由此擴大或縮小胸腔的容積，促使氣體進出肺臟，形成呼吸活動。胸壁和膈共同圍成胸腔，也就是胸廓的內腔。

胸部的健康

胸為人體心臟、肺臟等器官之所居，若胸腔寬闊，則內臟器官不受壓迫，血液循環正常，呼吸舒暢，自然身體健康，精神愉快，故胸廓的形態往往和健康狀況有關。

胸腔的內臟器官和胸部骨胳的病理變化常常會導致胸廓外觀發生改變，所以觀察胸廓外形是醫生為患者進行疾病檢查診斷的過程之一。例如，患有肺氣腫的病人，其胸廓的前後徑與橫徑都會增大，兩者幾乎相等，且肋平舉，肋間隙加寬，胸廓呈現桶狀，稱為桶狀胸。

【何知此人必癆症？面皮綳鼓眼神急，人瘦氣短性操兼，鼻劍背薄頤尖齞。】

嬰兒出生，未滿周歲時，胸圍一般比頭圍小，這是正常生理現象。隨着年紀越來越長，胸圍逐漸大於頭圍；若年長以後，胸圍仍然比頭圍小，就有違生理成長的發展，很大機會是因缺乏鈣質而患上了佝僂病，引致骨骼變形，胸骨明顯向前凸，胸廓前後徑增大，變成畸形，稱為雞胸。除了佝僂病外，也有可能是軟骨症或肺結核疾病而影響嬰兒胸部正常發育。

至於一些嚴重消耗性疾病患者或極度瘦削人士，其胸廓前後徑和橫徑均會縮小，而前後徑又比橫徑小得多，形成俗稱的扁平胸。患有肺不張（全肺或部分肺呈收縮或無氣狀態）、肺萎縮、胸腔積液、胸壁腫瘤等疾病時，胸廓兩側會呈現不對稱狀態。

此外，胸廓表面所見的胸廓骨性特點，也是作為體檢時的骨性標誌。胸骨柄與胸骨體相交處略向前凸出，稱胸骨角。此處與第二肋骨相接，是計數肋骨和肋間隙的主要標誌，以此作為基準，可以準確地確定心尖搏動部位及各心音聽診區的位置等。

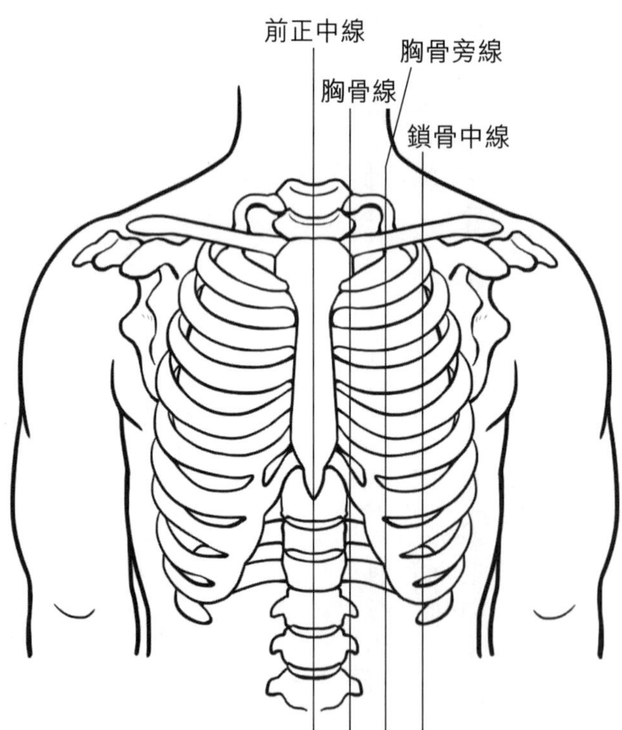

【何知此人失血來？面皮背黃色不榮，鬢紅鬢赤髮早脫，此時失血乃成形。】

為便於描述和臨床上的應用，一般來說，胸部以下列幾條垂直線作為定位和分區的標誌：

前正中線：胸骨中線，即經過胸骨正中點的垂直線。

鎖骨中線：通過鎖骨中點的垂直線。

胸骨線：沿胸骨邊緣的垂直線。

胸骨旁線：通過胸骨線和鎖骨中線之中間點的垂直線。

腋前線：沿腋前襞（即腋窩前緣）的垂直線。

腋後線：沿腋後襞（即腋窩後端）的垂直線。

腋中線：腋前線、腋後線之中間點的垂直線。

後正中線：沿各胸椎棘突尖的垂直線。

肩胛線：兩臂自然下垂時，通過肩胛下角的垂直線。

脊柱旁線：各椎骨橫凸尖端的連線。

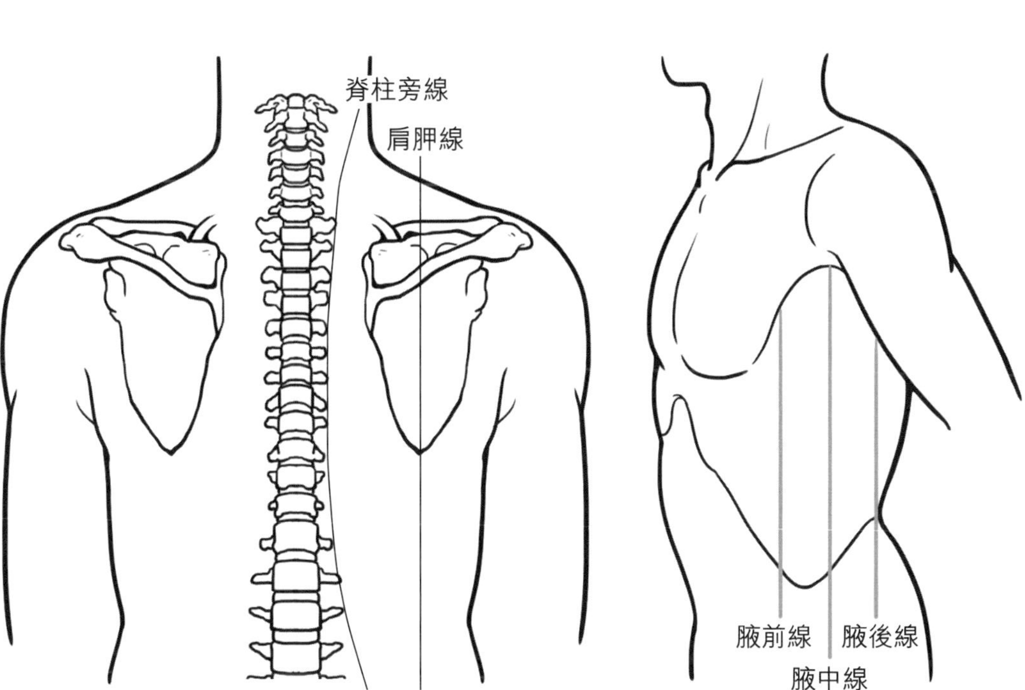

【何知此人熱嘔血？額黑耳暗面皮焦，唇裂紫黑驗如此，面上無光定不調。】

胸在相學上的定義

胸膛包裹着人體的重要器官。因此，相學上有「胸藏萬物」之說，尤如大地孕育萬物、保護萬物；胸亦為神之宮室，神即精神、意志、知覺、運動等一切生命活動的統帥，也就是人體精氣活力的主宰，是生命活動控制系統的所在地。假若身體臟腑平和、經絡通暢、陰陽和諧、氣血充盈，則神氣充滿。《素問．移精變氣論》云：「得神者昌，失神者亡。」意思就是，神充則身強，神衰則身弱；神存則能生，神散則將死。

《靈山秘葉》云：「心藏神，肝藏魂，脾藏志，肺藏魄，腎藏智，而胸懷則羅萬象，藏萬機，為才華、器宇、精神、氣魄之宮殿」，故胸大有可相之價值。因此，相學論五官之餘，也不可忽略體相，而觀體相時，胸相更是至關緊要。

胸部形態除了可反映身體健康狀況之外，還與人的性情、智慧、器量、氣度、富貴、命運等息息相關。例如，胸長富貴、平闊積財、胸短性急、胸窄量小，還會影響心肺功能、胸凸愚淫，但體魄康健、胸有毫光，名播四方、毛長則粗暴易怒等等。

中國相書論胸

由於胸為神之府，故胸宜平其博厚、寬平、廣闊也。廣闊者，神藏而氣壯；淺狹者，神露而不安，因其無所容也。故以闊厚平正、血氣明朗為貴；最忌凸而狹、偏而側、薄而短、聳然而

【何知此人糞後紅？年壽之間有暗烏，定然食燥則生血，痔血便血作常遭。】

起、窪然而傾也。

《太清神鑑》論胸：「形之有餘者，胸平廣；形之不足者，胸坑陷。胸起似昂藏，不唯身主富，更定子孫昌。」胸廣而平是為吉相，胸膛豐厚昂起，不僅自身富貴，更能福蔭子孫，家宅昌隆。

《神相水鏡集》：「胸欲闊長、平厚、色潤者，智廣才高而有福。如偏凸、側狹、粗黑者，貧夭量淺而少志。胸廣體瑩必貴顯；胸平博厚定殷實。胸不均平，未為有祿；皮薄無肉，衣食不足。雞胸鴨背，作事見小而夭年。胸短於面者孤窮。胸坑陷者艱難。」胸膛宜寬廣、平厚、肌色潤澤，其人智高才高，福氣綿綿；胸膛偏側、狹窄、肌粗色黯，是貧賤、短壽、志小財疏之相；胸膛平闊肉厚，老實、富貴之人；胸部凸陷不平或薄而無肉，食祿有損；骨起瘦如雞胸，志小而壽短；胸短於面，必主孤單貧苦；胸部凹陷成坑，一生作事艱難。

《神相全編》：「胸能覆身者，富貴；胸短於面者，貧賤。平闊如砥者，英豪；狹窄若堆者，頑鈍。骨起如柴者，貧苦；凹落如槽者，窮毒。胸有黑子，兵權萬里；胸有毫光，名播四方。胸闊而長者，財易積；胸狹而長者，謀難成。骨肉平勻者，仁智；骨肉高低者，愚狠。」胸寬富貴有財，胸短貧窮命賤，平闊仗義扶弱，狹窄愚笨無成，骨肉均勻聰明，骨多肉少窮苦愚昧，凹陷困窮。胸藏黑痣掌大權，胸毫二三享盛名。

《相理衡真》胸相捷徑：「胸者，所以藏萬事，為神之宮庭。宮庭深廣，則神安而氣和；府庫傾陷，則智淺而量少，故胸欲長厚平闊，乃為智高福祿之人。若凸而短、狹而薄者，乃貧薄之人也。胸能覆身者富，偏而側、薄而短者貧賤；骨凸者夭賤、坑陷者窮毒。胸短於面者貧賤，凸

【何知此人腎水虧？眼下陰陽有暗烏，必是少年多縱欲，眼深暗黑又乾枯。】

然而起者愚下，窪然而傾者貧窮，闊而豎者英豪，肉豐而闊者富貴，狹窄如堆者頑鈍，骨起如柴者貧苦，凹落如槽者窮毒，胸闊無肉者破敗，骨肉平勻者仁智，骨肉高低者愚狠。」

《神相全編》論胸：「夫胸者，百神之掖庭，萬機之枕府。宮庭平廣，則神安而氣和；府庫傾陷，則智淺而量小。故胸欲平而長、闊而厚，乃為智高福祿之人。若夫凸而短、狹而薄者，乃是神露貧薄之人也。胸能覆身，富貴。胸短於面者，貧賤。突然而起者，愚下。窪然而傾者，貧窮。平闊如砥者，英豪。狹窄如堆者，頑鈍。骨起如柴者，貧苦。凹落如槽者，窮毒。胸中黑子者，為兵萬里。胸中毫毛，播名四方。胸闊而長者，財易積。胸狹而長者，謀難成。骨肉平勻者仁智。骨肉高低者，愚狠。」相胸：「胸中為萬事之府，平正而廣闊者富貴，凹凸而狹薄者貧賤。男昂則愚，女昂則淫。」

總括而言，胸是身體前面、頸項以下、腹部以上的位置，居人體正中，所以是一身之主體。大抵來說，胸部以深廣、長厚、平闊、潤澤為吉。胸部深廣，氣和而長壽；胸部長厚，智慧高而富有；胸部平潤，多福多祿；胸部潤澤，才高智高。胸部傾陷，器量小；胸部高低不勻，智低愚鈍；胸部凸短、狹薄，貧賤之相；胸部偏側、坑陷，窮困愚昧。胸部有黑痣，能掌兵權，是將帥之命。胸部有二三瑩潤毫毛，享負盛名；胸毛粗黑而多，暴躁邪淫。胸部骨瘦如柴，壽短貧苦；胸部瘦長，孤苦貧夭。

論胸相詩訣

《相理衡真》訣曰：

胸中黑痣，兵權萬里。
胸中毫毛，名播四方。
胸狹而長，不可求望。
胸廣相長，主得公王。
胸狹高起，貧賤不已。
胸若壓身，富貴多珍。
胸不均平，未足為榮。
胸均平滿，貲財必廣。
胸有毫毛，志氣必高。
有胸無背，貧賤如泥。
瘦如雞胸，一世孤窮。
闊胸平背，必定興家。

《相理衡真》賦曰：

胸平正而長闊兮，斯福智之駢臻。
肉博厚而寬廣兮，懷蓋世之經綸。
如覆舟兮，必身榮以子貴。

【何知此人多衄血？鼻樑光焰似火形，瘡疾須防前後見，蕩疼疔疥一齊成。】

能匱身兮，定縉紳而懷仁。
一痣當胸兮，兵權萬里之虎臣。
一二毫抽兮，胸藏八斗之才人。
似雞胸分害六親。若枯柴兮志不伸。
挺然凸起而骨露兮，窮濫多瞋。
窪然坑陷而薄短兮，終窶且貧。

《相理衡真》胸相詩：

胸若抱兒宰相才，人間無比是仙胎；形骸妙合何須問，位列三台不用猜。
胸長豐厚福無量，早步雲梯意氣揚；試看君心宏物大，滿懷都是好文章。
胸膛廣闊性聰明，毫吐二三有盛名；器量寬宏行好事，班班膝下樂真情。
胸骨崚嶒小鬼形，自為自受苦伶仃；污勞筋骨營謀去，可嘆浮生水上萍。
雞胸骨挺最貧窮，作事慌忙沒始終；朝暮營求無下落，勸君只可伴豪雄。

《神相水鏡集》詩曰：

胸廣體瑩，必做公王。
胸平闊厚，錢財穩足。
胸不均平，未為有祿。
皮薄無肉，衣食不足。
胸狹而長，不可求望。

【何知此人多盜汗？面白唇青髮淡黃，脾弱肝虛神不壯，總官壯胃補脾方。】

胸凸高起，貧賤壽夭。
胸有毫毛，必能成家；若粗而多，反為性暴。
《神相全編》詩曰：
胸為血氣之宮庭，平廣方而衣祿榮；若是偏斜並凹凸，定知勞碌過平生。
《神相全編》相胸篇：
胸狹而長，不可求望。
胸廣而長，主得公王。
胸短於面，法主鄙賤。
胸上黑紫，為兵萬里。
胸獨高起，貧賤不已。
胸若覆身，富貴名真。
胸不平均，未足為人。
胸均平滿，豪播天畔。
胸有毫毛，必主貴豪。（十毫以下，三毫以上，必主長命。毛太多者，則主貧賤。）
胸廣而方，方智榮昌。

【何知此人手足震？皆因末指屈難伸，血不榮筋方有此，老來氣疾佔其身。】

胸之外觀相理

胸之外觀形態有寬狹、長短、厚薄、平正凸凹之分，以寬廣、平正、直長、豐厚為吉相，以狹窄、短促、削薄、凸凹為凶相。胸膛長有癦痣或毫毛，在相學上也有特別意義。

胸之寬狹

「胸膛廣闊性聰明」；「器量寬宏行好事，班班膝下樂真情」。胸膛寬闊，看去儀表雄偉、氣宇軒昂，甚具領袖風範，讓人感覺很有安全感。胸膛寬廣的人天性聰明，心地善良，具正義感；胸襟廣闊氣量大，能夠包容跟自己不同的意見，並能對開罪自己的人懷寬恕之心；一生貴人多遇，志氣遠大，懂得把握機會，建功立業，光耀門楣，兼且健康長壽，子孫賢孝，膝下承歡。

相反，胸膛狹窄的人情緒不穩定，容易出現焦慮、憤怒和抑鬱等情緒，且有點神經質，做事容易半途而廢，故《神相全編》云：「胸狹而長者，謀難成」；胸襟狹窄缺乏度量，時常不自禁地表現小器、

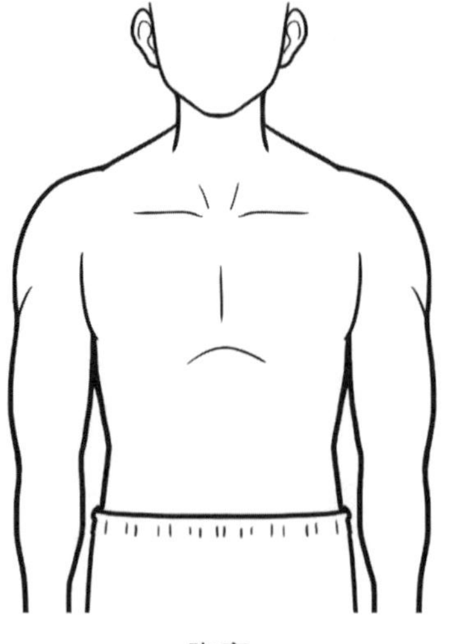

胸寬　　胸狹

【何知此人痰必多？眼下浮胞自帶黃，肉脹痰凝氣不運，乃從此位認真妝。】

斤斤計較，加上詭計多端，假仁假義，工於心計，表面與人友好，但內心暗藏奸計，常常思量如何佔人便宜或奪人錢財，讓人不願與之交往。

胸之長短

「胸長豐厚福無量，早步雲梯意氣揚；試看君心宏物大，滿懷都是好文章」。前胸直長是富貴之相，其人開運早，從事寫作可以文章傳世，從事藝術行業也可在業界揚名，創造非凡成就；性格開朗，寬宏大量，人緣佳，也是長壽之命。

「胸短於面者孤窮」，肩膊至腰部的胸膛部位太短，其人性格急躁，頑劣不仁，思想邪惡，心狠手辣，經常惹是生非，凡事只憑一己喜惡，不顧他人感受，令人避之則吉；做事方面，狡猾奸詐，不負責任，遇上問題必將麻煩和過錯往他人身上推，以致親者反疏，恩者成仇，眾叛親離；一生福祿少，縱得一時富貴，也難長久，注定是貧賤之命。

胸之厚薄

「（胸）肉博厚而寬廣兮，懷蓋世之經綸」。前胸豐厚有肉的人一生福厚，心善性慈，充滿溫情，言語坦率正直，行為踏實不虛偽，對朋友真心，有正義感，黑白分明，能分辨忠奸、是非；思想能與現實接軌，不會奢望天

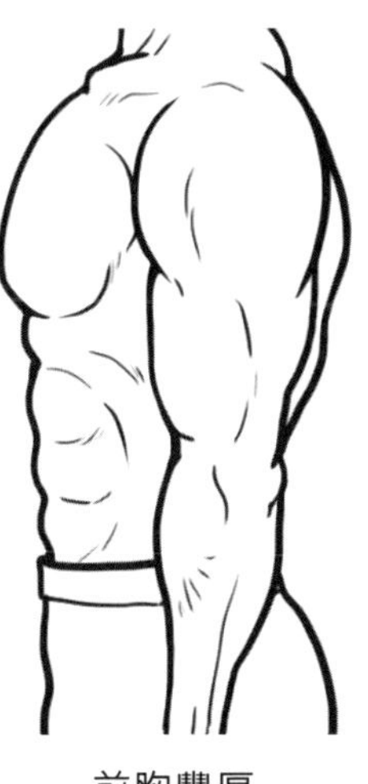

前胸豐厚

【何知此人氣不足？面皮淡白無榮色，或浮或腫或削瘦，總是氣弱為真的。】

降橫財，信奉「一分耕耘，一分收穫」的道理，能認真工作，為自己賺取財富。

「胸背脊薄，奴隸之相」，胸膛削薄無肉的人疑心大，對人不信任，而且妒忌心重，好勝好強，不甘認輸，但因本身料子有限，只是強裝強大，實際是外強中乾、外實內虛；胸膛削薄無肉是根基薄弱的表徵，其人一生缺乏物質享受，賺錢能力低，生活捉襟見肘，做事缺乏毅力、恆心和發展事業的鬥心，只能以勞力換取三餐，難有成就；根基薄弱也代表身體底子差，常有健康問題，難享高壽。

胸之平正凸凹

「胸均平滿，豪播天畔」；「胸平正而長闊兮，斯福智之駢臻」。前胸均勻平正，為人誠懇正直，重理性，待人真誠，思路清晰，計劃力強，做事能按部就班，事業可穩步發展；胸平如砥，智慧甚高，能文能武，手握重權，成就卓越，福祿齊來，若再加上豐厚，必主錢財穩足，一生無憂，健康長壽。

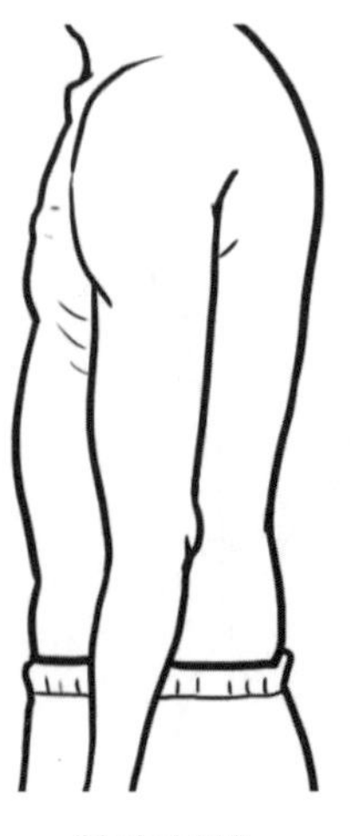
前胸削薄

前胸平正

【何知此人多熱病？面紅髮焦火生燥，唇爛口瘡亦多逢，皮膚血熱或兼到。】

「胸凸愚淫」；「瘦如雞胸，一世孤窮」；「雞胸骨挺最貧窮，作事慌忙沒始終；朝暮營求無下落，勸君只可伴豪雄」；「似雞胸分害六親。若枯柴兮志不伸」。胸骨凸出，瘦骨嶙峋，名為雞胸，其人性格執着，急躁而衝動，惰性極重，做事有始無終，終日游手好閒，奢望可以不勞而獲，且具多種劣根性，缺乏對人和事的基本尊重，愛挑剔他人缺點，造謠生事中傷他人。

胸凸是刑剋之相，不僅自身命運有損，亦會貽害六親，家運不昌。相書雖有「胸凸高起，貧賤壽夭」之說，但據英才數十年相人心得，胸凸者雖主運窮福艾，命中注定一世孤單貧苦，但健康大致正常，疾病也不多，雖然難享富貴，但總算身體平安。

「胸坑陷者艱難」；「形之不足者，胸坑陷」。肋骨內陷成窩，稱為漏斗胸，是異常體相，是為凶相，其人胸無點墨、心智不開、愚鈍不靈，性格嚴重偏差，內心狠毒，奸詐陰險，缺乏慈悲、憐憫之心；胸凹器量淺，不能容納他人意見，一旦受到批評，就會懷恨在心，並會想辦法在日後報復，而且嫉妒心重，貪慕虛榮，甚至時刻計算如何奪人財富。

此相之人一生庸碌過活，只追求食色性事，且因胸膛坑陷，內臟難得舒展，器官功能受到影響，體質必大有問題，一生病痛多，壽元亦不高。

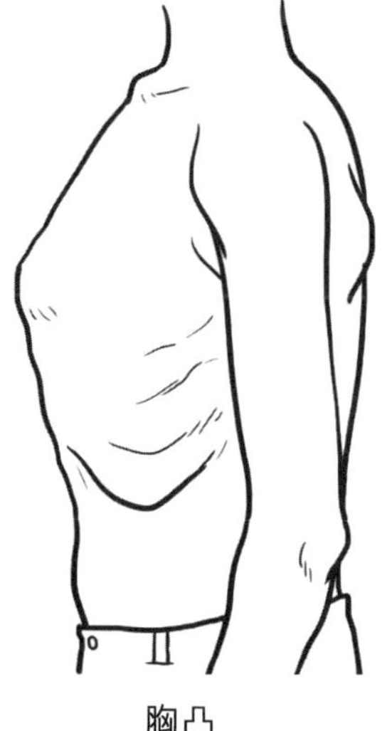

胸凸

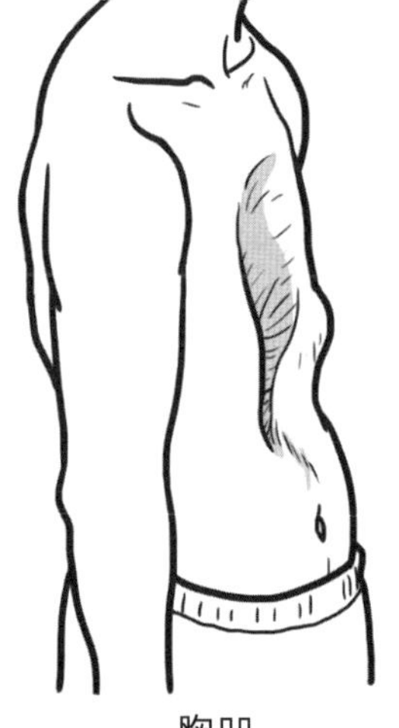

胸凹

【何知此人陰份虧？面青面黑皮乾枯，唇黑肉削眼昏暗，定是陰虛命必無。】

【何知此人生瘭為？人瘦筋露面黑赤，髮眉暗濁山根小，肝鬱或形身病的。】

胸之癦痣

胸部的痣算是隱密，以明亮紅色為吉痣，代表熱情大方，愛情運豐富，與子女緣分深。但若紅痣太多（四五顆或以上），則是桃花太重、色慾心強的象徵。

「胸中黑痣，兵權萬里」；「一痣當胸兮，兵權萬里之虎臣」。胸膛膻中位置（即胸膛正中）有黑亮明潤的好痣者，其人少懷大志，尚武顯貴，易掌帥印，權傾天下，在廿一世紀今天的社會，可加入紀律部隊如懲教、警務、消防、保安等，必能晉升至高位，掌握大權。

前胸若有黯黑癦痣長於身體偏側位置，是為惡痣，為人心術不正，思想偏歪。不管偏左或偏右，皆為狼心狗肺之輩，心腸毒辣，忘恩負義。

胸之毫毛

「胸有毫毛，必主貴豪」；「胸有毫毛，志氣必高」；「胸中毫毛，名播四方」；「胸有毫毛，必能成家；若粗而多，反為性暴」。前胸長有三兩根黑亮柔軟毫毛，其人胸襟開朗，有情有

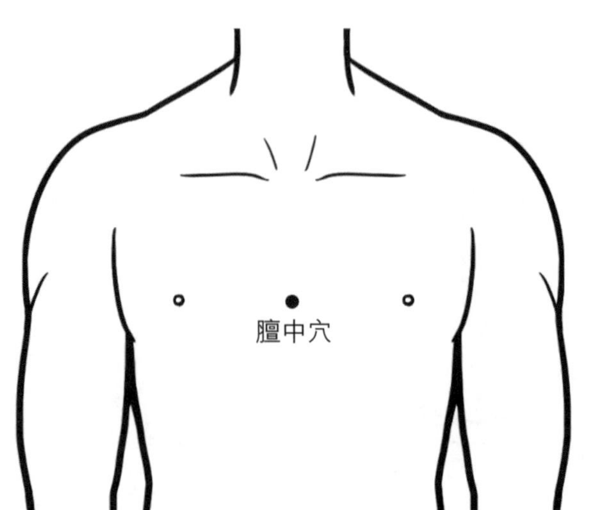

義，志氣高昂，兼且才高八斗，努力必有所成，顯富顯貴，名揚四海。胸中毫毛以十根以下為吉，是長壽之徵；若毫毛太多又焦枯粗糙，實是草野之夫，其人性情急躁、貪濫而好鬥，多行惡事，易招凶險，更主貧賤。

【何知此人陽不起？滿面暗黑如煙蔽，三陽枯陷眼無光，綜是陽縮腎病發。】

前胸相理總論

前胸為人心臟、肝臟、肺臟、食道等重要器官的居處，若胸腔寬闊，則上述之內臟器官不受壓迫，血液循環正常，呼吸舒暢，身體必健壯，精神必愉快，處事因而有信心又有恆心，自然易得福祿，官財兩旺，又享高壽；反之，其人必一生貧苦，多病而短壽，此乃定理。由此可知，前胸形態不單與身體健康關係密切，同時能反映一個人的工作成就、地位財富。在相學上，身體每一個部位皆能入相，可以透示其人的性格、桃花以至子息緣分，前胸相理自不例外。

前胸位居人體正中央，是人體的核心部位，至關重要。但胸與肩、背、腰相連，相法也是互有關聯，例如「有胸無腰，中年不發，老運平平」；「有胸無背，一生貧賤」，故習相者仍須謹記「相不獨論」，不可以偏概全，相胸時必須兼看身體其他各部位，互為參照，方得全局真義。

心性、健康、際遇

(1) 胸膛廣闊，聰明有智慧，書緣厚，學習能力高，吸收力強，能學富五車，知識豐富，學問淵博。

(2) 胸闊而長，具正義感，重理性，能分辨忠奸、是非，但也懂得圓滑處事，八面玲瓏，與之相處十分自在。

(3) 胸寬器量廣，能包容與自己意見不同的人，也能對開罪自己的人懷寬恕之心，甚具領袖風範。

(4) 瘦骨嶙峋，前胸（肋骨）凸起，有如雞胸，性格急躁、衝動，處理重要事情之前缺乏周詳考慮，貿然行動，所以經常犯錯。

(5) 前胸肋骨明顯，無肉包裹，狀似樓梯，是刑剋之體相，尤其剋父剋母，多是幼年喪父或喪母之命。

(6) 胸凸的人性格具多種劣根性，但胸凸代表胸腔容量大，重要器官得到保護，健康大致正常，疾病也不多，身體平安，得以享壽。

(7) 長有雞胸的人自私自利、見利忘義，對得失看得甚重，凡事只顧個人利益，不肯吃虧，不理他人感受，所以人緣運甚差，一生知己難求。

(8) 胸部凹陷如水槽或蓄水池，是為凶相。其人性格嚴重偏差，內心狠毒，有如蛇蠍，即使對方是至親或相識已久的好友，也絕無慈悲和憐憫之心。

(9) 胸部坑陷，內臟必難得舒展，其人體質必大有問題，身體孱弱，一生病痛多，難享高壽。

(10) 胸凹是心胸狹窄的表徵，非常小器，不單不能容納他人意見，一旦受到批評，更會懷恨在心，並會想辦法在日後報復。

(11) 胸狹器量淺，胸部狹窄亦是缺乏度量的表徵，對於他人一兩句無心快語會記掛在心，斤斤計較，使自己陷於不愉快之中。

(12) 胸部狹窄的人內向而多憂，不擅辭令，沉默寡言，猜疑心重，時常懷疑他人在背後批評自己，說自己閒話。

(13) 相學有訣：「(胸) 狹窄如堆頑鈍」，意思就是，胸狹的人愚昧無知，固執而不懂變通，一味堅持成見，不易與人溝通相處。

(14) 胸狹代表肺部容量小，其人天生體弱多病，健康不佳，長期受疾病困擾，更可能身帶隱疾而不自知。

(15) 胸部狹窄而長，雖好拗執，喜歡駕馭和指揮他人，但心無奸詐，對朋友亦頗重義氣，朋友有難時都願意挺身幫忙。

(16) 胸部狹窄而短，性格強悍，極具破壞力，做人處事心狠手辣，只憑一己喜惡，不理他人感受，不留情面，不顧後果。

(17) 胸狹而短的人器量極小，不容異己，報復心極重，有寧我負人勿人負我的心態，是極難相處的人。

(18) 胸部狹短，心臟、肺臟等重要器官得不到良好保護，故天生體弱，長期受疾病困擾，更可能身帶隱疾而不自知，屬於短壽之相。

(19) 胸部豐厚、紮實有肉的人心地善良，具仁慈憐憫之心，樂善好施，樂於服務社會大眾，關注弱勢社群，扶助老弱貧困。

(20) 「肉博厚而寬廣兮，懷蓋世之經綸」，代表胸部厚實的人學習及吸收能力強，領悟力高，學富五車，擁有極大智慧，壓倒同儕。

(21) 胸部豐厚有肉的人心地善良，具仁慈憐憫之心，願意扶助老弱貧困，而且極有正義感，遇上不公平之事，必挺身而出保護弱勢。

(22) 胸部厚實，身體重要器官得到良好保護，體魄壯健精神好，一生病痛少，故能享高壽。

(23) 胸部削薄的人性格偏執、複雜多變、陰晴不定、喜怒無常，這一刻歡天喜地，下一刻板着臉孔，情緒變化很大，令人難以捉摸。

(24) 胸薄孤獨，待人冷漠，不喜與人溝通，所以朋友不多，大部分時間只活在自我的世界之中。

(25) 胸薄者心態悲觀，總覺得發生在自己身上的事十之八九皆不如意，所以認為人生在世都是痛苦多於快樂。

(26) 胸部削薄，根基薄弱，身體重要器官得不到適當保護，先後天皆有缺失，多主體弱多病，是短壽之命。

(27) 胸膛平滿方正的人耿直豁達，心直赤誠，充滿智慧，樂觀開朗，真誠坦率，不拘小節，

【何知婦人經不調？眉毛紛亂認其端，東熱定然顴額赤，虛寒唇白面青凝。】

脾氣又好，極討人喜歡。

(28) 胸部平正，為人厚道正直，包容性強，願意聆聽和接受他人意見，不會一意孤行，故能獲得他人尊重。

(29)「胸平正而長闊兮，斯福智之駢臻」，代表胸部平滿方正又寬長的人聰敏有智慧，常與好運和福氣結緣。

(30) 胸部偏側位置長有黯黑瘻痣，是為惡痣，其人心術不正，思想偏歪。不管偏左或偏右，皆為狼心狗肺之輩，心腸毒辣，忘恩負義。

(31)「胸有毫毛，志氣必高」，胸部長有三兩根黑亮柔軟毫毛的人胸襟開朗，有情有義，品格高尚，兼且志氣高昂，理想遠大。

(32) 相胸詩訣：「（胸毛）若粗而多，反為性暴」，胸部毫毛太多又焦枯粗糙，必是草野之夫，性情暴躁、貪濫而好鬥，多行惡事，易招凶險。

(33) 胸中毫毛太多又雜亂，縱非粗糙，也是性格剛硬、不通世情之輩，對人對事十分主觀，人生挫折比較多，福分也弱。

事業、地位、財富

(1) 相胸詩：「胸若抱兒宰相才，人間無比是仙胎；形骸妙合何須問，位列三台不用猜」。

胸部廣闊的人是宰相之才，古時能輔助皇帝統領天下，在現今世代則是政府部門或大機構的高級管理人，制訂利民策略，造福大眾。

(2) 胸廣而長，理想遠大，志氣高昂，具領導能力，並善於把握時機，興家立業，光耀門楣。

(3) 胸長而厚，多福多祿，開運早，可從事文化工作，以文章傳世，從事藝術行業也可在業界揚名。

(4) 前胸寬長，事業上貴人運好，能遇好上司、好老闆，發揮機會大，工作發展往往較他人順利。

(5) 「胸闊而長，財易積，又主得公王」。胸廣有財，眼光獨到，理財能力高，善於投資及管理錢財，為自己累積財富，為晚年安排舒適生活。

(6) 「雞胸骨挺最貧窮，作事慌忙沒始終」，胸凸無肉的人做事有始無終，半途而廢，終身難得富貴，注定是貧窮之命。

(7) 「胸凸愚淫」，此相的人生性愚鈍，思想混亂，缺乏思考能力，分不清是非曲直，凡事只懂跟隨他人主意行動，容易被有心人利用作奸犯科，淪為罪犯。

(8) 《相理衡真》：「瘦如雞胸，一世孤窮」；《麻衣神相》：「（胸）骨起如柴者，貧苦」。相書的意思是，胸部骨瘦如柴的人，注定是貧窮之命。

(9)《太清神鑑》論胸：「形之不足者，胸坑陷」，代表胸凹的人多有虛損性疾病，體魄虛弱，難當大任。

(10)《神相全編》曰：「凹落如槽者，窮毒」，意謂此相之人不僅內心狠毒，而且終身難與富貴結緣，若不勤奮工作，難保三餐飽暖。

(11)胸凹的人心胸狹窄、語言歹毒、忘恩負義，常妒忌工作比自己出色、生活比自己富裕的人，甚至會不惜一切侵佔別人的財產。

(12)前胸坑陷的人見風駛舵、過橋拆板、以下犯上，又好搬弄是非，縱使有工作在身，也因性情惡劣而招人討厭，終身難有事業成就。

(13)胸部狹窄，幹勁不足，做事沒有原則，容易半途而廢，失敗後又不懂自我檢討，以致一事無成。

(14)相書論胸狹：「胸狹而長者，謀難成」；「胸狹而長，不可求望」。胸長是貴相，但胸狹破局，其人雖有野心和志向，希望成就一番事業，無奈有心無力或時不我予，求謀難遂，終究只是一介平庸。

(15)胸狹的人拙於辭令，亦不善與人相處，所以並不適合從事公關、零售推銷、業務推廣及客戶服務等工作，加上毅力和恆心不足，工作上只能屈居他人之下，難登管理層行列。

(16)胸狹但長的人愛好文學和藝術，頗具才氣，可以循這方面發展事業，可惜實踐力弱，幻想多但容易流於空想，所以極其量只能有小成小就。

【何知此人多瘡疥？頭骨過重肉不稱，陽為頭骨火必多，瘡疥依然生列宿。】

(17) 胸狹者貧，一生財祿不厚，縱使少年衣食無缺，自立後仍難得富；若配胸長，為人頗有節氣，對物質要求不算太高，而且重名多於重利，奈何性格缺憾以致願望難以實踐。

(18) 《神相全編》論胸：「狹而薄者，乃是神露貧薄之人也」，意思就是，前胸狹窄又無肉終非吉相，必是貧賤命薄人。

(19) 胸部狹短的人口蜜腹劍，狡猾奸詐，一生受性格所累，親者反疏，恩者成仇，眾叛親離，工作上難獲扶持，每份工作都只能維持一段很短時間。

(20) 胸狹而短，奸佞貪婪，對金錢和物質非常在意，認為金錢就是一切，幾乎所有事情都以金錢衡量好壞，但其人一生難享富貴。

(21) 相胸詩訣：「胸長豐厚福無量，早步雲梯意氣揚；試看君心宏物大，滿懷都是好文章。」與胸長相若，胸厚的人從事寫作可以文章傳世，從事藝術行業也可在業界揚名，創造非凡成就。

(22) 胸部豐厚有肉的人天資聰穎，家庭背景好，開運早，事業上得到家人支持，與同齡的人相比，較易取得成就。

(23) 胸厚健康好，生命力旺盛，人生態度積極上進，命中注定好運隨身，不富則貴，衣食豐足，一生少憂。

(24) 相學有訣云：「胸背脊薄，奴隸之相」，代表胸部（背部亦然）削薄的人做事沒有毅力和恆心，只能從事低下層工作，出賣勞力以換取金錢維持生計。

【何知此人水中喪？地閣有瘙鬚眉重，水法不清神昏暗，眉無黑子少年痛。】

(25) 相訣論胸：「皮薄無肉，衣食不足」，意思就是，胸部削薄無肉終非吉相，一生衣食不足，總是貧賤命薄人。

(26) 「（胸）狹而薄者，乃是神露貧薄之人也」。前胸削薄是福分薄弱的表徵，此相之人一生少福祿，縱得一時享受，也是轉眼成空；縱得一時富貴，也不長久。

(27) 「胸均平滿，貲財必廣」。胸部平滿均勻的人年輕得志，中年顯達，中晚年財祿豐盈，晚景興隆、福祿綿綿。若加上背部平滿，必能飛黃騰達。

(28) 「胸平闊厚，錢財穩足」。胸部平正多生於中上家庭，物質豐足，若然胸平又闊厚，更是大富之命，一生不愁衣食。

(29) 胸部平正的人思慮周密，做事認真，能冷靜分析當前局面的優勢和劣勢，以籌謀對策及進退之道，在事業上容易取得成就。若配胸厚，有祖業可承。

(30) 「胸中黑痣，兵權萬里」；「一痣當胸兮，兵權萬里之虎臣」。胸膛膻中位置（即胸膛正中）有黑亮明潤的好痣者，易掌帥印，權傾天下，加入紀律部隊如懲教、警界、消防、保安等，必能晉升至高位，掌握大權。

(31) 「胸有毫毛，必主貴豪」。胸中長有三兩根黑亮柔軟毫毛，其人才高八斗，學識豐富，努力必有所成，顯富顯貴。

(32) 「胸中毫毛，名播四方」。胸中有十根以內的細軟毫毛者，宜習五術或偏門學問，容易有所成就，可享盛名。

(33) 胸部毫毛十根以上，色枯粗糙，一生與富貴無緣，總得天降橫財，也將財來財去，終究是貧賤之命。

桃花、婚緣、子息

(1) 胸寬的人性格溫順平和，容易相處，甚得人緣，異性緣也很好，雖然沒有驚天動地的愛情，但戀愛和婚姻都比較順利。

(2) 胸寬的人善於安排自己的人生，不會太早談婚論嫁。男性在自己事業穩定後，才會考慮成家立室；女性遇上合適對象後，便會在適婚年齡時步入教堂。

(3) 胸部寬長是妻賢子孝之體相，其人子女早見，而且子嗣運好，子孫孝義，承歡膝下，數代同堂，相處和睦。

(4) 前胸肋骨明顯凸起，骨多肉少，相學上名為雞胸，相帶刑剋，剋夫剋妻亦剋子，婚後丈夫或太太體弱或運勢下滑。

(5) 「胸凸愚淫」，長有雞胸的人，不論男女，皆是好色、好淫之徒，只注重肉體接觸，輕視感情交流，經常更換身邊伴侶，以滿足個人色慾。

(6) 胸骨凸出、瘦削無肉的人，一生在情、色之中打轉，面對異性時，縱使對方不是心中所愛，也會亂拋媚眼，作出種種挑逗行為，常常招惹同性反感。

【何知此人兵中亡？山根有破眼睛黃，兼更命陷羅計豎，顴破神昏髮又剛。】

(7) 相學有訣：「似雞胸分害六親」，長有雞胸的人經常沉醉於色慾之中，以致精力消耗過度，難育子女，或是只有女兒沒有兒子。

(8) 前胸凹陷如槽的男性對感情不負責任，對伴侶虛情假義，拍拖只為滿足個人色慾，所以戀愛和婚姻關係都不會長久。

(9) 胸凹是刑剋六親之相，命中子嗣稀薄，男命太太生產有困難，女命有產厄，孩子出生時有夭折的情況。

(10) 胸狹是相帶刑剋之命，男性宜娶年紀比自己大五歲以上的太太，女性宜嫁年紀比自己小五歲以上的丈夫，或可減少離異的危機。

(11) 胸狹心胸窄，其人十分小器，嫉妒心重，對感情霸道，若伴侶對自己以外的異性過從太密，必大吃乾醋，大發脾氣。

(12) 胸狹而長，格局相沖，只是下格之命，而子嗣運受制。縱有兒女，也只是尋常之輩，而且受父母影響，容易形成憤世嫉俗的性格。

(13) 胸部狹短是刑剋伴侶之相，男性婚後欺妻虐妻，女性妻奪夫權，一旦對配偶稍有不滿，就會有婚外情的行為。

(14) 胸狹而短，六親緣薄，夫妻情短，婚姻運反覆，是比較容易離婚的胸相，早婚早離，再婚也難到老，注定晚年貧寒孤獨。

(15) 胸狹而短，子嗣緣亦薄，多是沒有兒女之命；或兒女出生後與自己異地而居，聚少離多，有子等於無子。

(16) 胸部豐厚紮實的人本性平和，容易與人相處，甚得人緣，不羡慕驚天動地的愛情，只追求細水長流的關係。

(17) 胸厚的男性得賢妻，太太氣質溫和。女性婚姻運佳，能嫁得佳婿，婚後夫妻恩愛，家庭美滿溫馨。

(18) 胸厚六親緣厚，子嗣運佳，子女自幼健康聰明，性格溫順善良，對自己的感情十分親厚。

(19) 胸薄情薄，此相的人雖然命中桃花旺極，但卻是花心薄倖之徒，常常出爾反爾，推翻對伴侶作出的承諾。

(20) 胸薄緣薄，六親緣淡，婚姻受沖，夫妻情短，婚姻運反覆，是比較容易離婚的胸相，早婚早離，再婚也難到老，注定晚年貧寒孤獨。

(21) 壞樹難結美果，胸薄者子息緣分也薄，命中或有一兒，卻因遭遇意外或其他原因而致兒子不能常伴身旁，子孫質素也不佳。

(22) 胸部平滿方正的人雖非俊男美女，但自然散發一股懾人的正義和高貴氣派，配合性格上的優點，容易吸引異性注目。

(23) 前胸平正，不論男女異性緣甚佳，對伴侶愛護有加，能找到理想對象，戀愛順利，在適婚年齡步入教堂。

(24) 胸部平滿勻勻的人子息運十分好，子女性格溫順，孝順父母，而且書緣好、身體好、易帶養。

(25) 胸痣以明亮紅色為吉痣，代表熱情大方，愛情運豐富，與子女緣分深。但若紅痣太多（四五顆或以上），則是桃花太重、色慾心強的象徵。

女性胸相命理專論

筆者必須再次強調，關於女性胸相，這裏主要討論肩膊至腰部的前胸位置，非指女性乳房（乳房體相將另在往後出版的新書作深入探討），這點必須留意。

(1) 長有雞胸的女性對愛情十分主動，一旦遇上心儀的異性，不管對方是單身或是有伴侶之人，都會千方百計讓對方成為囊中物。

(2) 雞胸刑剋子嗣，女性多有墮胎經驗，懷孕時易有流產之劫，生產時孩子易有夭折的情況。

(3) 胸凹的女性容易戀上不該愛的男士，甘願成為第三者，但緣來緣去，最終還是感情失敗，分手告終。

(4) 女性胸腔成坑，心腸狠毒狡猾，自身貧窮促壽，更兼刑夫剋子，婚後丈夫身體轉弱，事業破敗；兒女不孝，忤逆父母。

(5) 胸厚的女性子女運好，容易受孕，生產也順利，可自然分娩，不須受一刀之痛。

(6) 女性前胸削薄是刑夫剋子之相，懷孕防流產，生產防孩子夭折；縱然順利產子，也防兒女天生身體弱，或性格反叛與母不和。

(7) 女性胸中削薄無肉，骨起如柴，福薄命薄，少時難得家庭溫暖，大時難享夫福，苦不堪言。

【何知此人招盜賊？髮眉無光眼無殺，金甲兩櫃有紋沖，暗黑鋪顴屢見嚇。】

(8) 女性前胸平滿，身型雖非婀娜多姿，卻是旺夫相格，婚後可一方面打理家務，另一方面扶助丈夫發展事業。

(9) 女性忌有胸毛，不僅性格貪濫惡毒，易招凶險，更是命主貧賤，晚景堪憐，孤苦無依。

(10) 女性胸腔位置有明亮紅痣，為人開朗活潑，異性緣分極佳，能嫁得如意郎君，婚後丈夫寵愛，享盡夫福，與子女緣分亦深厚。

附錄

相學趣談

(1) 睇相心得

由一九九四年五月出版第一本書開始，我寫書，唔經唔覺一本比一本深入，一本比一本厚，厚到好似磚頭咁。終於有一次，生果佬食生果，自食其果，諗住拎自己本書搭港鐵時睇，結果忍唔住自己鬧自己「黐孖筋」，厚成咁，重成咁，叫人點拎出街睇!?令讀者睇得辛苦，真係唔好意思！就係因為咁，所以就忽發奇想，寫幾篇相學趣談，同讀者一齊輕鬆吓。

經歷三十幾年睇相生涯，坦白講，真係見過唔少光怪陸離、古靈精怪，於是我就隨心隨意去寫出嚟，仲要係用口語寫成，當作同大家傾下偈。

先旨聲明，講明隨心，純粹心到手寫咁簡單。天下事、八婆事通通我手寫我心，就等於筆者近呢幾十年成日教學生——睇相無準則，看相要隨心，因為「凡入眼內，皆可為相」。既然乜都有相睇，又使乜拘泥睇邊度先？既然係高手，又使乜爭把屠龍刀？多鬼餘！

五官係相！骨骼係相！腰臍腹背又係相！聲音談吐又話係相！甚至連動作反應……色斑痣紋全部都係相！

咁你可能會問：既然係咁，仲使乜跟程序去睇相？初學者就話相人先相眼！就好似玩八字咁，初研究就好認真先去搵用神。唉！其實有料玩家，斷事判症先係戲肉，懶有程序一定係初哥。

相人呢家嘢，唔同年紀、唔同經驗人睇靚女都有唔同層次。後生睇身材，中年睇身份，而家就睇身家啦！睇乜鬼眼耳口鼻都係假，結果一早出晒，睇佢而家個樣咪一目了然囉。

講真，客人無興趣知你睇乜睇物，只係睇你講得準唔準！大道無形。學睇相，先問自己，你係用程式睇定係用心睇，答案就係「低手相人，高人相心」。你又會問：乜睇心都有程序跟㗎咩？其實人心變幻莫測，隨時變化，「相由心生」嘛，你就要用隨機變動嘅心去捕捉對方嘅相。唔使問阿貴，愈係咬文嚼字嘅，愈無料！做高手，就要做李小龍，一招KO佢！

(2) 搭雞棚搵食

筆者成日被人問：咁多瓣術數，究竟邊樣最勁？情況就好似，有個細路問老豆：喺醫院裏面，邊一科最勁？聽完真係得啖笑。

你有BB就搵婦產科，骨痛就搵骨科，肺痛就搵胸肺科，你黐線就搵精神科囉！睇完醫生咪等報告囉！你話喇，係咪廢人講廢話？

講到人，真係乜鬼嘢問題都有，但係世上邊有一種術數功能係無所不能、無所不知㗎？

簡單講，住落間屋唔舒服，睇風水就一定走唔甩！面灰面暗，梗係搵相學家啦；心理陰影難題，手掌紋理就最要家；想由大數據知吓未來條路點樣行，八字同紫微就最本事，占卜就最快手！想知道點樣解決眼前事，奇門遁甲又或者大六壬咪可以即時斷事分吉凶囉。

意思即係話，你先問吓自己而家究竟想要乜嘢先？中國學問好犀利，醫卜星相山，有齊各項需要。問題係，你有無搵啱高手先係最重要。出面個個都話瓣瓣精；你認真諗吓，世上係咪真係有無所不通嘅人？如果你覺得有，就真係白癡無藥醫！

老實講，隨便一種術數都可以花你一生精力去研究。唉！可惜一啲無腦嘅粉絲真係以為我地呢行嘅人係食香，乜都精通、乜都識教同乜都識答。

網絡世界嘅好處係唔使花錢宣傳，一張合成照再加自封「天師」、「大師」身份，已經搵到食，再搞埋粉絲效應，整個粉絲團大吹大擂，老襯就會繼續嚟，有乜所謂？嚟嘅老襯都係門外漢，只要夾到神經腺，講中一兩樣嘢，即刻收錢！

仲賺埋口碑同尊重，再搞吓義工會，問你死未！搭起個大雞棚，再抄襲三四本古文嘅術數書虛張聲勢，真係長搵長有；最後嚟個教學相長，幾個月貨仔嘅課程，保證你神童出竅。呢盤生意唔止有得做，而且仲好襟做，唔使驚有退休年齡限制，甚至愈老愈襟搵，你仲有嘢講？

唔好怪人呃你，怪就怪自己虛榮，真係以為自己搵到個大師、天師，跟住自己做埋「大師」。正所謂「相由心生」，你覺得係咪得嚟！我都幫你唔到。

(3) 術數佬把口

筆者做咗呢行幾十年，早已悟出一個道理，就係乜嘢術數都係靠把口講出嚟，即係話：只要把口識兜、識氹人、識嚇人，包掂！

要氹要嚇都要講本錢！本錢係乜？就係把口！就係裝身！就係背景！最好加埋黃大仙之類嘅神神佛佛，一定掂！

近呢十幾年，眼見唔少「年青才俊」，佢地越來越容易搵食，寫吓十二生肖流年運程書，主動服侍無錢畀嘅傳媒，諗計拉攏名人關係，最好可以黐埋啲大牌子，免費都要幫佢地做顧問。講到尾，就係人要衣裝，佛要金裝，咁就放屁都有人信。

術數功夫得唔得唔係最重要，世上粉絲無數，唔單止全香港七百萬人，甚至連華南一帶、大灣區等都大把粉絲幫襯。年代唔同啦！而家做賭王，唔使識賭，只要市場夠大，你驚無生意？

一套《昆馬篇》已經夠用一世，何況而家啲「大師」加埋大學碩士程度做背景（其實我都唔明，大學學位同術數有乜關係），咁巴閉，啲粉絲真係抵畀人呃啦！

「大師」把口又氹又讚，粉絲使少少錢就以為已經掌握天機，控制命運，照住大師指引，幾時發力，結果又得；幾時龜縮，乜都唔做避重陽。哈哈！其實究竟係「大師」預測勁，定係自己搵自己笨，天知曉？

筆者靠把口搵食搵咗四十年，有時都懷疑自己，咁受客人及學生歡迎，究竟自己係咪真係好勁？不過唔問咁多啦！畀錢嘅話事，佢哋話靈咪靈囉，畀錢嘅都無詐型，自己就慳番唔好咁多聲氣。

斷事精準無倫，的確係大師嘅功力；但同客人對答過程中有無出古惑，全憑臨場處理恰當，例如，客人漏口又或傻到自己爆晒自己啲嘢出嚟，咁樣唔執死雞嗰個都會被雷劈啦！場面功夫就係場面功夫，刹那間夾到準，吹咩！

年代唔同嘞，而家啲客係崇拜傳媒，大師上電視、電台、出書、網絡，全部都係包裝。粉絲無知，一句話只要講多幾次，死屍都變大師；最好講相時，順便帶啲母子感情，客人肯定更加受落，夠溫情嘛！

(4) 預測包準法則

術數呢行，犯太歲係最易「昆」人嘅批斷，大師一句話：「你今年犯太歲！刑太歲！剋太歲！坐太歲！沖太歲同害太歲！」包準！

嚟得睇相算命嘅人，多多少少都有啲困難或感到迷惘。術數佬只要落多幾錢肉緊，加一兩分體貼，乜嘢生肖都有機會掂到太歲啦，使乜要有真本事？喺邏輯學嚟講，贏硬！

其實稍有命理常識嘅人都知，年柱生肖其實影響不大，但在人心惶惶同粉絲效應下，無辦法，揞住良心都要講：「閣下今年犯太歲」，只要客人相信，大勢所趨，過咗海就神仙。

一般無知婦孺心態都係「寧可信其有」，所以令到術數行好易做，只要背景雞棚搭得好，連放屁都可以有人信，搵到錢，豬籠入水。

而家嘅江湖佬已經唔同以前，再唔係喺街頭賣藝，而係衣冠楚楚、振振有詞咁喺網絡上搵食，最緊要係連自己都呃埋，雷曼事件咪就係咁樣發生囉！

筆者出版過十幾本書，發覺好多作者寫書原來好容易，寫啲唔寫啲，懶神秘，再加句「多年心得經驗」，最緊要寫多幾本，讀者明就明，唔明就算。哈哈，唔明係你蠢！

世上最好打嘅係「落水狗」，佢本身已經騰騰震，再被人煞有其事嚇一嚇、氹一氹，算命加埋風水，「大師」想賺幾多都得。我就話，最好賺係幫客人擇日開刀生仔，好命衰命真係任你講，至於靈唔靈？師傅蓋棺個日都未知，但啲錢已經落袋兼用晒，幾好！

(5) 三停相法係假?

「凡觀尺面，先別三停」，學過相嘅人都知道乜嘢叫面相三停。停者階段也，即係將人嘅一生運程，分開三個階段來看。

上停即係前額，主少年運。中停即係眉眼顴鼻耳，主中年運。下停即係嘴巴下巴，主晚年運氣也。

三停相運大致係無錯，但仔細分析，又有好多問題！例如有貪官刮埋刮埋幾千萬甚至過億巨款，最後衰收尾，一鋪清袋，晚年唔慌唔衣食無憂、有食有住，係監倉過日子嘛！

不妨認真留意吓，個個衰收尾嘅貪官都係下停飽滿，咁坐監算唔算安享晚年呢?

唔講好多人都唔知，相法有高低層次之分。初學咪用小學雞程度去分析囉；高手自然有高手嘅功夫去相人，一個下巴已經包含：頬頤腮頷頦，淨係單一樣分析，已經可以推翻「下停飽滿，晚景優悠」呢句話。難為坊間吹噓到真嘅一樣：「下巴兜兜，晚年無憂」，睇相真容易，一句要死人。

所謂「晚年無憂」，究竟係心境無憂?經濟無憂?健康無憂定感情無憂?客人唔識問又唔多問，唔知幾好!只要吹到街知巷聞，臭屁都變香薰啦!

上停即是前額，古籍話前額巖巉代表少年運差，遇人不淑，萬事不吉。老實講，筆者寧願少年運差，在後生時遇多些不平事，可以將心智煅煉得硬淨啲，年長時就有智慧應付難題；一生順風順水又點嚟人生智慧？

中停即是眉眼顴鼻耳，古籍又話中停忌狹窄，否則財官皆不利，但既無講原因，亦無指引如何化解。只講禍福的話，就算幾靈都無用啦！無得避，又係多餘！

如果只靠讀相書幫人睇相，呢個一定係神棍。書係死，人係生，況且三停外相係遺傳，世上係無遺傳嘅智慧，人生從來都係起起跌跌去創造奇蹟啦！

小學雞喺課堂胡混多年，最唔敢得罪就係呢啲自問寒窗苦讀、自命不凡的奇材，將古書背得爛熟，唔識真係被佢嚇死，識嘅就笑死。喂！各位大佬！三停相法仲要睇精、氣、神㗎！咪吹水唔抹嘴啦！

(6) 何謂精、氣、神？

精者，精力也，精髓也。簡單嚟講，佢而家嘅精力、精髓同精神放喺邊？又或者佢將「精」放喺邊個方向？

氣者，氣量也，氣度也。簡單嚟講，佢而家面對緊嘅事，係抱着胸襟闊定胸襟窄去看待呢？佢接受程度又有幾多呢？輸唔輸得起？

神者，神采也，態度也。簡單嚟講，佢而家採取嘅態度正唔正確？用嘅力度又用得啱唔啱？有無用錯精神出錯力？

有料嘅睇相佬都知道，五官也好，三停部位也好，甚至骨骼內相也好，只不過係遺傳基因帶畀一個人嘅開始。講到底，都係以人嘅後天選擇為最關鍵，心有決定。

如果精、氣、神擺錯位，就做鬼都唔靈。相法唔同八字命理，喺八字命理裏面，也都叫整定，也都叫宿命，所以一啲選擇都無；但相法在乎精、氣、神位置，即使三停再靚，五官再靚，一旦行錯路、諗錯嘢，自以為好醒，豬都稱王，點知自己擺嚟衰。

睇相佬最叻係收口唔講，點講？個客聽一句駁一句，講一句頂一句，以為富貴都係天注定，殊不知原來精、氣、神放錯位，抵死！

高手看相，可以一語道破客人而家想點！氣度闊定窄！輸贏點睇同埋手法做法做得啱唔啱！

講得出佢因為之前有過乜嘢際遇，所以導致佢今日有呢種精、氣、神；而並唔係一開口就亂噏客人將來係馬雲！將來係首富！可惜吖，一般人都唔鍾意講到自己嘅死穴，原來問題喺自己嗰度，所以形成今日好多術數佬口甜舌滑，氹得啲客人開開心心，笑住付相金，皆大歡喜。

客人運氣差就叫佢做善事，拜神佛，積福德，實無錯，起碼無人駁你嘴；再唔係就叫客人購買昂貴法器傍身，消災解難，你好我又好！

所謂「有錢使得鬼推磨」，畀錢嘅開心，收錢嘅舒服，仲講乜鬼精、氣、神吖！而家做術數行真係易做，連自己個名都可以假，生安白造，咪講話做大師，甚至靈童都做得啦！

(7) 真壞人，假好人

筆者成日喺課堂上講，只有電影、電視中先見得到，壞人有個款，個個惡形惡相、藐嘴藐舌；而好人就多數在受盡凌辱後仍然保持厚道，慈眉善目，最後好人有好報，壞人衰收尾。

但喺現實環境中，呢啲全部都錯，而且大錯特錯！事實係，壞人個樣惡形惡相、樣衰衰，只係因為佢地層次低又或者無腦；而好人嘅樣亦唔見得慈悲豁達、百忍從善！

筆者經常將一句話掛在口邊：「不論衣冠評貴賤」。學相最難就係唔睇身份，唔睇群眾，只係睇自己認定的特徵部位，尤其臨場嘅即時反應。畢竟，這四十年來見得太多佛口蛇心嘅人；同樣，面惡心慈嘅人亦唔少。

相係給人看。相係表面。相係環境同身份、權力結合出來嘅形態表徵。睇相佬要做嘅係，睇人哋睇唔到嘅嘢，而唔係睇人哋畀你睇嘅嘢。

寫相書唔難，純粹自圓其說。但夠膽真人對答，在舌劍唇槍下還原真相講白話，呢樣就好難。

人會偽善，人會假裝，人更會為利益而裝神弄鬼。正正係咁，所以相法可以從不同嘅項目，例如五官、骨骼、內相、聲音、氣色及微表情、微動作來判斷眼前人的真與假。

百分之九十幾嘅所謂相術高手，都會喺網絡世界裏面上演典型戲碼：一個唔識嘢嘅節目主持加一個好識講估嘅術數佬，你一句，我一句，亂噏廿四話呢個忠、呢個奸，簡直無得頂、無懈可擊！

嚴格嚟講，壞人都有好嘅一面，例如孝順父母又或愛護仔女；好人亦有陰暗面。雙方各為其主而傷害對方。

邊個敢講：呢個人做嘅全部係衰嘢，呢個人做嘅全部係好嘢？只有弱智又或思想單純嘅人，先會相信世界上有人全好或全壞。

相無分貴賤，上乘相學家才能直入內心層次，再分妻財子祿程度上嘅喜忌，並唔係一刀切判別好壞。

不過而家做師傅真係好易做，左一句富貴，右一句閉翳，尤其八字預測，一切都係宿命，客人無得駁，只有信。唔難吖！

(8) 做好心，有好報？

經常聽到一句話：「善有善報，惡有惡報」。

如果世情真係咁，咁就天下太平啦！但幾十年相人禍福嘅經驗話我知，事實並非如此！

原因有三個：

一、乜嘢叫善？《道德經》言：「皆知善之為善，斯不善已」。你認為係善嘅，可能人哋唔覺係善。你認為係好嘅，但可能受惠者認為奉旨應該。

二、行善之心有所求？有所求已經非善行啦！做事希望有報酬，即係等價交換，即係放籌碼喺他人身上，等有機會時，可以換利益。咁都叫行善？黐線兼白癡！

三、報嘅定義係乜？係要人回報呢，定係自己覺得舒服就足夠？兩者分別好大！要人回報，即係去返上面第二點，係假善心。如果只係希望自己感覺舒服，根本就唔存在呢句乜鬼嘢善有善報嘅廢話！

「由仁義行，非行仁義也」。術數佬見客人行衰運，就順口噏叫人做多啲善事，運氣就會轉好。呢個簡直係世紀大騙案，一句說話就可以將客人打發走，完全無難度，「大師」好易做！

「明珠入海」的耳相，本身性格對異性抱有一種服務心態，與人無尤。

「事業線停在感情線上」，因本身感情過度豐富而招致損失，與人無尤。

「八字命格比劫為禍」，重視朋友，甚至視為生活核心，事事仆心仆命，與人無尤。

以上例子全屬自願為人好，但當自己的付出換來傷害或損失，便一味怨天，猛鬧人忘恩負義。這實在講不通。

既是自願，結果如何，自然與人無尤。況且還唔還人情係他人嘅自由，怪就怪自己當初無分寸，缺乏保障自己嘅智慧。須知各人有各人嘅回報標準，各人有各人的回報諗法。

壞人做壞事，亦有佢嘅理由；好人做好事，做番本性而已。而家術數佬仍然停留喺裝香求好運、拜佛望富貴嘅心態。我的媽呀！簡直返回盤古初開世代！相信要等孫中山再世為人，走去佛壇觀音像前，扭斷公仔隻手來警惕世人白癡，大家先知覺悟！

(9) 精英相？

乜嘢叫做精英相？三停平均？五嶽豐隆？額如覆肝？眉清目秀？顴聳鼻直？定係唇紅齒白又或腰圓背厚？

喺筆者眼中，呢啲通通都唔係。因為以上只係純粹講外表，得個殼，而個殼嘅外表全因遺傳基因所致，父母將優良傳統帶畀仔女，但唔代表首富個仔一定又係首富嘛。君不見一代不如一代？

筆者眼中嘅精英相，又或人中龍嘅相，在於五個字：「吃得苦中苦」。

城中首富年輕時做過塑膠廠推銷員，白天工作，晚上看書，艱苦自學，因表現出色而成為部門經理。後來憑住勤勞嘅態度、創新嘅頭腦同進取嘅精神毅然創業做老闆，自此開始咗佢叱吒風雲嘅事業。

古往今來，真正的精英相，人中龍，非靠運氣，絕大部分係沉得住氣。

五官再靚，只係花開艷陽，敵不過歲月，反而內涵修養可以喺逆境時顯現能力。大師嘛，講就無敵！仲玩紙上談兵？

無風無浪，又點見到蛟龍翻騰於大海。

無災無難，又點見到忠精堅毅於人海。

運氣在人世間係存在，不可置疑，但運氣的背後，真係彩數？真係宿命？

電視台曾經有個好有趣嘅節目《尋人記》，內容正正要主持人搵番啲三十幾年前嘅小人物，將當年境況同現在做比較，睇吓佢地有乜心路歷程變化。

幸運地，一個又一個地搵出來，佢地嘅故事令電視機前嘅觀眾嘆為觀止。你相信這些結果全屬運氣？尋到事隔三十多年的人全屬好彩？

鍥而不捨同尋根究底嘅精神，正正係運氣背後嘅力量。就係咁簡單嘅道理，造就咗一個節目嘅成功。

精英相，唔係生出來的。人中龍，唔係八字生得好。當中有歷煉，有修為，有自省，更有不斷學習進步。《了凡四訓》一早已經講咗啦！

術數界的所謂大師，一鬼樣，一係自誇，一係話係神童。大師們、居士們，反省吓啦！

(10) 逆境求存？

睇相佬平時見客，多數見到迷途羔羊又或正處逆境中嘅客人，希望得到指路明燈，可以重見光明。

為人解憂脱苦重生係我輩的工作所需，亦是術數強項。

睇相佬一般做法係，振振有詞咁講客人將來如何如何！加埋行內嘅專業名詞，令客人相信明天會更好。

有心斂財嘅術數佬更會落多兩錢肉緊，氹客人改名轉運、擺風水勘輿佈局，再加乜嘢顏色衣服改運，戴乜嘢法器擋災，一於嚟個滿堂吉慶，皆大歡喜。

其實乜都係假，以上咁多大龍鳳，講到尾都係搵多餐晏仔食，不過客人畀錢畀得開心，術數佬收得安樂，無乜所謂。

「逆境」，即係未遇過嘅環境！「逆境」，即係此刻內心不快！等筆者教你點樣可以不用花分毫，不單能夠解決「逆境」而能求存，甚至有所得着。

説穿了，方法就係「虛」、「實」兩個字。無錯，就係咁簡單！

「虛」者，心靈也。「實」者，現實也。

第一，要正視困難。叫得困難，當然唔係三言兩語或一件法器可以解決得到啦！如果講兩句就解決到嘅，呢啲唔係困難，係玩意。

第二，將困難縮細。唔好貪心或心急希望一下子就可以將困難全面控制；換句話講，要一步一步去做，唔急得。

第三，要接受自己會驚、會怕、會喊嘅事實。只要接受自己會失敗，就無乜大不了。筆者試過兩次離婚，一次比一次痛苦，一次比一次難過，試過劲喊，試過沮喪，但無所謂，喊完咪再嚟過囉！千祈唔好唔畀自己喊。

第四，處理好「虛」呢一關後，心就會開。「實」呢一關亦唔可以急，要按自己能力逐步面對——大屋可以改細屋，無錢可以再賺過，只要有健康、有時間，其他嘢都係身外物。

痛苦過後係歷煉、係智慧，亦即係逆境帶畀我哋嘅成長過程。使乜鬼嘢用法器？使乜鬼嘢擺風水陣？人生起落會帶畀我哋能力。有時，逆境就係好運嘅開始。

(11) 經濟大晒？

經濟即係錢，錢即係經濟。

換句話，有錢就大晒？

答案：係！起碼喺社會共同價值圈嘅標準嚟睇，有錢的確係大晒。

點解？因為有錢嘅人比其他人有更多選擇。例如疫情期間，你無錢就要困喺屋企，佢有錢就可以喺遊艇吹海風。你要排隊買口罩，佢就有專人送口罩。你喺公立醫院等醫生，佢就有醫生親身上門照顧佢，就係咁簡單。

經濟大晒可以適用於國家，適用於個人又或適用於行業或職位。呢啲係人性、係本性。

筆者接觸過很多富豪、上市公司老闆、大企業行政總裁，學生中亦有些集團主席，但奇怪地，我又感覺唔到佢地嘅驕氣，原因何在？

原來唔係人人覺得有錢大晒，而係佢身邊嘅人貪佢啲錢或名望地位，用無數折腰嚟換取被賞識或幫助，就係因為有呢啲貪婪嘅人，才造就有錢大晒的現象。

而家嘅後進大師或大師們，大多以躋身大機構中為榮，叨光以顯耀身價非凡，才造成有錢大晒的情況。

從前嘅術數佬自命清高，一般都唔願意被權貴收賣，又或要對方三顧草蘆才肯出手幫忙；但而家世道已變，人心已改，術數佬反轉過來宣傳自己係大師時，仍不忘向富有人家或大公司埋堆，話畀人聽做過啲乜，以證明自己身價高。

咁就講明經濟大晒！其實，你何曾聽過一個醫生因為醫過名人而通街唱兼博出名？你又何曾聽過老一輩名家如林真前輩、林國雄前輩、韋千里前輩會在自己的著作中，吹噓自己幫過乜嘢大公司看風水或某某名人曾幫襯過佢？

經濟大晒全因他或她身邊的人奉承或討好造成。筆者遇過大把有錢人，佢哋不外乎都係一個樣七個竅，一樣要去廁所，一樣有便秘；喺我眼中，佢哋同普通人無乜分別。

但喺貪錢嘅人眼中，佢哋就好特別，因為貪佢哋啲錢，所以樣樣都任佢哋大晒。唉！筆者奉勸年輕大師們：即使你肯做下靶，亦唔見得人哋會尊重你；貪錢扮矮仔，真係連術數老祖宗都感羞恥兼無面。

(12) 無嘢留得住

小學雞學吓人講佛偈——

「一切有為法，如夢幻泡影，如露亦如電，應作如是觀。」

做咗咁多年睇相佬，都叫做起過落過。喺九七年之前，筆者曾經同一間大型地產公司掛鈎，七三分賬；佢介紹生意，我睇風水收七成。呢啲其實係公開秘密，無乜特別，算做賺過幾桶金，但就忙到抽筋，呢啲錢唔易賺。

咁又點？人生根本就起起落落，唔嫖唔賭都剩唔到，因為無嘢可以留得住。今日以為係你嘅，一個轉頭咪又係無晒！反而兩袖清風換番嚟風輕雲淡，更瀟灑自在。

知道係浮雲，但無見識過浮雲，又點知係浮雲？若經歷過浮雲，就明白原來術數真諦係叫人唔好執着，盡人事，好好享受當下，榮辱不驚，去留無意，反而令術數功夫更加揮灑自如。

一個三十歲出頭嘅後生仔，從未見過浮雲就話睇通世情？佢做嚿浮雲就得！

術數呢行唔係鬥鬍鬚多，亦唔係鬥學歷鬥出書，更唔係鬥作大，而係鬥長命，隨住浸淫愈耐，就愈明白乜嘢叫浮名假利。

你愈緊張扮晒嘢，你愈喺網絡自稱高手、大師，結果只會愈自暴其短。與其獻醜失禮，不如做好本分，一步一腳印打好功夫基礎咪仲好！同是玩術數，大家都明白世上無一種術數命中率係百分百啦！

如果有，中國五千多年就無咁多災多難啦！你真係當自己叻過古代啲大師？小學雞鍾意最尾嗰句：「應作如是觀」。

擁有過咪算囉，反正有同無都只係一個過程！三十幾歲人就扮到乜都精通，跌都跌死！術數呢行有樣嘢最唔好，會被一班無知粉絲將自己捧上南天門，連自己都以為自己係食香神仙。

「無嘢留得住」，係提自己唔好以為乜嘢都可以掌握手中，有時，千算萬算，就係算漏咗自己嘅虛榮心，忘記咗學術數初心，唔認師徒無良心。

(13) 問你點頂！

術數博大精深，呢點係人都知。術數多門，求其研究一瓣，都有排你玩。只要唔好將神神怪怪嘅嘢放入去，老實講，術數真係中國瑰寶。

每日睇報紙，啲新聞主角犯事。稍有面相基礎嘅人，睇到呢啲樣都知信唔過，但點解有咁多人受氹？

理由好簡單：

一、財迷心竅，見錢開眼。以為有着數就黐埋去，被呃與人無尤，怪就怪自己貪心。

二、天性善良。以為世上無壞人，諗住對人好，人地一定投桃報李。只能怪自己天真，唔關人事。

三、豬隊友鼓勵同吹噓。以為朋友都推薦，應該無錯卦！點不知連豬隊友都中伏。

四、自己歷煉未夠。見人有咁大個雞棚（背景），諗住應該無問題，結果因為崇拜名牌，衰咗！

五、博好彩。以為自己行大運，有金唔執就笨，尤其被啲江湖佬批過，自己有機會嫁個有錢人。

講嚟講去都係自己問題，無得怨！

中國術數嘅初心，係教人了解世情，了解人性，然後去趨吉避凶。唉！連研究術數嘅人都呃人，究其原因，你呢班盲目崇拜嘅粉絲又邊走得甩？

風水最易呃，任你舞；八字最易氹，任你吹；紫微斗數唔使講，大龍大鳳開個盤，睇見都已經入晒局；奇門遁甲又或大六壬，一味計數，啲專業名詞嚇都嚇死你，你又點會唔受「昆」？

如何分真假？方法簡單到你唔信。只要見術數佬嗰刻開始，自己就合埋把口，碌大雙眼，細心聽佢講你以前啲嘢，妻財子祿又好，性格為人又好，要保持零表情，任佢噏，理鬼佢用邊門術數，再睇難度分，保證真神假鬼，立即現形。

不過坦白講，如果你犯咗以上五點低級錯誤，咁就神仙都救你唔到，被人呃已經係意料中事。好心啦！弱智無得救。其實稍為有腦嘅人都知道，邊有師傅瓣瓣精㗎？你蠢兼信埋啲神神佛佛，問你點頂！

(14) 術數天分？

有人話，要掌心有十字紋，要眉頭有感恩骨，要命格係十靈日，要華蓋星坐命宮，咁先有天分學術數喎！

廢話！咁有天分，使乜去學？使乜跟師傅？仲話要跟啲大師級嘅師傅去學？王母娘娘上身已經大殺四方啦！天分大過天，學都多餘！

筆者做咗四十年教相佬，咁多年來，發覺自認有天分嘅「神童」，有九成都係對人零尊重，佢哋自認為有天分，上嚟課室自然係玩挑機——睇吓呢個師傅有無佢咁勁。年中筆者都唔知鬧走幾多個自稱神童、國寶嘅學生。

講番轉頭，咁，究竟乜嘢係天分呢？哼！其實一字咁淺——「鍾意」，只要你「鍾意」，再加上「癡迷」，咁一定學得到你心儀嘅術數學問。如果抱住玩玩吓，又或者諗住學嚟去呃人又或搵食，唔使問阿貴，除咗學得半桶水外，仲一定會黐埋啲神神佛佛、古古怪怪嘅大師。

喺筆者眼中，術數天分係同交幾耐學費成正比的！

好簡單，交學費愈耐，自然學得愈耐；學得愈耐，自然知得愈多；知得愈多，自然知道堅定流；知道堅定流，自然會選擇係咪繼續學落去。時間係最好嘅證明，除非你係白癡，堂堂只係聽術數佬風花雪月，吹噓同邊個邊個富豪熟絡，咁你就真係有天分喇，係被人呃嘅天分！

術數靠把口，天性唔識表達，就藉術數嚟學表達。
術數靠轉數，天性唔識反應，就藉術數嚟練反應。
術數靠應對，天性唔識應對，就藉術數嚟練應對。
術數靠邏輯，天性唔識邏輯，就藉術數嚟練邏輯。
正因為你無以上天分，就要藉術數去訓練訓練。你乜都叻嘅話，仲使乜嘢學術數？嘥氣！

(15) 三招走江湖

第一招：棚架一定要靚。個樣唔好太差，後生嘅就留啲鬚，個款太稚氣就著多啲唐裝，做多啲唔收錢嘅電台節目或接受傳媒訪問，老虎都要出鏡，千祈唔好龜縮。

第二招：作大。有咁大作咁大，就算只得三十幾歲，都要厚面皮話自己有廿幾卅年見客經驗，仲要強調未識開眼已經睇相書、八字書。千祈唔好話自己有師傅，容易穿煲，最好改個勁抽嘅朵，例如乜乜天師、乜乜大師之類，一定要有咁大作咁大。

第三招：明知唔夠班，但都要開班授徒。搵啲粉絲做練習對象，佢唔識你識，高低只係比較，成班粉絲被你練習，日子有功，無料都有緣葉啦！人多勢眾，搞個粉絲團拉粉絲入會，包掂！

當一盤生意咁睇，唔使吓吓要對質印證，隔靴搔癢，睇相錯咗咪立即風水補飛，風水被人挑戰就用神神佛佛搭夠，千祈唔好硬拼，唔好同啲客死撐，加兩句溫情對話：我為你好咋。走江湖嘛！

寫書唔使寫咁深，佢又睇唔明，實話你老作。

寫書抄古籍，搬字過紙咪得囉，都係書啫。

百貨擅百客，實有人讚，實有人彈！筆者做咗四十年睇相佬，如果到而家仲唔化，真係要撼頭埋牆啦！

書嘅內容唔重要，重要係喺書裏面介紹自己點威點醒，例如煲吓自己幫某某大機構睇過風水，博吓啲粉絲幫襯！又例如捧下自己有幾多粉絲，人多勢眾，你敢話我無料?!

最重要係講自己天分高、無師自通，全憑寒窗苦讀，而且仲有幾十年經驗，百足咁多爪，醫卜星相，連三世書、問米都識，咁咪過骨囉！

寫書好，就算抄人哋啲文章，都可以反轉鬧人地抄佢。喺香港從來無術數佬因抄襲而被告上法庭。點解？因為無錢囉！

筆者有過類似經驗，廿幾年前出版咗一本書，結果被內地出版商改頭換面，變成「明鋸你」大師著作，題目內容完全一樣，只係作者名唔同咗，真係抬舉咗筆者！但筆者人微言輕，當然無追究，只係得啖笑。

(16) 寫術數書要訣

做得呢行，出版著作走唔甩，因為係陪襯，唔懶得。但若本身唔夠功力，咁點算？

筆者獻計：

一、抄古文，抄古籍。例如成本《冰鑑》，成本《人倫大統賦》照搬，實無錯！左抄一句，右抄一句都嫌煩，成本搬落去，快、靚、正。

二、寫大圍。寫書唔好唔跟大隊，人地話下巴兜兜，晚年無憂，就要死跟，錯就大家一齊錯，出面啲粉絲有好多，加上又唔見得有好多人睇術數書，少睇術數書嘅人知屁咩，又係快、靚、正。

三、搵啲無名無姓嘅人寫序，又或作啲有大背景嘅人寫序，但千祈唔好落照片，會穿煲。最好係乜乜校長，乜乜創辦人，乜乜隱形富豪，無人會留意有無呢個人，總之喺個序入面讚到自己識飛天遁地，實過骨。

寫書有乜難？又無人駁你。筆者小學雞咁嘅學歷，都出咗咁多本，讀者話睇唔明喎，無所謂，最緊要你買，買咗就算有彈無讚，我都多謝你。

唔知係咪而家啲後生仔覺得術數呢行好易搵錢，所以就算有學士、碩士學歷，都要做江湖佬，既有錢收又高人一等，使乜返寫字樓受氣等升職？

年代唔同嘞，以前老一輩啲前輩係因為無乜學歷，再加上太癡迷術數，所以投身做江湖佬、算命佬，但而家乜嘢都講舒服、搵快錢，睇相佬都可以上神枱扮世外高人，仲同你朝九晚五咁捱？傻的嗎？

小學雞教咗四十年相學，見過有啲學生學學吓做埋呢行，又搵到食喎！都算老懷安慰。但好奇怪，有啲學生從無提過跟我學相，反而喺外面話自己祖傳，又或自幼寒窗苦讀，精通《冰鑑》、《麻衣》之類，總之就無師傅啦！可能怕我影衰佢卦。

算把啦！求其佢搵到食，又唔係呃人，已經好好；認唔認我呢個師傅，我無乜所謂。流水客，而家仲邊有人擺師傅出嚟吖，除非師傅死鬼咗！

走江湖、搭棚架、作大，教學相長做練習，日子有功，咪話大師、天師，再世白龍王都得。

(17) 真假宿命

「命運無得改！」

「宿命係整定！」

「難與命抗衡！」

人地話喎！你以為一班臭皮匠，夾埋會叻得過諸葛亮？

人地話喎！你以為用豆泥吉他可以奏出鋼琴嘅啲旋律？

人地話喎！你以為可以換父母換兄弟同皮膚顏色基因？

人地話喎！你以為可以訓練條魚上樹，馬騮會游冬泳？

人地話喎！你以為人可以逆天？人可以同天意鬥命運？

聽落勁到無倫，利益歸於手握術數嗰位大師。如果客人係落水狗、粉絲之類嘅角色，仲走得甩？

恭喜！恭喜！全家都可以買臘味，認命好，有晒指引，唔使煩，按本子辦事，啱嘅。

認命呢家嘢，有時又幾好用。宿命呢個名詞，聽落又唔錯，起碼有乜挫折，可以大條道理頂住人哋把口，兼減低自己罪咎感，無咁多心理負擔。

唔好理啦！嗰刻出事，一句頂住，心安理得，舒服兼自在。鬼佬啲心理學，都係教人舒適自在，無乜唔妥。

但小學雞想提出以下嘅意見，畀各位大師指正一下愚弟嘅愚見！

人類有歷史以來，就係前人抱住唔認命嘅態度，先有今日科技同智慧。

西洋劍金牌得主就係唔認命，最終反敗為勝為香港人爭光兼爭氣。

長知識、求智者就係唔認命，先不斷充實自己腦袋以求更新修正。

一個手握術數帥印嘅大師，竟然話乜都係宿命。既然係咁，疫情時使乜戴口罩？過馬路使乜睇車？有病使乜睇醫生呀？做人使乜要讀書？做乜要求進步？

(18) 續談宿命

如果有一日，阿仔突然同你講：「老豆，唔好逼我做嘢啦！大師話我跟住呢十年都係行衰運，做嚟都多餘，你畀我避一避，等到衰運過晒先去搵嘢做。𠻹！大運一到，身弱轉身強，財官得力，到時光宗耀祖，咁咪幾好囉！」

做老豆即刻吐血，因為自己平時都信命。

如果有一日，阿女突然同你講：「老豆，你都知我命格係官殺混雜兼水重，注定男人多過螞蟻，你咪畀我玩吓囉！反正條命都係整定，原局同大運都係遍地爛桃花。你就由得我啦！唔好咁多聲氣啦！」

做老豆即刻暈低，因為自己平時都跟命走。

好嘞！又係生果佬食生果，自食其果！

人性有樣嘢好奇怪！叫人認命好哋哋，尤其自認術數大師級啲後生一輩，八十後、九十後，有啲仲係單身寡佬一名，老虎都吹到宿命即係聖旨，方便搵食，但佢哋有無諗過出現以上情況？到時真係喊都無謂，講都嘥氣！

萬種人生萬種相。人有好多種，你認命唔緊要，你信宿命唔緊要，你自己係卡主，自己碌卡自己找數，無所謂。

你就寒窗苦讀扮大師，句句都要人跟命走，自己就進步，人家就認命。賺錢真係大晒？可惜世界上真係有啲粉絲傻人崇拜雞棚。自己唔認命，又寫書又搏出位，反轉叫人唔好搏，係乜嘢人生觀？

小學雞淨係知道，成功需苦幹，而唔係成功靠條命。

八字命理的確真係計算到人嘅妻財子祿，甚至命運藍圖；但要搞清楚，計到唔等於要照跟。「功課」，每個人都有自己人生功課。前人費盡心思鑽研玄學，係要後人得知自己問題，從善如流，修心改正，而唔係乜鬼都跟足去做。

「正能量」也好，「正知」、「正見」也好，做人應要病向淺中醫。好一句大道無境，道機天命，全部都係廢話，唔該積下功德，唔好侮辱玄學啦！

(19) 生存、生活、生命

何謂生存？有飯食、有工開、有屋住、身體健康、無病無痛，間中賭吓馬仔、飲吓酒，無乜大理想，人生無憾矣！

何謂生活？對生活有要求，長吓知識，學吓修養，間屋住大啲，生活悠閒啲，手頭上有啲閒錢去投資，去吓旅行，買吓名牌，有份專業工作傍身，仲想點？

何謂生命？未必有錢但會捐錢，未必有專業但會幫人，未必有空閒但會做義工，未必有才智但會為眾生做吓嘢。

你係邊個層次？自己最清楚，眼界決定境界，貧窮未必限制想像，才智未必限制心志。

朝朝搭地鐵，眼見啲人搶位坐，霸住優先座，阿婆企係前面都當睇唔到，原來只係坐兩三個站就落車。喂，條友個相耳有垂珠㗎！個相眉清目秀㗎！仲有啲顴聳鼻直添，咁又點？咪又係唔識老吾老以及人之老。

睇相佬從來唔聽人講廢話，只係睇人嘅身體語言，講乜鬼五官清秀吖，行為已經表達晒啦！

生存、生活同生命嘅層次，根本同相無關，根本同八字命格無關！

同乜嘢有關？同教育、家教、選擇有關！而家嘅後生一輩粗口連連。筆者喺社區教相教八字，聽到有學生竟然用生殖器粗口對話！唔通呢啲行為又係整定，又係條命生出嚟，注定係咁？

筆者唔相信人嘅層次係整定的。好似以我咁嘅小學雞程度，咪一樣膽粗粗寫咗十幾本書！可憐人必有可恨處！一個人如果活到三十幾四十歲都仲係一事無成，吊兒郎當，而你話呢個係命格問題影響，我第一個唔服！

無人注定一帆風順做偉人，亦無人注定做乞兒。小學雞相信及深信，人係有自尊嘅，人係要努力嘅，人係要喺失敗裏面搵成功嘅！

你係乜嘢層次嘅人並唔緊要，但記住，唔好用術數去批死啲將信任交畀你嘅人。有時，殺人唔使用刀，一句係整定，已經害死好多人！

(20) 唔認命

讀書本應明事理，辨黑白。

術數本應啟心智，懂吉凶。

術數佬用咁多年寒窗苦讀，又跟大師學，又背口訣令，又實例求經驗，喺對對錯錯之中求知識，過程中一定吃咗唔少苦頭，受咗唔少熱嘲冷諷，先有今日傲視人群嘅信念，去證明自己術數神通。

好嘞！自己唔認命，經過奮鬥之後做到大師，到而家利益當頭，竟然叫啲粉絲懵丙去認命，講到底就係錢作怪！

「權威」源自能力，能力可以增加財富。如果人人都認命，人人都照大師吩咐，每行一步都聽指令、聽命令，諗落都幾麻線。

心水清嘅就會覺得有啲唔公平。大師搏命寫書、搏宣傳，就係相信努力可以為自己將來再添光彩。但係你條粉腸自己就唔認命，努力去奮鬥，但又反轉叫啲粉絲認命，句句都話係落地喊三聲，話再努力都唔可以逆天，簡直厚顏無恥，反口覆舌！

無錯嘞！原來學術就係要咁樣，一邊叫人同意乜都整定，一邊就自己排除萬難，令自己以後生活過好啲。

如果班粉絲個心靜一靜，將心眼擦亮，唔好盲目拜偶像，就會發覺好多地方都好矛盾。

第一，要認命使乜求知識？乜都整定，我仲要跟你學？學嚟要自己做個順民呀？

第二，要認命使乜趨吉避凶？如果可以避到凶，即係人為可以脱離命運啦！

第三，要認命使乜咁勤力宣傳同拉咁多社會關係去增加聲望，搵咁多錢呀？

第四，要認命使乜長智慧，條命唔好咪放棄囉！吓吓要好命？呢個世界唔使奇蹟啦！

最後，亦係最重要嘅，同年月日時出世嘅大有人在，你夠膽話個個條命一模一樣？

好心啦！大師們，你學術數初心都係因為唔認命而去學，發覺搵到錢，而家反轉嚟話一切都係注定，叫人認命。黐線！

(21) 術數大數據

中國咁多門術數傳承千年，話佢假又講唔通，假嘅又邊會可以流傳咁耐吖？但係話百分百準確又講唔通。世事無絕對嘛！科學咁昌明，都唔係乜嘢都有得解釋啦！

咁即係點？準定唔準？信定唔信？

信！信事實！信真相！信真話！但唔信齋講以後未發生嘅嘢！唔信剛出世嘅蘇蝦注定將來做高官，將來做大集團主席。

「欲知前世因，今生受者是；欲知來世果，今生作者是。」

凡事必有因，調校今日方向同態度，等同改變將來事情結果。咁簡單嘅道理，啲粉絲唔使教卦？態度改變一切。換句話：教育先係術數嘅核心價值，而唔係乜鬼嘢五行生剋，更唔係乜鬼嘢犯太歲之類神神佛佛嘅廢話。

術數可說係數據分析。大家都知道，數據分析只係一種統計、邏輯，從來都唔係百分百準確，並唔係嗰啲連真名都唔敢攞出嚟見人嘅居士、大師，三十歲出頭扮上帝無所不知，發神經！

中國人聰明係公認的。中國五千年歷史長河，從未間斷，沒有迷糊；即係話，幾千年傳承做人智慧，代代出人材而承先啟後。

你認為，古人會否咁蠢，研究出咁多門術數學問嚟捆綁自己心智，捆綁自己志向同上進心？

智信同迷信有乜分別？分別就係，前者經智慧過濾後相信，後者卻係盲撐，係怕未來會令自己損失又或一無所有。

筆者喺三十幾年教學生涯中，一直強調：「先有性格，後有命運」；換句話講，真正命運源自性格所趨！

就好似一件事發生咗，如果由唔同嘅人處理，就會有唔同嘅結果禍福。

術數數據係一套由前人苦心集結、研究人性嘅學問，但而家有班後生仔為咗搵食，就亂放屁，專打落水狗！吹噓自己無敵天機，喺網絡上發噏風，話某個八字嘅客人唔聽話，所以死咗。某個八字嘅客人肯聽佢話，結果做咗首富！吓？咁都得？

(22) 無知信徒

小學雞因為無乜學識，早在社會打混，所以習慣睇事實，睇真相。

讀飽書嗰啲學士、碩士就相信專業，相信社會地位，更相信群眾眼睛雪亮，有麝自然香。

弊傢伙！讀書讀懵咗？所以國內出咗好多九世靈童、活佛喇嘛等高人，大鑼大鼓喺上流社會呃錢，就係因為信品牌。

笑人蠢？其實自己一樣蠢！

術數界有個怪現像，好多從業員都唔用真名示人，改埋啲乜鬼嘢真聖大師，乜鬼嘢道機天仙，總之唔會用真名啦！唔知佢哋係咪驚出事，陀衰祖宗十八代。

以前都有人問過小學雞，李英才個名係咪自己作，問到連我自己都懷疑人生！終於親口問過老媽子，佢無正式答我，只係嘖咗我一句：黐線！

出嚟社會做嘢嘅人，連姓名都要隱瞞作假，此人誠信有幾高，雞食放光蟲啦！無法？無知就無知，一見大師銜頭，一定係高人，死未！

最弊係群眾效應！粉絲愈多，跟隊排嘅人自然更多，白兔本性細膽但聰明，心性善良又好奇，只要有人保護到佢，佢就會聽聽話咁服從。所以出面啲大師、天師，再辛苦都要搞個粉絲同學會，粉絲愈多，生意愈好；生意愈好，搵錢愈多。一絕！

無知信徒最常被人呃就係：被人感動。只要嗰啲大師們、天師們喺傳媒或電台接受訪問時，不經意提吓媽媽、爸爸，又或屋企隻貓貓狗狗生活瑣碎事，我保證，一定有人受「昆」。粉絲呀，全部都係計算出嚟㗎！

無知聽讚美！無知聽將來！無知聽結果！
無知聽優點！無知聽前世！無知聽老作！
無知聽名氣！無知聽假話！無知聽吹水！
無知睇身份！無知睇學歷！無知睇群眾！
無知睇價錢！無知睇樣貌！無知睇奉承！
無知貪着數！無知貪牌頭！無知貪門面！
後生無料唔緊要，對準無知粉絲，食硬！

(23) 價目表

以前啲前輩一向收費都無明碼實價，見客人身光頸靚就臨時加碼（而家黃大仙祠附近啲檔口，表面係解簽五十蚊，深入幫忙就因人而異，同以前一鬼樣）。邏輯上，佢有佢道理，因為貴人相，發展大，一經提點，自然豬籠入水，你賺錢頭，我賺錢尾，好應該吖！

但小學雞唔慣，文明社會應該收費公開透明，睇到訪客人衣裝而加價，驚被雷劈兼無回頭客，所以精心設計個價目表，一目了然。

好嘢點會無人抄㗎？所謂天下文章一大抄，果然有行家識貨，唔用腦，潤表項目一模一樣，只係價錢唔敢學足，收費平平哋，密食當三番，又合理。

收費睇市場，價錢睇信心，最好賺莫過於擇日開刀，只有你講，無人敢駁。

信我啦！呢個時辰出世嘅蘇蝦喺香港受教育，只係做公司高層咋！若喺國外受教育，起碼係國會議員，包無錯嘞。唔該磅水！速速磅！

大師發達無人知！年中有唔少粉絲以為使幾千蚊，以後就會富貴逼人來，畀錢快過噴射機。又係一班白癡無藥醫！

風水價目仲抵死，平平哋，與民同樂。小財唔氹，大財呃唔到，只要客人肯入局，跟住買呢樣法器嗰樣吉祥物，又係發達無人知。

小學雞估唔到設計個價目表，竟然可以內藏乾坤，表面好似好透明，實則背後可以咁玩，真係後生有為！後生有為！佩服！佩服！

小學雞教多你一招：

做家庭顧問，包全餐，最好有咁平收咁平，只要有人入局，以後包佢養你一世，因為啲粉絲有仔有女，啲仔女大咗又有仔有女。正所謂唔怕你呆，最怕你唔來！

做公司顧問亦一樣，但要小心啲擦鞋，否則一個唔覺意，撞到金融風暴或股災，當堂斷正！諗落都係主力做家庭顧問穩陣啲，實食無黐牙。

咁咪幾好！好過返寫字樓工等升職！

後記

中國相術乃中國數千年來的知己知彼學問，歷代流傳，以法傳法，以心傳心，精微奧妙，高深莫測，因其用五官骨骼的變化及氣色神采互配的組合，以推斷人生的妻財子祿，有理可據，有法可查，見微知著，對於眼前人過去、現在、未來的吉凶悔吝、動靜進退有很微妙的答覆，應驗如響，以致四十年來在英才課堂的學員無不瞠目結舌，認為神機妙算，而凶禍來由更非關宗教所說的「犯太歲」。是故古今中外，相信相術者愈多，亦愈為人所樂道，實有其價值所在。

內相的學理，更是一種高超的相學，啟示和判斷人之吉凶級數及格局，可作為人們生活上的指南針，亦可作為人生路上的長明燈。然而，這並不代表你要向命運低頭，而是你要把命運修正，打破一切的惡劣環境，化戾氣為祥和，勇往直前，朝着光明的大道進發，創造美好的明天。這亦是英才半生教學之宿願，相術並非「命定」之說。

筆者已過半生，回望走過的命運，就像一條道路，有平坦、有崎嶇、有狹小、有廣闊、有高也有低。筆者從來不會只求勝利，只望得着。畢竟，世人的遭遇有好有壞、有順有逆、有常有變、有動有靜，所有人都在得失中成長，在運順運好的時候，走在寬廣的道路上，橫衝直撞都不成問題，但性格會為你種下禍根，當運逆運弱的時候，走在狹窄的道路上時，一不小心，就會發生危險，也就是一個人要自我反省的時候。英才慨嘆，一般術數只重得失，失去了教育的意義。

相學的學術始於漢代，皆可稽考，而考其源與人類的文化俱來，亦不為太過。古代聖人有說：庖犧曰正命，孔子曰天命，老子曰復命，皆以天之賦於人，循其道而正其命，合於天理，鑑其盈虛消長，上合乎天命的默運，下範乎世道的正軌，以復其命，要使人們貪夫廉，懦夫有立志，所以亦為覺世牖民一助啊！

中國玄學的學術，搜集起來有數百種之多，歷代哲人所著的書浩如煙海，因於命運的哲理，包括了許多的領域，如文學、心理學、社會學、精神學、生理學、物理學、數理學、優生學、宿命學，將各種的分析和統計融會貫通，再深入研究，從古及今，相傳累積，方能成為一種玄學，以定事物的究竟，從虛空而成實際，推算一切事情，歷歷不爽，實為不可思議，每每令人拍案叫絕！惟相學更蘊藏四大文明中的醫學，所以稱之為「醫相同源」。

《易經》說：「知機其神乎」。命運之說，根據《易經》的卦理、五行生剋、順逆變化，是一種無形的學說，以先天的賦予，推及後天的演變，因世間的事複雜，人們的命運各有不同，當其順境的時候，無往不利，不是命運的有無，可是一旦遇到了逆境，每事都不如意；發生了重重波折，非人力可抗逆，就明白命運的真相。所謂謀事在人，成事在天，人願如此如此，天理未然未然，當中確然包括性格深因所在。

相學的學術看似是方技小道，實是精湛的學識，所以能相傳至今，保持數千年來而不受淘汰，若非有獨特的長處，不能屹然不動，因其對人生有利而無害也。

弟子作序

四名入室四個序，各有驚嘆！姚文是入室中唯一一個女弟子，天性好學。細閱序文，確有博學好學之心，字裏行間有着一份難言慈悲看人禍福心態，為師實感安慰。

廖浩宏是內地一間頗有規模的旅行社的管理層，日理萬機，每天不斷奔波於中港兩間，純以追求相學真諦，其恆心熱切之心，為師看在眼內，此子必可成器。

陸家耀是七名入室中學歷最高，他是心理學博士，在某間大學任職，在春風化雨中進步，難得在百忙中亦分秒必爭上課吸收相法，這一點，確令很多學員汗顏。家耀放下身段，不恥下問而強化本身事業，理想是將玄學相學共冶在西方心理學，願以此幫助有需要之人，此心尤如為師之願，序文不亢不卑，確是我手寫我心。

潘廣強，身居紀律部隊的一份子，嚴正公平，守禮依規，每每面對不公之事，必仗義執言，一套相法令他仕途有所裨益，忠奸善惡更一目了然。此子相格堅平，相信可將本門相法發揮到隨心所欲，造福眾生。

相學與命運

現世人心不古，世途險惡、社會複雜，對於事情的好壞，應要有所趨避，故相學的學說，可使人們對世事的變遷，有所認識，亦可得到事半功倍的效果，相法之妙，確可以做到下列所言：

一、趨吉避凶，然君子問凶不問吉。

二、預知休咎，可不作盲人騎瞎馬之險。

三、遷善改過，令眼前人及早回頭，圖亡羊補牢之計。

四、走向正軌，可不再徬徨歧路，貽害終身。
五、得知機應變，識時務者為俊傑。
六、能改造心理偏誤，執中貫一，相由心生。
七、確認自我，慎始圖終，走進成功的階段。
八、認識以人事的補救，不致一敗塗地。
九、優者更增其美，劣者改變其惡。
十、智者能盡其才，力者能盡其用。
十一、明哲保身，不墮於凶險的風浪中。
十二、壞的方面能改善，好的方面更加強。
十三、立身處世，有所修養，知命、立命。
十四、對事業的創造，盡人事而聽天，加強志氣。

明其理者稱之為神奇，不明其理者，認為是無稽之談，卻不知相由心生之理，並不是憑空構造，乃從相傳的學術、思想和經驗的觀察來判斷，有現象之可據，哲理中的推算，尋出其原因，對於一切事物，間接和直接，都有很大的收益，於人生的事情，知行並進，達到理想的境界，完成真善美的實際境地。所謂智者知命以待時，愚者行險以僥倖，應要明白知命、俟命、立命的功夫，就是切身的利益問題了。

筆者在教壇已有四十年之久，亦經過了很多悲歡離合，嘗過了甘苦辛酸，自然亦看透了世態炎涼，深深認為一切的事情，似有命運的主宰，遇到了一般成敗利鈍、是非榮辱、動靜從違、盛衰興替、得失安危、消長進退，對於社會、家庭及個人都有很多的感想。所謂百憂感其心，萬事勞其形，故愛好研究命運的人，欲求得有先見之明，預計將來的變幻，有備而無患，凡事豫則立，不豫則廢，人無遠慮，必有近憂，是故相學之學說，於人有很大的好處，可以解決人生中的憂疑，對人們不無少補。

老實說，命運就是人的個性配合環境，可以說英雄造時勢，或時勢造英雄，兩者都有理由。命運需要人的思想、力量、學識、創造未來，不是自己飽食終日，無所用心，等待命運的來臨；而是必先要憑自己的奮鬥、精神來對抗自己命運的缺點，掙扎起來，克服先天的命運。所以一個人應該要把握時機來創造事業，不要虛度一生，被命運所控制。天定勝人，人亦定可勝天，都是一樣的理由！

相學的推算以個人先天所稟的因素，由於其人的智愚善惡，孰凶孰吉，孰悔孰吝，每每可以從後天人為的補救，所以智者知命以待時，安貧而樂道，愚者則倒行而逆施，行險以害人，故禍福成敗就在此中來決定了。

五官組合配以內相的學術，憑思想和經驗、心得與功夫，一切的總和，以判斷人生中的演變。對於讀者有很多的問題，都可以從命運裏有所答覆，實有很大的助力。例如：

對於你的憂疑煩惱痛苦刺激，應如何取捨和解決呢？
對於你的個性優點和缺點，應如何提升或改善呢？
對於你的事業前途，從事何種工作和行業，如何選擇呢？
對於你的婚姻、年齡配合、個性了解，如何才有幸福？
對於你的兒女，生育多少？智慧愚拙、忤逆和孝順嗎？

對於你的身體、健康或疾病，應如何保健和治療呢？
對於你的旅程，安全或危險，應如何往還及避免？
對於你的流年，成敗得失，命運順逆，應何去何從？
對於你的財氣，偏財正財，投機或謀望，應如何部署？
對於你的運程，有何災難，意外驚險，應如何防備？
對於你的希望、理想和事實，如何進行、分析清楚呢？
對於你的壽命，臨終歸結、壽考長短，晚年如何呢？

以上命運中所發展的或消失的，都好像是有命運的主宰，但其實可從人力方面來補救偏差，而並非束手無策，只不過是要憑自己的力量，再創造新的使命；要改造不良的環境就要有決心毅力進行，要了解本性缺憾所在。所謂天下事，盡由人力而為，則到了山窮水盡疑無路的時候，將見柳暗花明又一村。

相學之功用於人，能改善人有偏見的心理，使其歸於正常，使日常生活納於正軌。盈者知足，進者知止，出人於安，入人於正，有偏差的事情，趨於平衡。所以，命運足以糾正人生觀感，不能視之為迷信，因命運的理論屬於無形的術數，故與科學之有形實驗，不能相提並論。科學與哲學，各有千秋，精神與物質，有所不同，但有時相得而益彰，不可以一概抹煞。

在於心得，古代的哲學家用了畢生精力著書立說，窮宇宙之造化，達人事之變幻，可謂奇人異士博古處今，非潛心體察不能登堂入室。

著書福澤後學

研究命運之學者，從心靈上的感應，從書本上的記載，或在視聽言動上的發現，有虛有實，有隱有現，運用之妙，在乎一心，研究斯學者，實非一件容易的事。故雖小道，必有可觀者嗎？

一本純內相骨骼的著作，願後學者明白中國相法之玄奧，而非單純五官論相而已，更非譁眾取寵，自許國師之名或自號真聖神人以圖騙世人，而斂非份之財。李某四十多年為師，從不建立什麼貓舍、兔舍等巧立名目的學生會，只因純以傳承術數，並非將門下弟子分階分級，甚麼榮耀學員？甚麼普通學員？甚至在左輔右弼下妄稱「天師」，說到底只是斂財而已。一個四十歲仍未到的小伙子，竟謂有三十多年術數經驗，無所不知，無所不教。稍有智慧者都明白這些全都是虛妄之言。世人癡愚，追隨者眾多，英才看在眼內，心感慨嘆，難道這就是現今術數界的幻象？

英才著作是否流傳於今世，英才並不關心，只望百年之後，當世人肯定中國相法的存在價值，翻查此書，珍之重之，使英才得以承傳恩師黎峰華博士多年親身授受之情。弟子不忘初心，謹記昔日教誨，努力春風化雨，福澤門生，得助後人得知相術真貌，李某願矣。

最後，筆者衷心多謝相識三十年之久的廖華彪師傅——一位在香港沙田大圍極出色的跌打名師。當年筆者與廖師傅結緣於課堂，廖氏初為門生，再成莫逆，及後更成為筆者生命中的莫大貴人，情感深切，救助生死之間，實在是人間有情。李某在此深深叩謝，大恩不言，銘記心中。

李英才

甲辰•冬

李英才命相堪輿顧問有限公司課程

面相心鑑

◆ 皇牌課程系列 ◆
（兩年半制）

§ 一個從初學至具備專業水準之面相課程 §

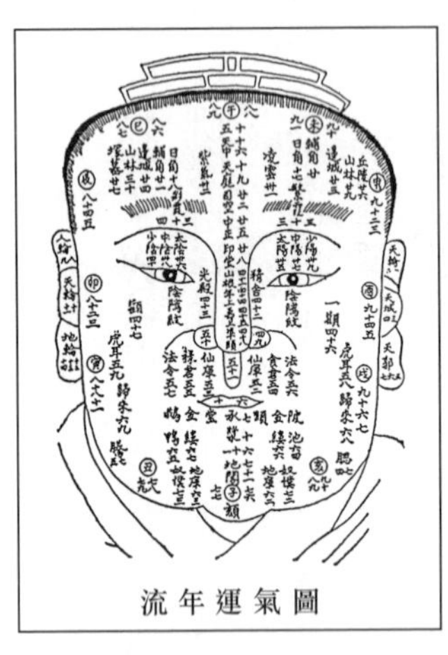
流年運氣圖

中國的面相學源遠流長，博大精深。每個人的五官配置既具先天質素，也是後世修為的反映。熟悉了面相學，只須與人打個照面，對方是聰明睿智抑或是愚魯頑鈍，是忠誠殷實或是奸佞淫邪已了然於胸，比任何一門術數更為直接而明確，對交朋結友、選擇配偶、聘請員工極具參考價值。

學習面相學，除知彼之外，更可知己，用以了解自己的性格和特長，改相開運，把握現在，創造未來。

李英才老師憑藉多年授課經驗，深入淺出，容易領會吸收，備有豐富的幻燈片與精要講義，面授機宜，更以同學之面相特點作實習驗證，句句真傳，絕無模棱兩可、真假難辨之分析。

玄門正宗，全港唯一系統化的全科教授。

全期30個月共120講，其實際效用非坊間速成班可比。全期均可錄音。

一個從零開始的課程……

本院網站：www.leeyingchoi.com.hk　電郵：sermonli@netvigator.com
電話：(852) 2798 8168　傳真：(852) 2309 7022
地址：九龍旺角彌敦道655號胡社生行1501-1502室

肩腰背胸識人術

李英才

著者
李英才

責任編輯
蘇慧怡、潘俊賢

封面設計
Ami

插圖
Terry

出版者
圓方出版社
香港北角英皇道 499 號北角工業大廈 20 樓
電話：2564 7511　　傳真：2565 5539
電郵：info@wanlibk.com
網址：http://www.wanlibk.com
http://www.facebook.com/wanlibk

發行者
香港聯合書刊物流有限公司
香港荃灣德士古道 220-248 號荃灣工業中心 16 樓
電話：2150 2100　　傳真：2407 3062
電郵：info@suplogistics.com.hk
網址：http://www.suplogistics.com.hk

承印者
中華商務彩色印刷有限公司
香港新界大埔汀麗路 36 號

出版日期
二〇二五年一月第一次印刷

規格
16 開（230 mm × 170 mm）

版權所有．不准翻印

All rights reserved.
Copyright ©2025 Wan Li Book Company Limited.
Published in Hong Kong, China by Forms Publications,
a division of Wan Li Book Company Limited.
Printed in China.

ISBN 978-962-14-7598-5